HISPANISTIK IN SCHULE UND HOCHSCHULE

18

HANS SCHERER

KOMMENTIERTE ÜBERSETZUNGEN SPANISCH - DEUTSCH

Texte, Wortschatz, Grammatik,
Übersetzungskommentare, idiomatische Wendungen
4. Auflage

Romanistischer Verlag · Bonn

Hispanistik in Schule und Hochschule
Herausgegeben von Karl-Heinz Joppich

18

Die Deutsche Bibliothek – CIP-Einheitsaufnahme

Scherer, Hans:
Kommentierte Übersetzungen spanisch-deutsch : Texte, Wortschatz, Grammatik, Übersetzungskommentare, idiomatische Wendungen / Hans Scherer. – 2., erw. Aufl. – Bonn : Romanistischer Verl., 1991
(Hispanistik in Schule und Hochschule ; 18)
ISBN 3-924888-84-1
NE: GT

Titelbild: Lección de Nebrija ante su mecenas Juan de Zúñiga
Satz und Gestaltung:
Satz- u. Schreibdienst Thomas Babiel, Hallenberg
Druck: Druckerei Schwarzbold, Inh. Martin Roesberg, Witterschlick
Romanistischer Verlag Jakob Hillen
Hochkreuzallee 46, 53175 Bonn

4. Auflage Oktober 1997

ISBN 3-924888-84-1
ISSN 0177-3607

Inhaltsverzeichnis

Zur Einführung

Die Bedürfnisse des Sprachenlerners ergeben sich als Resultierende einer Vielzahl von individuellen und gesellschaftlichen Faktoren. Entsprechend bestimmt sich hieraus ein didaktisches Profil, in dem die vier sogenannten sprachlichen Grundfertigkeiten *Hören – Sprechen – Lesen – Schreiben* von Fall zu Fall unterschiedlich zu gewichten sind. Das strategische Ziel des Aufbaus einer *kommunikativen Kompetenz*, das man in den letzten beiden Jahrzehnten über dieses etwas prosaisch wirkende Quartett gestülpt hat, strebte Höheres an, erschöpfte sich jedoch in aller Regel auf das Einschleifen von „praktischen" Allerweltsformeln, mit deren Hilfe in einem *small talk* möglicherweise Plattitüden ausgetauscht oder an einem Kiosk Zeitschriften erstanden werden können, die jedoch für den Umgang mit „harter" Information in jeder Hinsicht unzureichend waren.

Man sieht nur, was man weiß, lautet eine stehende Formel der Wahrnehmungs- und Kognitionspsychologie, und dieser Einsicht sollte sich auch die Sprachdidaktik nicht verschließen. Daß der Sprachbenutzer – produktiv – nur die Formen und Strukturen wird verwenden können, die er kennt, ist trivial. Er wird aber auch – rezeptiv – nur dasjenige Sprachmaterial erkennen, das er zuvor in sich aufgenommen hat. Wir scheitern, das lehrt die Alltagserfahrung, schon beim Akustisch-Phonetischen, wenn wir einen uns gänzlich unbekannten Wortkörper identifizieren sollen, und dies nicht nur in einem fremden Idiom, sondern bereits in der Muttersprache. Bevor also *Fertigkeiten* trainiert werden können, gilt es erst einmal die entsprechenden *Fähigkeiten* zu entwickeln.

Im Klartext heißt das: der Sprachenlerner, der eine Sprachbeherrschung anstrebt, die tatsächlich das Prädikat „Kompetenz" verdient, wird nicht umhin können, große Mengen an Sprachdaten in sich aufzunehmen. Erst dann wird es Sinn machen, Fertigkeiten im Hinblick auf spezifische kommunikative Situationen zu entwickeln.

Feststellungen dieser Art mögen unpopulär sein, allein es geht nicht an, dem Fremdsprachenlerner, der ernsthaft Zugang zu einer neuen sprachlichen und kulturellen Welt sucht, mit wohlfeilen Minimalkonzepten in die Tasche zu lügen oder ihn mit motivationalen Künstlichkeiten bei der Stange zu halten. Wer als Erwachsener, und das wird der Benutzer des vorliegenden Buches in der Regel sein, eine ausreichende Motivation nicht von vornherein mitbringt, wird auch mit bunten Bildchen scheitern. Wer andererseits in seinem Bemühen um die Beherrschung einer fremden Sprache objektiv Fortschritte erkennt, wird hieraus in jedem Fall den motivationalen Elan schöpfen, der ihn zu weiterer Perfektion weiterträgt.

Was einführende Lehrwerke in das Spanische betrifft, ist der deutsche Buchmarkt mehr oder weniger saturiert. Zur Spitze der Lernerpyramide hin sinken jedoch die

Absatzchancen für sprachdidaktisches Material ganz beträchtlich. Entsprechend zögerlich begeben sich die Verlage in diesen engen Markt. Das ist aus gesamtgesellschaftlicher Sicht umso bedauerlicher, als sich in einem zusammenwachsenden Europa wirtschaftliche und kulturelle Kontakte nicht nur quantitativ, sondern auch qualitativ außerordentlich intensivieren werden. Vor allem auf den mittleren und höheren Etagen wird es da schon einer größeren Sprachkompetenz bedürfen, als ein paar belanglose Worte zu wechseln.

Dem Romanistischen Verlag Bonn gebührt das Verdienst, sich in bezug auf das Spanische frühzeitig auf diese Entwicklung eingestellt zu haben. Hier wurde in den letzten Jahren eine Verlagskonzeption entwickelt, die die Bedürfnisse gerade des nach Perfektionierung strebenden Spanischlerners berücksichtigt. Nach Abrundung des Programms enthält dieses folgende Bausteine: Das Intensivlehrwerk *Fundamentos* (Gil) soll es hochmotivierten Anfängern erlauben, binnen sehr kurzer Zeit eine stabile sprachliche Grundlage zu erwerben. Hierauf aufbauend führen zwei komplementäre Lehrwerke, zum einen *Kommentierte Übersetzungen Deutsch-Spanisch* (Gil/Banús) und zum andern der vorliegende Band mit dem Titel *Kommentierte Übersetzungen Spanisch-Deutsch* (Scherer) in ebenfalls starker Progression gewissermaßen in die „höheren Weihen" des Spanischen ein. Die beiden Bände ergänzen sich einander insofern, als Gil den Schwerpunkt auf grammatikalische Fragestellungen legt, während Scherer besonders den Ausbau des Vokabulars betont und auf übersetzungstechnische Fragestellungen eingeht. Unter dem Titel *Kontrastive Übungen zur spanischen Grammatik* steht darüber hinaus noch ein Trainings-Instrument zur Verfügung, das, unter besonderer Berücksichtigung der Hauptschwierigkeiten der spanischen Grammatik auch zur Habitualisierung seltenerer, darob jedoch nicht weniger wichtiger Strukturen anleitet. Abgestimmt auf die besonderen Bedürfnisse der in Handel und Wirtschaft Tätigen enthält das Programm schließlich einen Band *Kommentierte Übersetzungen Spanisch-Deutsch. Wirtschaft* (Gil/Scherer), der den Zugang zu einem umfangreichen fachlichen Ausdrucksrepertoire eröffnet.

Das vorliegende Lehrwerk ist entstanden aus der Unterrichtspraxis an Hoch- und Fachhochschule. Wenngleich es eigentlich eine Selbstverständlichkeit ist, soll doch darauf hingewiesen werden, daß Materialien dieser Art „multifunktional" sein müssen. Es wäre Verschwendung von Zeit und Energie, wollte man für jeden Kompetenz-Baustein ein eigenes Lehrbuch schaffen. Ein Lehrbuch auf dem angestrebten Niveau muß daher eine ganze Reihe von Lernzielen zugleich anvisieren, wobei zumeist das eine das andere bedingt. In diesem Sinne sollen die *Kommentierten Übersetzungen Spanisch-Deutsch* insbesondere folgende Kompetenzbereiche entwickeln:

- Verfügung über lexikalische Ausdrucksmittel
- Beherrschung grammatischer Strukturen
- Vertrautheit mit häufig vorkommenden idiomatischen Wendungen
- Sicherheit im Gebrauch von Übersetzungstechniken

Damit sind zugleich die Zielgruppen festgelegt, an die sich das Buch wendet. Es ist bestimmt für all jene, die nach Erwerb fundierter Grundkenntnisse eine Sprachkompetenz auf gehobenem allgemeinsprachlichem Niveau anstreben. Hierzu dürften im einzelnen zählen:

- Studierende der Fächer Romanistik und Hispanistik
- Studierende der Fächer Übersetzung und Dolmetschen an Hoch- und Fachhochschulen
- Schüler des Faches Spanisch an Gymnasien
- Fortgeschrittene Schüler an privaten Sprachschulen
- Teilnehmer an Fortgeschrittenen-Kursen der IHKs
- Teilnehmer an höheren Kursen der VHS
- Interessierte, die im Selbststudium vorhandene Kenntnisse ausbauen möchten.

Lernziele und Adressatengruppe legten die Struktur des Lehrwerks fest: Vorgegeben sind insgesamt dreizehn authentische Texte des Kastilischen, wobei „authentisch" bedeutet, daß es sich um Sprachdokumente handelt, die ohne sprachdidaktische Nebenabsichten von Spaniern für Spanier verfaßt sind. Die Texte sind in thematischen Blöcken angeordnet, zugleich aber auch nach dem Prinzip steigender Schwierigkeit (Progression). Um das Buch benutzerfreundlich zu halten, wurde auf Querverweise verzichtet, was naturgemäß eine gewisse Redundanz bedeutet: Eine Reihe von Vokabeln oder grammatischen Hinweisen erscheinen mehrfach an verschiedener Stelle. Was die Grammatik angeht, so wurde hierbei allerdings Wert auf unterschiedliche Darstellungsweise gelegt.

Jede Lektion besteht aus *Originaltext, Vokabelteil, grammatischen Anmerkungen, Musterübersetzung* und einem kleinen Thesaurus *idiomatischer Wendungen*. Der generelle Arbeitsauftrag an den Lernenden lautet nun, den jeweiligen Lektionstext ins Deutsche zu übersetzen. Das wird in aller Regel nicht ohne weiteres möglich sein, weil fehlendes Vokabular ebenso wie unbekannte grammatische Strukturen das Verständnis des Ausgangstextes erschweren, wenn nicht unmöglich machen. Die Hilfsmittel, die es erlauben, den Text „zu knacken", wurden in dem Buch systematisch zusammengestellt. So sind die im Vokabelteil angegebenen Wörter im Schriftbild des ausgangssprachlichen Originals entsprechend markiert (Fettdruck); das gleiche gilt für die Grammatikkommentare (hochgestellte Ziffern), so daß das Aufsuchen der fehlenden Informationen außerordentlich vereinfacht ist. Neben den für das unmittelbare Textverständnis unverzichtbaren Vokabeln enthält die Wortliste aber noch einen reichen Auf- und Ausbauwortschatz, dessen Elemente im Hinblick auf unterschiedliche kommunikative Nutzanwendungen ausgewählt wurden. Der Studierende wird dieses Zusatzangebot, das ebenfalls im Schriftbild kenntlich gemacht ist, seinen individuellen Lernbedürfnissen entsprechend nutzen.

Auch im Grammatikteil wird über den aktuellen Fall hinaus auf wichtige Regeln hingewiesen. Zahlreiche Beispiele verdeutlichen die Anwendungsbedingungen, und vielfach ist das Material so aufbereitet, daß es in unmittelbar memorierungsfähiger Form dargeboten wird.

Unterstützt von den lexikalischen und grammatikalischen Hilfen sollte der Benutzer nun in der Lage sein, eine eigene Übersetzungsversion anzufertigen. Inwieweit diese stimmig ist, wird er durch Vergleich mit der entsprechenden Musterübersetzung überprüfen können. Ausdrücklich sei festgehalten, daß die zielsprachliche Vorgabe lediglich als Übersetzungs*vorschlag* zu gelten hat. Hiermit soll angedeutet sein, daß nicht so getan werden darf, als gebe es nur eine einzige korrekte Übersetzung. Das Spiel der Phantasie mit den sprachlichen Formen gestattet grundsätzlich unbeschränkt viele akzeptable Lösungen. Der Übersetzer hat hierbei eigentlich nur die – allerdings rigorosen – Prinzipien der *semantischen Äquivalenz*, der *stilistischen Adäquatheit* und der *formalen Sprachüblichkeit* zu beachten. In diesem Sinne ist der Übersetzungsvorschlag allerdings ein fester Referenzpunkt für die Bewertung der inhaltlichen Stimmigkeit, des angemessenen Ausdrucks und der idiomatischen Präzision.

Der Übersetzer wird stets vom Original abweichende Ausdrucksformen finden müssen. Das „Kleben am Text" ist aber die typische übersetzerische Untugend gerade des Anfängers. Andererseits, und das mag der psychologische Grund für die große Angst vieler Studierenden sein, sich von den vorgegebenen Strukturen zu entfernen, besteht große Unsicherheit darüber, wie groß die Freiheit des Übersetzers eigentlich sein kann. Hierzu liefern die Kommentare im Anschluß an die Musterübersetzungen wertvolle Fingerzeige. Sie zeichnen verallgemeinernd die Überlegungen nach, die an kritischen Textstellen zu der einen oder anderen Formulierung geführt haben. Durch die Auseinandersetzung mit diesen Kommentaren soll der Studierende dafür sensibilisiert werden, wie groß die Bandbreite ist, innerhalb der er sich in der Praxis bewegen kann.

Der Reichtum des Kastilischen an feststehenden bildhaften Ausdrucksweisen, den sogenannten idiomatischen Wendungen, ist sprichwörtlich. Kaum ein Lehrbuch jedoch geht systematisch auf diesen gerade für das Spanische so elementaren Ausdrucksbereich ein. Als eine Art Zugabe sind daher ans Ende einer jeden Lektion eine Reihe spanischer Sätze gestellt, in denen sich solche Wendungen verbergen. Der Lernende mag sich einen Spaß daraus machen, sein Sprachgefühl zu testen und die Sätze selbständig zu übersetzen. Selbstverständlich sind auch hier die „Lösungen" beigefügt und die Wendungen in einem lernfreundlichen Extrakt zusammengefaßt.

Die *Kommentierten Übersetzungen Spanisch-Deutsch* sind in erster Linie für das Selbststudium konzipiert. Natürlich kann das Material auch im gesteuerten Fremdsprachenerwerb genutzt werden, sei es als Grundlage für die Bearbeitung von thematischen Fragestellungen oder sei es als Basis für die konkrete Unterrichtsgestaltung. Der Sprachpädagoge wird in dem Werk eine Fülle von Anregungen finden, die er im Rahmen der eigenen Unterrichtsstrategie und der jeweiligen didaktischen Vorgaben verwerten kann.

Demjenigen, der sich im Selbststudium mit dem Material auseinandersetzt, sei folgende Vorgehensweise empfohlen:

- Durch intensive Lektüre bemühe man sich zunächst um ein möglichst weitgehendes Globalverständnis des Textes.
- Gestützt auf die lexikalischen und grammatikalischen Hilfen fertige man nunmehr Satz für Satz eine Übersetzung an.
- Man überarbeite, auf Textkohärenz und stilistische Angemessenheit achtend, diesen ersten Entwurf.
- Nunmehr überprüfe man anhand der Musterübersetzung die inhaltliche und stilistische Korrektheit der erstellten Version und bringe Korrekturen an.
- An den Stellen, wo dies sinnvoll erscheint, befasse man sich eingehend mit den für den jeweiligen Übersetzungsvorschlag gegebenen Begründungen. Man suche auch nach Gegenargumenten und wäge ab. Da stets gilt, daß das Bessere der Feind des Guten ist, wird man im Einzelfall auch eine überzeugendere Alternative finden.
- Nachdem man sich auch mit den idiomatischen Wendungen beschäftigt hat, bemühe man sich, die infrage kommenden Teile des Vokabulars sowie die Grammatikregeln zu verinnerlichen, um sie für kommende kommunikative Aufgaben verfügbar zu haben.

Nicht zuletzt, weil es ja ganz verschiedene Lernertypen und Lernstile gibt, können diese Anleitungen nur sehr allgemein gehalten werden. Dennoch darf der Lerner sicher sein, daß er, den angedeuteten Richtlinien folgend, sehr rasch spürbare Lernzuwächse verzeichnen wird. Auf dem Wege dahin wünscht der Autor allen Benutzern den besten Erfolg.

Köln, im Frühjahr 1990

Hans Scherer

La ciudad

Llamamos ciudad a una **población** generalmente **grande en extensión de terreno**, con muchos **edificios** y muchos habitantes. A la población pequeña la llamamos **pueblo**[1], y si tiene muy pocos habitantes, recibe el nombre de **aldea**.

En las **grandes ciudades** el problema del transporte está resuelto por medio de **autobuses**, **microbuses**, metro y taxi. Hace algunos años circulaban los tranvías; eran vagones de tren y hacían su **recorrido** sobre **raíles** con un trolo que recibía corriente de los cables eléctricos; luego se fueron sustituyendo[2] por **trolebuses**, también impulsados por electricidad, pero de fácil movimiento; mas el aumento de la circulación de automóviles ha obligado[3] a la supresión de estos dos medios de transporte, porque eran un obstáculo[4] en las calles y la circulación se hacía lenta.

De la organización y del **cuidado** de la ciudad se encarga[5] el **Ayuntamiento**, formado por el Alcalde y los **Concejales**, que **vigilan** el buen funcionamiento de los transportes, el cuidado del **alumbrado público**, los **jardines**, la limpieza de las calles, el **pavimento** y las conducciones de agua, luz y gas. **Tienen también a su cargo** la **supervisión** de los mercados, la organización de centros médicos, creación de escuelas y centros culturales.

Las partes nuevas de la ciudad tienen amplias **avenidas**, modernos y elevados edificios con todas las comodidades, disponen de aparcamientos públicos y privados, zonas ajardinadas y grandes centros comerciales. Los barrios antiguos conservan el tipismo y el recuerdo de tiempos pasados en sus clásicas construcciones; las calles son estrechas, pavimentadas muchas veces con **piedrecitas** que forman verdaderas obras de arte.

Los servicios de vigilancia, limpieza y **emergencias** están confiados a los guardias, **barrenderos** y **bomberos**[10]; pero muchas más personas trabajan en el mantenimiento de una ciudad, en beneficio de todos los **moradores** y visitantes.

El temor de los ciudadanos **al recorrer**[6] la ciudad son los **coches**. El peatón debe tener mil **ojos** y respetar las señales de circulación, cruzar sólo cuando **el semáforo** esté verde[7] o utilizar los **pasos de cebra**, circular siempre por las **aceras**, reservando la **calzada** a los coches, así evitaremos[8] los múltiples peligros que **acechan** a los peatones imprudentes.

Wortschatz

la población	– die Bevölkerung, die Ansiedlung
grande en extensión de terreno	– großflächig, ausgedehnt
la extensión	– die Dehnung, Ausdehnung; der Umfang, die Fläche
la extensión urbana	– das Stadtgebiet
el vendaje de extensión	– der Streckverband
la extensión edificada	– die bebaute Fläche
extensible, –ble	– dehnbar, streckbar
la mesa extensible	– der Ausziehtisch
en toda la extensión de la palabra	– in des Wortes weitester Bedeutung
extender algo sobre X	– etw. über X hinaus ausweiten
extender algo a X	– etwas auf X erweitern, ausdehnen
extender un documento	– ein Dokument ausstellen
el edificio	– das Gebäude
la casa	– das Haus
el bloque de viviendas	– der Wohnblock
la casa de viviendas	– das Wohnhaus
el rascacielos	– der Wolkenkratzer
la villa, el chalet	– die Villa
la casita, la choza	– die Hütte
la casa de edificación en serie	– das Reihenhaus
la casa de comercio	– das Geschäftshaus
la barraca	– die Baracke
la casa de campo	– das Landhaus
el pueblo	– das Dorf
la aldea	– der Weiler
el lugar	– der Ort, die Ortschaft
el villorrio	– das Kaff
la comunidad	– die Gemeinde
la ciudad	– die Stadt
la gran ciudad, la metrópoli	– die Großstadt
la capital, la metrópoli	– die Hauptstadt
la villa	– die Kleinstadt, die Stadt (mit historischem Stadtrecht)
el autobús	– der (Stadt-)Bus
el autocar	– der Reisebus
el tren	– der Zug

el ferrocarril	– die Eisenbahn
el avión	– das Flugzeug
el barco de pasaje, el buque de pasajeros	– das Passagierschiff
el transbordador	– die Fähre
el microbús	– der Kleinbus
el recorrido	– die Fahrstrecke
un recorrrido por la ciudad	– ein Stadtbummel
el raíl (auch: el rail)	– die (Eisenbahn-)Schiene
el trolebús	– der Obus
el trolo (auch: el trole)	– der Stromabnehmer
el cuidado	– die Sorge, Vorsicht, Pflege, Wartung
el ayuntamiento	– der Gemeinderat (pol.), das Rathaus
la administración municipal	– die Gemeindeverwaltung
el concejal	– der Stadtverordnete, Stadtrat
vigilar algo	– etw. be-, überwachen
la vigilancia	– die Wachsamkeit, die Bewachung, die Aufsicht
bajo la vigilancia de X	– unter der Aufsicht von X
alguien está sometido a vigilancia	– jd. ist unter Aufsicht gestellt
el vigilante	– der Wächter, Überwacher
la vigilia	– die Nachtwache, das Fasten
la vigilia de Navidad	– der Weihnachtsabend
el alumbrado	– die Beleuchtung
el alumbrado público	– die Straßenbeleuchtung
el jardín	– der (Zier-)Garten (abgel. vom Fränkischen GARD)
la huerta	– der Gemüse-, Obstgarten (das Gemüse-, Obstland)
el huerto (el huertero, arg.)	– der Obst-, Gemüsegarten (im MA und heute noch in Teilen Spaniens auch im Sinne von „jardín“ verwendet)
el pavimento	– das Pflaster, der Straßenbelag
pavimentado, –a	– bepflastert
el pavimento de mosaico	– der Mosaikboden
el mosaico	– das Mosaik
el asfalto	– der Asphalt

el recebo, el macadán	– der Schotter
la gravilla	– der Rollsplitt
tener algo a su cargo	– die Leitung von etw. haben
la supervisión	– die Aufsicht
la avenida	– die Allee
la alameda	– die (mit Bäumen gesäumte) Allee
la calle	– die Straße
la carretera	– die Landstraße, Fernstraße
la calleja	– die Gasse
el callejón sin salida	– die Sackgasse
la calle de dirección única	– die Einbahnstraße
el camino	– der Weg
la autopista	– die Autobahn
la senda, el sendero	– der Pfad
el paseo	– die Promenade
la travesía, la calle transversal	– die Querstraße
la arteria de tráfico	– die Ausfallstraße
el camino vecinal, la vereda	– der Feldweg
el camino en serpentina	– die Serpentine
la vía de circulación rápida	– die Schnellstraße
la autopista urbana	– die Stadtautobahn
la piedrecita	– Verkleinerungsform zu *piedra* = „Stein“
la lápida	– der Gedenk-, Grabstein
la piedra filosofal	– der Stein der Weisen
el guijarro	– der Kieselstein
la emergencia	– das Auftauchen; der Notfall
el caso de emergencia	– der Notfall
el servicio de emergencia	– der Notdienst
el barrendero	– der Straßenkehrer
el bombero	– der Feuerwehrmann
los bomberos	– die Feuerwehr
la bomba	– die Pumpe; die Bombe
sacar agua con la bomba	– Wasser herauspumpen
dar a la bomba (koll.)	– pumpen
la central de distribución de agua	– das Wasserwerk
el servicio de abastecimiento de aguas	– die Wasserversorgung
la central eléctrica	– das E-Werk

el suministro de electricidad	– die Elektrizitätsversorgung
el acarreo de basuras	– die Müllabfuhr (konkret)
el servicio (municipal) de limpieza	– die städtische Müllabfuhr
la limpieza de las calles	– die Straßenreinigung
las aguas residuales	– die Abwässer
la instalación de clarificación	– die Kläranlage
el morador	– der Bewohner
el vecino	– der Einwohner; der Nachbar
al hacer algo	– wenn man etw. tut
el coche	– der Wagen, das Auto
el camión	– der Lastwagen
la moto	– das Motorrad
la motocicleta	– das Moped
el camión de transporte interurbano	– der Fernlaster
la camioneta	– der Transporter, der Lieferwagen
el semi-remolque	– der Sattelschlepper
la bicicleta	– das Fahrrad
el remolque de camping	– der Wohnwagen
el coche-grúa	– der Abschleppwagen
el ojo	– das Auge
la vista	– das Gesicht (Sehvermögen)
la oreja	– das Ohr
el oído	– das Gehör
la lengua	– die Zunge
el gusto	– der Geschmack
el dedo	– der Finger
el (sentido del) tacto	– der Tastsinn
la nariz	– die Nase
el olfato	– der Geruch(ssinn)
el semáforo	– die Ampel
el paso de cebra	– der Zebrastreifen
la acera	– der Bürgersteig, die Häuserreihe
de la otra acera	– von der anderen (Gegen-)Partei; vom anderen Ufer (homosexuell)
la calzada	– die Fahrbahn
acechar a alguien	– jdm. auflauern

Grammatische Anmerkungen

1) **LA LLAMAMOS PUEBLO**

Syntaktisch von Interesse ist die Doppelnatur des Verbs als Vollverb und Hilfsverb. In dem Syntagma **llamamos pueblo a la población** ist **llamamos** Kopula zu **pueblo** und somit Hilfsverb, es ist zugleich aber auch Vollverb durch seine Beziehungen zum Subjekt und zum Objekt **a la población**.

Anzumerken ist, daß der Akkusativ mit **a** (persönlicher Akkusativ) nicht ausschließlich in Verbindung mit Personen (**Carmen saludó al señor García**), sondern häufig auch steht, wenn der im Akkusativ stehende Begriff personifiziert vorgestellt werden *kann*, insbesondere dann, wenn das regierende Verb für gewöhnlich ein personales Objekt hat.

2) **SE FUERON SUSTITUYENDO**

a) ***ir*** + ***gerundio*** drückt eine länger andauernde Entwicklung aus, wobei die zeitliche Perspektive *Anfang* und *Verlauf* erfaßt.

ir haciendo algo – nach und nach etw. tun

b) Nicht die Dauer des realen Sachverhalts, sondern die vom Sprecher gewählte *Textsorte* bestimmt den Gebrauch des **pretérito indefinido** bzw. **imperfecto**:

Narration (Bericht) ⟶ Indefinido
Deskription (Beschreibung) ⟶ Imperfecto

3) **HA OBLIGADO**

Das **pretérito perfecto** wird verwendet für ein abgeschlossenes Geschehnis, das der Sprecher in einem wie auch immer gearteten Bezug zur Gegenwart sieht.

4) **ERAN UN OBSTÁCULO**

Vgl. hierzu Anm. 2 b. Die deskriptive Textsorte wird durch das Imperfecto signalisiert.

5) **SE ENCARGA**

Das *Präsens* ist das Tempus der zeitunabhängigen allgemeingültigen Aussage und wird daher u.a. auch bei Definitionen verwendet.

6) **AL RECORRER**

Die verkürzte Wendung ***al*** + *Inf.* umfaßt eine

a) *temporale* (= Nebensatz mit **cuando**)

Bsp.: **Al llegar, el jefe dijo que todo ya estaba arreglado.**
(Als der Chef ankam, sagte er, daß alles schon erledigt sei.)

b) *kausale* (= Nebensatz mit **porque**)
Bsp.: **Al responder así, nos quiere dar a entender que no está de acuerdo.**
(Da er so antwortet, will er uns wissen lassen, daß er nicht einverstanden ist.)
Bedeutung. Je nach Kontext überwiegt die eine oder die andere Nuance.

7) **CUANDO EL SEMÁFORO ESTÉ VERDE**
Je nach Gedankenverhältnis akzeptiert **cuando** den Modus Indikativ oder Konjunktiv.
indicativo : **cuando ocurre algo** — immer wenn etw. geschieht
(*Erfahrungstatsache*)
subjuntivo : **cuando ocurra algo** – sobald etw. geschieht
(*Zukunftserwartung*)

8) **EVITAREMOS**
Zum Ausdruck einer *Potentialität* verwendet das Spanische häufig das Futur. (*Vgl. dt.*: Er wird wohl schlafen.)
así evitaremos ésto – so können wir das vermeiden, so kann das vermieden werden

Übersetzungsvorschlag

Die Stadt

Als Stadt bezeichnet man[1] eine im allgemeinen großflächige Ansiedlung mit zahlreichen Gebäuden und vielen Einwohnern. Eine kleine Ansiedlung bezeichnet man als Dorf und, wenn sie nur eine sehr geringe Einwohnerzahl hat, als Weiler[2].

In den großen Städten ist das Beförderungsproblem mit Hilfe von Autobussen, Kleinbussen, der Metro und Taxis gelöst. Noch[3] vor einigen Jahren verkehrten Straßenbahnen, das waren waggonähnliche Schienenfahrzeuge[4], ausgestattet mit einem Stromabnehmer, der durch eine Oberleitung mit elektrischer Energie versorgt wurde[5]. Sie wurden später von Obussen abgelöst, die ebenfalls von elektrischer Energie angetrieben wurden, jedoch beweglicher waren. Der Anstieg des Autoverkehrs machte es jedoch erforderlich, daß diese beiden Verkehrsmittel abgeschafft[6] wurden, da sie in den Straßen ein Hindernis darstellten und den Verkehr zum Stocken brachten.

Um die organisatorischen Belange sowie die Unterhaltung und Versorgung der Stadt kümmert sich der Rat. Ihm gehören an der Bürgermeister und die Stadträte, die den reibungslosen Verkehrsablauf, das Funktionieren der Straßenbeleuchtung, die Grünanlagen, die Straßenreinigung, den Straßenbelag sowie die Wasser-, Gas- und Stromversorgung überwachen. Außerdem sind sie für die Kontrolle der Märkte, die Einrichtung[7] medizinischer Anstalten, von Schulen und kulturellen Institutionen verantwortlich.

Die neuen Stadtteile[8] verfügen über breite Alleen, moderne Hochbauten mit allem Komfort[9]; sie sind ausgestattet mit öffentlichen und privaten Parkplätzen, Grünzonen und großen Geschäftszentren. Dagegen[10] bewahren die Altstadtbezirke[8] mit ihren klassischen Bauten den typischen Charakter der Stadt und halten die Erinnerung an die Vergangenheit wach. Die Gassen sind eng und oft mit kleinen Steinchen bepflastert, die häufig zu wahren Kunstwerken gefügt sind.

Die Wach-, Reinigungs- und Notdienste sind der Polizei, der Straßenreinigung und der Feuerwehr[11] übertragen; aber auch viele andere sind zum Wohle aller Bewohner und Besucher im Einsatz.

Was der Städter am meisten fürchtet[12], wenn er seine Stadt durchquert, sind die vielen[13] Autos. Der Fußgänger muß sein Auge überall zugleich haben[14] und die Verkehrszeichen beachten. Er darf die Straße erst dann überqueren, wenn die Ampel auf Grün steht, oder er muß die Zebrastreifen benutzen[15]. Stets hat er auf dem Bürgersteig zu gehen und die Fahrbahn den Autos zu überlassen. Auf diese Weise kann man den vielfältigen Gefahren ausweichen, die auf den unvorsichtigen Fußgänger lauern.

Übersetzungskommentare

1) Vor allem in belehrenden Texten wird im Spanischen der unpersönliche Agens meist durch die 1. Pers. Plural wiedergegeben. Gegenüber dem neutralen „man" enthält diese Form ein stilistisch-rhetorisches Moment, durch das der Adressat in die Aussage einbezogen wird. Auch im Deutschen gibt es dieses implikative „wir", doch wird es bei weitem nicht so häufig und systematisch verwendet wie im Spanischen. Da die Textstelle den Charakter einer Definition hat, gilt bei der Übersetzung das Primat der Sprachüblichkeit des Deutschen, zu übersetzen ist also mit „man", doch wäre auch eine Passivkonstruktion möglich (...wird bezeichnet...).

2) Orientierungspol jedweder Übersetzung ist das Prinzip der „semantischen Äquivalenz". Bei stilistischer und textueller Angemessenheit hat der Übersetzer weitgehende Freiheit im Umgang mit Syntax und Lexik. Unter dem Gebot der Sprachüblichkeit wurde daher auf eine differenzierte Übersetzung des *la llamamos pueblo* und *recibe el nombre de aldea* zugunsten des zusammenfassenden „bezeichnet man als" verzichtet.

3) Das Deutsche kennt – in Sonderheit in der Sprechsprache, aber auch im Schriftlichen – die Verwendung sogenannter „Abtönungspartikeln", mit denen der Sprecher/Schreiber seine Aussage „färbt", um damit „seine Verwunderung, seine Verärgerung, seinen Zweifel, seine Resignation u.ä. (Duden-Grammatik)" anzuzeigen. Die Hinzusetzung des „noch" wird also von einer Eigentümlichkeit der Zielsprache bestimmt, die dem Spanischen weitgehend abgeht.

4) Große Schwierigkeiten bereitet die Übersetzung der Vokabel *vagón* im gegebenen Kontext. Zwar bietet sich unmittelbar das deutsche „Waggon" an, doch ist dessen Gebrauch auf den Sachbereich der Eisenbahn beschränkt. Ein tragfähiger Kompromiß ergibt sich durch die Umschreibung mit „waggonähnliches Schienenfahrzeug", in der das ausgangssprachliche Lexem dadurch erhalten ist, daß es zum Attribut eines Oberbegriffes adjektiviert wurde. Durch diesen morphotaktischen Kunstgriff gelingt es, die Sachbereichsgrenze in der gewünschten Richtung lexikalisch zu überschreiten.

5) Es liegt nahe, hier statt der Aktivkonstruktion *que recibía...* im Deutschen eine Passivkonstruktion zu verwenden, zumal im vorliegenden Falle sogar das Subjekt identisch ist. Auch sonst sollte der Übersetzer – insbesondere in wissenschaftlichen Texten – nicht zögern, in der deutschen Übersetzung, da wo es sich anbietet, Passivkonstruktionen zu wählen, auch da, wo die Perspektive durch die Verlagerung des Objekts in die Subjektfunktion geändert werden muß. Das Passiv ist im Deutschen

in erster Linie ein *textuelles* Phänomen. Es wird stets da verwendet, wo es einen bequemen Anschluß des Nachfolgenden an das Vorhergehende ermöglicht.

6) Scheinbar kollokiert für *supresión* hier sehr gut der deutsche Ausdruck „außer Betrieb setzen", gegen dessen Verwendung allerdings der inhaltliche Vorbehalt spricht, daß er suggeriert, die Verkehrsmittel seien nach wie vor vorhanden. Ähnliches gilt für „stillegen". Etwas prosaisch hierzu wirkt fraglos das neutrale „abschaffen", doch weist es eben nicht die semantisch-kontextuellen Schwächen der angeführten Alternativen auf.

7) Das Wort *organización* kann inhaltlich den Vorgang des Organisierens, aber auch des Resultat, das heißt die aus dem Vorgang entstandene Einrichtung oder Körperschaft bezeichnen. Die parallele Konstruktion *organización de.../ creación de...* ist hier ein starkes Indiz für eine prozessuale Interpretation, weshalb *organización* mit „Einrichtung" übersetzt wurde. Da die deutsche Vokabel gleich gut mit „Schulen" und „Institutionen" kollokiert, kann im Interesse eines flüssigen Stils darauf verzichtet werden, *creación* eigens zu übersetzen.

8) Im Gegensatz zum Deutschen kennt das Spanische kaum das Verfahren der zusammengesetzten Substantive (Komposita), weshalb dort auf syntaktische Mittel zurückgegriffen werden muß. Viele spanisch-deutsche Übersetzungen kranken daran, daß die unterschiedlichen Verfahrensweisen nicht hinreichend berücksichtigt sind, d.h. die spanische Vorlage verführt den Übersetzer dazu, auch im Deutschen syntaktische Mittel zu verwenden. So könnte *partes de la ciudad* analog mit „Teile der Stadt" wiedergegeben werden. Hier verwendet der Deutsche jedoch üblicherweise das Kompositum „Stadtteile". Nach demselben Grundsatz ist zu verfahren bei der Übersetzung von *barrios antiguos*, was im Mustertext mit „Altstadtbezirke" übersetzt wurde.

9) Mit der Vokabel *comodidad* faßt das Spanische inhaltlich etwa das, was im Deutschen mit „Bequemlichkeit", „Annehmlichkeit" ausgedrückt wird. Der Plural *comodidades* hat in diesem Falle eine verallgemeinernde Funktion. Auch im Deutschen kann der Plural eine solche Aufgabe wahrnehmen, nicht selten jedoch hält der Wortschatz eine Vokabel bereit, die den verallgemeinernden Charakter schon singularisch enthält. Das trifft hier auf „Komfort" zu.

10) Logische Bezüge zwischen Aussagen – etwa ein Gegensatz – bestehen unabhängig davon, ob sie sprachlich zum Ausdruck gebracht werden oder nicht. Im Vergleich zum Deutschen neigt das Spanische etwas weniger dazu, solche Bezüge durch entsprechende Konjunktionen und Adverbien zu markieren; so auch hier, wo der verschiedenartige Charakter alter und neuer Stadtteile nicht eigentlich angezeigt wird. Dadurch, daß in der Übersetzung das Adverb „dagegen" eingefügt ist, wird dieser Bezug unter Beachtung des Prinzips der Sprachüblichkeit explizit gemacht.

11) Auch an dieser Stelle signalisiert der spanische Plural von *guardias, barrenderos* und *bomberos* eine Verallgemeinerung. Was aber im Spanischen mit Hilfe eines morphologischen Verfahrens erreicht wird, verlagert sich im Deutschen zum Teil in den Bereich der Lexik. Im Falle von „Straßenreinig*ung*" ist zwar ein morphologisches Mittel – die Nachsilbe „-ung" – Träger der Abstraktion, doch ist in den Substantiven „Polizei" und „Feuerwehr" das Moment der Verallgemeinerung von vornherein enthalten.

12) Eine wörtliche Übersetzung dieser Passage (z.B. „der Schrecken des Städters...") verbietet sich, weil hierbei in der Zielsprache eine Wendung zustande käme, wie man sie als Titel reißerischer Romane oder Filme kennt. Konnotationen wie diese sind naturgemäß zu vermeiden, weshalb für eine umschreibende Wiedergabe optiert wurde: „Was der Städter am meisten fürchtet..."

13) Durch Hinzufügen des Adjektivs „vielen" wird ein im Ausgangstext latent vorhandenes Inhaltsmoment nach außen getragen. Solche Hinzufügungen sind nur möglich, wenn sie keine zusätzliche semantische Gegebenheiten schaffen, und nur erwünscht, wenn sie dem zielsprachigen Sprachduktus entsprechen: Beides ist hier gegeben, so daß sich die Hinzufügung rechtfertigt.

14) Nur selten ist es möglich, bei metaphorischem (bildlichem) Sprachgebrauch wörtlich zu übersetzen. Zwar könnte man auch im Deutschen sagen, man müsse „tausend Augen" haben, doch erscheint der Ausdruck „seine Augen überall zugleich haben müssen" entschieden idiomatischer. Ihm wurde daher der Vorzug gegeben.

15) Das Gerundium *reservando...* hat hier überwiegend illative Funktion, steht also – textbedingt – hier für einen Hauptsatz. Das gibt Anlaß, in der Übersetzung mit „stets hat er..." neu anzusetzen, wobei die Textkohärenz durch Einfügung des Adverbs „stets" gewährleistet wird.

Idiomatische Wendungen

Neutrale metaphorische Ausdrucksweisen

Entré en su despacho y le puse al corriente de todo lo que había pasado.
Ich trat in sein Büro und setzte ihn über alles Geschehene ins Bild.

poner a alguien al corriente de algo
≈ jdn. über etw. ins Bild setzen

Bueno es saber que uno, por mal que se presente la situación, tiene cubierta la retirada.
Es ist gut zu wissen, daß man – so schlecht die Sache auch laufen mag – ein Hintertürchen offen hat.

tener cubierta la retirada
≈ ein Hintertürchen offen haben

Basta que abra el pico para que todos se rían de él.
Es genügt, daß er den Schnabel aufmacht, damit alle über ihn lachen.

abrir el pico
≈ den Schnabel aufmachen

No teníamos ni idea de lo que ocurriría al día siguiente y por la inseguridad nos pasamos la noche en blanco.
Wir hatten keine Vorstellung, was am nächsten Tag passieren würde, und wegen der Ungewißheit bekamen wir die ganze Nacht kein Auge zu.

pasar(se) la noche en blanco
≈ die ganze Nacht kein Auge zutun

Como uno aquí es un don nadie, no me queda otra salida que callar la boca y aguantar.
Hier ist man nunmal ein Niemand, und so bleibt mir keine andere Lösung, als den Mund zu halten und es zu ertragen.

no queda otra salida a alguien
≈ es bleibt jdm. kein anderer Ausweg

La gente esa me aburría enormemente, pues la cultura no la conocen ni por el forro.
Diese Leute ödeten mich maßlos an, denn von Kultur haben sie keinen blassen Schimmer.

no conocer algo ni por el forro
≈ keinen blassen Schimmer von etw. haben

En la cubierta hace un bochorno de aúpa. No sé cómo la gente de aquí puede pegar ojo por las noches.
Auf Deck ist es unerträglich heiß. Ich verstehe nicht, wie die Menschen hier nachts ein Auge zukriegen.

no pegar ojo
≈ kein Auge zumachen können

María se había acostado y pensaba en el pueblo, en su familia y en todo hasta que se quedó roque.
Maria hatte sich hingelegt und dachte an das Dorf, an ihre
Familie und an all das, bis sie eingepennt war.

quedarse roque
≈ einpennen

Handlungscharakterisierungen I

Ya te he hablado de mi tía Juana. Yo la quiero mucho, pero no puedo ir a verla más que de Pascuas a Ramos.
Ich habe dir schon von meiner Tante Juana erzählt. Ich mag sie sehr, aber ich kann sie nur alle Jubeljahre mal besuchen.

de Pascuas a Ramos
≈ alle Jubeljahre

Aquella tarde fuimos al café del puerto, pero como si nada. No conseguimos ver a Carlos.
An jenem Abend gingen wir zum Hafen-Café, aber es nutzte nichts.
Es gelang uns nicht, Carlos zu treffen.

como si nada
≈ es nutzt nichts

De repente se abrió la puerta, Carmen lo vió y se levantó como un cohete retirándose al fondo de la sala.
Plötzlich ging die Tür auf, Carmen bemerkte es, sprang wie von der Tarantel gestochen auf und zog sich nach hinten in den Saal zurück.

levantarse como un cohete
≈ wie von der Tarantel gestochen aufspringen

La chavala preguntó si había muchos temblores y le respondió que temblorcitos como moscas.
Das Mädchen fragte, ob es viele Erdbeben gebe, und er antwortete, daß kleinere Beben sehr zahlreich seien.

como moscas
≈ zuhauf

Yo, una mujer, tengo que quedarme en casa como Dios manda.
Als Frau muß ich zu Hause bleiben, wie es sich gehört.

como Dios manda
≈ wie es sich gehört

Mamá había encargado unas tartas y el chaval las entregó sin decir oste ni moste.
Mutter hatte einige Kuchen bestellt, und der Junge lieferte sie ab, ohne ein Wort zu sagen.

sin decir oste ni moste
≈ ohne ein Wort zu sagen

Había ganado un torneo de tenis y nos lo contaba todo con pelos y señales.
Er hatte ein Tennis-Turnier gewonnen und erzählte uns alles haarklein.

contar algo con pelos y señales
≈ etwas haarklein erzählen

Compró un paraguas por si las moscas y después tomó el tren para Santiago.
Sie kaufte für alle Fälle einen Regenschirm und nahm hierauf den Zug nach Santiago.

por si las moscas
≈ für alle Fälle

Pasé la tarde mano sobre mano, mientras mi tía hacía montones con la baraja.
Ich verbrachte den Nachmittag mit den Händen im Schoß, während meine Tante Karten zu Häufchen türmte.

mano sobre mano
≈ die Hände im Schoß

La artesanía

Un viejo **proverbio** alemán dice: „La artesanía tiene bases de **oro**". Con este proverbio **medieval**, formulado en una época en la que la artesanía **estaba en pleno esplendor**[1], se quiere **poner de manifiesto** la seguridad económica que puede proporcionar la actividad artesanal. **En la actualidad**, las casas de los **gremios** medievales con sus ricos ornamentos y las grandes **catedrales testimonian**, en las ciudades de la República Federal de Alemania, la **capacidad económica** y la importancia cultural del artesanado medieval.

*La artesanía en la **era industrial**.* Con la revolución industrial y la introducción de la **libertad de agremiación** en el siglo XIX, comenzó[2] una **lucha competitiva** entre la artesanía y la industria que pareció **poner en serio peligro** a aquélla. Especialmente en las **ramas** de la producción en donde los bajos precios[3], resultado de la fabricación mecánica, atrajeron al consumidor, el artesano se vió obligado a abandonar su actividad tradicional. Otras ramas de la artesanía fueron excluidas[4] de las **tareas** de producción; su actividad quedó **reducida**[5] a la realización de reparaciones, tal como en el caso de los **zapateros** y **relojeros**. Pero, **en otros campos**, a pesar del **progreso** industrial, la artesanía ha logrado mantenerse; sobre todo, en aquéllos en los que **juega un papel** decisivo la satisfacción de exigencias especiales o la **habilidad** del artesano. También se conserva el carácter artesanal de algunas actividades en las que existe una relación directa con el cliente, por ejemplo, en las carnicerías y panaderías.

Por otra parte, **el propio** desarrollo industrial ha provocado la aparición de nuevas ramas de la artesanía, tales como la del **mecánico de automotores** y la del **experto en instalaciones electrónicas**. Especialmente la introducción del motor eléctrico ha jugado un papel decisivo en la capacidad competitiva de la artesanía, la fundación de **cooperativas** de compra y de crédito ha contribuido también a **mejorar** su posición. En general, puede decirse que[6] la artesanía ha demostrado una gran capacidad de adaptación. Ha sabido conservar su posición al lado de las demás ramas de la economía.

Wortschatz

la artesanía	– das Handwerk, das Kunsthandwerk
el artesano	– der Handwerker, Urheber
el artesanado	– die Handwerkerschaft
artesanal, -al	– handwerklich, Handwerks-
la Cámara Oficial de Artesanía	– die (span.) Handwerkskammer
el artista	– der Künstler
artístico, –a	– künstlerisch, artistisch
el proverbio	– das Sprichwort
el refrán	– das Sprichwort
el refranero	– die Sprichwörtersammlung
el estribillo	– der Refrain
proverbial, -al	– sprichwörtlich
el oro	– das Gold
el metal	– das Metall
el hierro	– das Eisen
el acero	– der Stahl
el plomo	– das Blei
el cobre	– das Kupfer
el zinc (cinc)	– das Zink
el bronce	– die Bronze
el platino	– das Platin
la plata	– das Silber
el potasio	– das Kalium
el sodio	– das Natrium
el calcio	– das Kalcium
el magnesio	– das Magnesium
el mercurio	– das Quecksilber
el aluminio	– das Aluminium
el estaño	– das Zinn
el cadmio	– das Kadmium
medieval, –al	– mittelalterlich
la Edad Media	– das Mittelalter
la Antigüedad	– das Altertum, die Antike
la Edad Moderna, los tiempos modernos	– die Neuzeit
estar en pleno esplendor	– in hoher Blüte stehen
poner de manifiesto algo	– etw. deutlich zum Ausdruck bringen
en la actualidad	– gegenwärtig, in der Gegenwart
en el pasado	– in der Vergangenheit

en el futuro	– in der Zukunft
en un pasado remoto	– in einer frühen Vergangenheit
en un futuro lejano	– in ferner Zukunft
el gremio	– die Zunft, die Körperschaft, die Genossenschaft, die Innung
la catedral	– der Dom, die Kathedrale
la iglesia	– die Kirche
el templo	– der Tempel
la casa de Dios	– das Gotteshaus
la casa de oración	– das Gebetshaus
la mezquita	– die Moschee
testimoniar algo	– von etw. zeugen, etw. bezeugen
el testimonio	– das Zeugnis, die Zeugenaussage
en testimonio de X	– als Beweis für X
dar testimonio de algo	– Zeugnis ablegen von etw.
levantar falso testimonio	– falsches Zeugnis ablegen
el testigo	– der Zeuge
el testigo ocular	– der Augenzeuge
la capacidad económica	– die Wirtschaftskraft
la capacidad	– das Fassungsvermögen
la capacitación	– die Befähigung, Schulung
capacitar a alguien para algo	– jdn. zu etw. berechtigen, jdn. zu etw. befähigen
capacitarse para algo	– sich die Fähigkeit zu etw. aneignen
la era industrial	– das Industriezeitalter
la era	– das Zeitalter, die Zeitrechnung
la era atómica	– das Atomzeitalter
la época	– der Zeitabschnitt, die Epoche, das Zeitalter
la época de (las) lluvias	– die Regenzeit
la edad de piedra	– die Steinzeit
el Siglo de Oro	– das goldene Zeitalter
la libertad de agremiación	– die Freiheit des Zusammenschlusses
la lucha competitiva	– der Konkurrenzkampf
poner en serio peligro a alguien	– jdn. in ernste Gefahr bringen
la rama	– die Branche, der Zweig (abstrakt)
de rama en rama	– ziellos
andarse por las ramas	– abschweifen
el ramo	– der Zweig, das Gebiet, die Branche

el ramo del automóvil	– die Automobilbranche
el ramo de la construcción	– das Baugewerbe
la tarea	– die Arbeit, die Mühe, die Aufgabe
reducir algo a algo	– etw. auf etw. beschränken
el zapatero	– der Schuhmacher
el relojero	– der Uhrmacher
el sastre	– der Schneider
el fontanero	– der Klempner
el carnicero	– der Fleischer, Metzger
el electricista	– der Elektriker
el vidriero	– der Glaser
el carpintero	– der Schreiner, Zimmermann
el ebanista	– der Möbel-, Kunstschreiner
el herrero	– der Schmied
el herrador	– der Hufschmied
el panadero	– der Bäcker
el pintor	– der Maler, Anstreicher
el empapelador	– der Tapezierer
el tapicero	– der Polsterer
el cantero	– der Steinmetz
el curtidor	– der Gerber
el techador	– der Dachdecker
el soplador de vidrio	– der Glasbläser
el encuadernador	– der Buchbinder
el impresor, el tipógrafo	– der Buchdrucker
el alicatador	– der Fliesenleger
el peluquero	– der Frisör
el molinero	– der Müller
el tejedor	– der Weber
el deshollinador	– der Schornsteinfeger
el cestero, el canastero	– der Korbmacher
en otros campos	– auf anderen Gebieten
el progreso	– der Fortschritt
progresar	– fortschreiten, sich entwickeln
la progresión	– das Fortschreiten
progresista, –a	– fortschrittlich (ideol.)
progresivo, –a	– fortschreitend
el retroceso	– der Rückschritt
la evolución	– die Entwicklung, die Evolution
el desarrollo	– die Entwicklung, die Abwicklung
la parada	– der Stillstand
la interrupción	– die Unterbrechung

la paralización	– die Lahmlegung
la inacción	– die Untätigkeit
el estancamiento	– die Stagnation
jugar	– spielen
jugar un papel	– eine Rolle spielen
hacerle una mala jugada a alguien	– jdm. einen üblen Streich spielen
¡una jugada feliz!	– ein geschickter Schachzug!
jugar una carta	– eine Karte ausspielen
jugar algo	– etw. aufs Spiel setzen
jugar al ajedrez	– Schach spielen
jugar a la bolsa	– spekulieren
jugar(se) el todo por el todo	– alles riskieren
jugarse el pellejo (fam.)	– seine Haut riskieren, sein Leben aufs Spiel setzen
el juego	– das Spiel
el juego de destreza	– das Geschicklichkeitsspiel
el juego de naipes	– das Kartenspiel
no dejar entrar en juego a alguien	– jdn. nicht ins Spiel (zum Zug) kommen lassen
estar en juego	– auf dem Spiel stehen
el juego de mesa	– das Tafelgeschirr
la habilidad	– die Geschicklichkeit
hábil, –il	– geschickt, fähig, tauglich
habil(-itado) para algo	– berechtigt zu etw.
la habilitación	– die Befähigung, Berechtigung
habilitar a alguien para algo	– jdn. zu etw. ermächtigen
la torpeza	– die Ungeschicklichkeit; der Stumpfsinn; die Unanständigkeit
torpe, –e, desmañado, –a	– ungeschickt
el propio X	– X selbst
el X propio	– der eigene X
el mecánico de automotores	– der Automechaniker
el mecánico electricista	– der Elektroingenieur
el mecánico dentista	– der Zahntechniker
el experto en instalaciones electrónicas	– der Elektronikfachmann
electrónico, –a	– elektronisch
eléctrico, –a	– elektrisch
la electrónica	– die Elektronik

el electrón	– das Elektron
el electrón-voltio	– das Elektronenvolt
el cerebro electrónico	– das Elektronenhirn
el microscopio electrónico	– das Elektronenmikroskop
de mando electrónico	– elektronisch gesteuert
electroacústico, –a	– elektroakustisch
el electrocardiograma	– das EKG
el electroencefalograma	– das EEG
electrocutar a alguien	– jdn. auf dem elektischen Stuhl hinrichten
la electrólisis	– die Elektrolyse
el electrólito/electrolito	– der Elektrolyt
la electromotriz	– die E-Lok
el ingeniero electricista	– der Elektroingenieur
la electrotecnia	– die Elektrotechnik
la cooperativa	– die Genossenschaft
mejorar algo	– etw. verbessern
disminuir algo	– etw. vermindern
empeorar, agravar algo	– etw. verschlimmern
empequeñecer algo	– etw. verkleinern
agrandar algo	– etw. vergrößern
engrandecer algo	– etw. vergrößern, verherrlichen, preisen

Grammatische Anmerkungen

1) **ESTABA EN PLENO ESPLENDOR**
Während das Hilfsverb **ser** Wesensmomente zum Ausdruck bringt, ist die Domäne von **estar** das Akzidentelle, Vorübergehende, Zufällige, Umstandsabhängige. Insbesondere der Zustand einer Person oder Sache wird im Spanischen durch das Hilfsverb **estar** beschrieben. Hierfür liefert die Textstelle ein typisches Beispiel. Das **pretérito imperfecto** ist das Tempus *deskriptiver* (beschreibender) Textbasen. Diese haben insbesondere die Funktion, die Rahmenbedingungen aufzuzeigen, innerhalb derer sich ein bestimmtes Geschehen vollzieht. Diese Bedingungen werden im vorliegenden Text durch die Beschreibung der Zeit dargestellt. Das Tempus erzählender (*narrativer*) Texte ist dagegen das **pretérito indefinido**.

2) **COMENZÓ**
Nachdem der Autor bis hierhin Zeit und Umstände beschrieben hat, geht er nun zu einer narrativen Textur über. Geschildert werden daher abgeschlossene Handlungen oder Ereignisse in der Vergangenheit. (Vgl.1.)

3) **EN LAS RAMAS...EN DONDE LOS BAJOS PRECIOS...**

Der Lokativ (Bezeichnung des Ortes, an dem sich die Handlung oder das Ereignis vollzieht) wird im Spanischen adverbial oder relativisch mit **donde** wiedergegeben. Gelegentlich wird – hierfür liefert die Textstelle ein Beispiel – **donde** durch die Präposition **en** verstärkt. Dieses **en** ist jedoch nicht obligatorisch, es könnte also auch stehen **en las ramas... donde los bajos precios**.

In der spanischen Umgangssprache wird **donde** nicht selten in elliptischen Wendungen benutzt, um eine auf eine Person oder ein Gebäude bezogene Ortsangabe vorzunehmen.

Bsp.:

Voy donde mi tío.

(Ich gehe zu meinem Onkel.)

La panadería está donde la iglesia.

(Die Bäckerei befindet sich an der Kirche.)

Ebenso wie **cuando no** wird in literarischem Register **donde no** gelegentlich zur Einleitung eines verneinten Konditionalsatzes verwendet.

Bsp.:

En ti tengo que poder confiar aun sin tener pruebas; donde no/cuando no, nuestra amistad habrá llegado a su fin.

(Auf dich muß ich mich vorbehaltlos verlassen können; so nicht, wird es vorbei sein mit unserer Freundschaft.)

Zur Einleitung einer Schlußfolgerung können die Verbindungen **de donde** und **por donde** verwendet werden.

Bsp.:

Lleva tres días sin hablar de su mujer, de donde/por donde se deduce que hay alguna crisis en su matrimonio.

(Seit drei Tagen erzählt er nichts von seiner Frau, woraus zu schließen ist, daß es in seiner Ehe eine Krise gibt.)

4) **OTRAS RAMAS... FUERON EXCLUIDAS**

Normalerweise wird in Fällen wie in der Textstelle die **pasiva refleja** verwendet, so daß es eigentlich **se excluyeron otras ramas** hätte heißen müssen. Aus stilistischen Gründen hat jedoch der Autor durch den Gebrauch des eigentlichen Passivs eine lebendigere Darstellung angestrebt. Das ist grundsätzlich zwar möglich, man beachte jedoch, daß das Vorgangspassiv mit ***ser*** + *Partizip* bei perfektiven Verben, also Verben, die eine sich augenblicklich vollziehende Handlung bezeichnen, im Präsens und Imperfekt *nicht* verwendet werden darf. Im Präsens verwendet man daher die **pasiva refleja**, als Vergangenheitstempus das **pretérito indefinido**.

Präsens

Se excluyen otras ramas.

(Andere Zweige werden ausgeschlossen.)

Pretérito indefinido
Otras ramas fueron excluidas.
(Andere Zweige wurden ausgeschlossen.)

5) **QUEDÓ REDUCIDA**
Eine besondere Erscheinung der spanischen Sprache sind die sogenannten **perífrasis verbales**; es sind dies Verbindungen von
* ***konjugiertem Verb + Präp. + Infinitiv***
* ***konjugiertem Verb + Gerundium***
* ***konjugiertem Verb + Partizip***
Diese Verbalperiphrasen kennzeichnen die jeweilige Handlung unter besonderen Gesichtspunkten, insbesondere im Hinblick auf

- Beginn	– Möglichkeit	– Progression
- Ende	– Annahme	– Steigerung
- Wiederholung	– Statik	– Resultat
- Vagheit	– Bewegung	u.a.m.

Wie diese Auflistung zeigt, wäre eine vollständige Systematisierung außerordentlich kompliziert. Dem Lerner wird daher empfohlen, sich die wichtigsten Verbalperiphrasen in Vokabelform einzuprägen. Hierzu eine Liste der häufigsten Verbindungen:
a) ***perífrasis verbales de infinitivo***

ir a hacer algo	– (gleich) etw. tun werden
echarse a hacer algo	– sich (stürmisch) daran begeben, etw. zu tun
meterse a hacer algo	– sich daran versuchen, etw. zu tun
ponerse a hacer algo	– sich daran begeben, etw. zu tun
darle (a uno) por hacer algo	– es sich einfallen lassen, etw. zu tun
acabar de hacer algo	– soeben etw. getan haben
llegar a hacer algo	– es erreichen, etw. zu tun
venir a hacer algo	– dahin gelangen, etw. zu tun/ schließlich etw. tun
venir a costar X Ptas.	– ungefähr X Peseten kosten
venir a ser algo	– etw. werden
volver a hacer algo	– etw. wieder tun
dejar de hacer algo	– aufhören, etw. zu tun
haber de hacer algo (lit.)	– etw. zu tun haben
deber de hacer algo	– wohl etw. tun müssen
estar (preparado) para hacer algo	– in der Lage (fähig) sein, etw. zu tun

algo está por hacer	– etw. ist noch zu tun
tener que hacer algo	– etw. tun müssen (äußerer Zwang)
deber hacer algo	– etw. tun müssen (innerer Zwang)

b) ***perífrasis verbales de gerundio***

estar haciendo algo	– dabei sein, etw. zu tun (ohne Evolution)
andar haciendo algo	– dabei sein, etw. zu tun (ungenaue Ausdrucksweise)
ir haciendo algo	– allmählich etw. tun
venir haciendo algo	– die ganze Zeit schon etw. tun
salir haciendo algo	– unerwartet/plötzlich etw. anfangen (überraschender Beginn)
seguir haciendo algo	– weiterhin etw. tun

c) ***perífrasis verbales de participio***

- *Hilfsverb intransitiv: Partizip stimmt mit Subjekt überein*

algo está hecho	– etw. ist gemacht
una persona va preocupada	– jemand ist besorgt
una persona anda preocupada	– jemand ist irgendwie besorgt
seguir preocupado	– weiterhin besorgt sein
quedar preocupado	– daraufhin besorgt sein

- *Hilfsverb transitiv: Partizip stimmt mit Objekt überein*

tener hecho algo	– etw. getan haben
llevar hecho algo	– etw. bereits getan haben
traer preocupado a alguien	– jdm. schon lange Sorge machen
dejar preocupado a alguien	– jdn. besorgt gemacht haben

6) **EN GENERAL, PUEDE DECIRSE QUE...**

Die Konstruktion ***poder*** + *Infinitiv* ist eine der Möglichkeiten, die Bedeutungsvarianten des deutschen „lassen + *Infinitiv*" zum Ausdruck zu bringen. Man unterscheide folgende spezifische Bedeutungen:

Möglichkeit
No puede decirse cómo terminará aquel asunto .
(Es läßt sich nicht sagen, wie jene Sache ausgeht.)

Erlaubnis
Déjale pasar.
(Laß ihn durchgehen.)

Veranlassung
Nos hizo esperar una hora.
(Er ließ uns eine Stunde warten.)

Anmerkung
In der reflexiven Form **hacerse algo** betrifft die Veranlassung einen fremden Urheber.
Bsp.:
Me voy a hacer un traje muy bonito.
(Ich werde mir einen schönen Anzug machen lassen.)

Übersetzungsvorschlag

Das Handwerk

Ein altes deutsches Sprichwort lautet: „Handwerk hat goldenen Boden". Mit diesem mittelalterlichen Spruch, entstanden[1] in einer Epoche, in der das Handwerk in hoher Blüte stand, soll auf die wirtschaftliche Sicherheit hingewiesen werden, die ein Handwerksberuf[2] zu bieten vermag. In den Städten der Bundesrepublik zeugen noch heute die Häuser der mittelalterlichen Zünfte mit ihrer reichen Ornamentik[3] sowie die großen Kathedralen von der Wirtschaftskraft und der kulturellen Bedeutung des mittelalterlichen Handwerkswesens.

Das Handwerk im Industriezeitalter. Mit der industriellen Revolution und der Einführung des Rechtes auf Zusammenschluß[4] im 19. Jahrhundert begann der Wettbewerb zwischen Handwerk und Industrie, der ersteres[5] ernsthaft zu gefährden schien. Vor allem auf dem Produktionssektor, wo als Resultat der mechanischen Herstellung niedrige Preise[6] den Verbraucher gewannen, war der Handwerker gezwungen, tradierte Fertigungsbereiche aufzugeben. Andere Handwerkszweige wurden von der Produktion ganz[7] ausgeschlossen; ihre Tätigkeit wurde auf die Ausführung von Reparaturen beschränkt, so im Falle der Schuhmacher und Uhrmacher. Trotz des industriellen Fortschritts hat sich jedoch in anderen Bereichen das Handwerk behauptet[8]; dies besonders da, wo die Befriedigung von Sonderwünschen oder handwerkliches Geschick entscheidend sind. Daneben hat sich der handwerkliche Charakter in einer Reihe von Tätigkeiten erhalten, in denen eine persönliche Beziehung zum Kunden besteht, wie beispielsweise in Metzgereien oder Bäckereien.

Andererseits hat die industrielle Entwicklung selbst die Entstehung neuer Handwerkszweige hervorgerufen, etwa den des Kfz-Mechanikers oder des Elektronikfachmanns[9]. Vor allem die Einführung des Elektromotors hat für die Wettbewerbsfähigkeit des Handwerks große Bedeutung erlangt. Die Gründung von Einkaufs- und

Kreditgenossenschaften hat ebenfalls dazu beigetragen, seine Lage zu verbessern. Insgesamt läßt sich sagen, daß das Handwerk eine große Anpassungsfähigkeit bewiesen hat. Es hat seine Stellung neben den übrigen Wirtschaftszweigen behaupten können.

Übersetzungskommentare

1) Es könnte naheliegen, *formulado* mit „formuliert" zu übersetzen, doch verwendet man diese Vokabel im Deutschen eher, wenn von rational gesteuerter Textredaktion die Rede ist, nicht aber für volkstümliche Redeweisen. Darüber hinaus wirkt „formulieren" auch etwas anachronistisch, insofern man es eher mit Bezug auf moderne Textgestaltung anwendet. Es wurde daher in der Übersetzung das neutralere „entstehen" verwendet.

2) Auch *actividad artesanal* mit „handwerkliche Betätigung" oder ähnlich übersetzen zu wollen entspräche nicht recht dem deutschen Sprachgebrauch. Idiomatischer wirkt jedenfalls das Kompositum „Handwerksberuf", wobei das semantische Potential von *actividad* in „Beruf" aufgefangen wird. Nicht nur innerhalb des Sprachsystems (*langue*), worauf bereits Saussure hinwies, sondern auch auf der Ebene des Textes (*parole*) stehen die Elemente in einem empfindlichen Abhängigkeitsverhältnis zueinander. Wenn man an einer Stelle rührt, hat das fast immer auf die übrigen sprachlichen Bausteine Rückwirkungen. In der gewählten Übersetzung ist daher *proporcionar* am besten mit „bieten" wiederzugeben. In anderen Kontexten könnte hier auch „liefern", „gewährleisten" usw. stehen.

3) Man hüte sich davor, den spanischen Plural unbesehen zu einem deutschen Plural umzuwandeln. Auch im vorliegenden Fall entspricht das pluralische *ornamentos*, insbesondere aufgrund des vorangestellten *ricos* eher dem singularischen deutschen „(reiche) Ornamentik".

4) Alternativen zu „Recht auf Zusammenschluß" wären „Vereinigungsfreiheit", „Fusionsfreiheit" etc., doch wirken solche Ausdrücke etwas zu spezifisch, weshalb dem allgemeineren Ausdruck der Vorzug gegeben wurde.

5) Das Demonstrativum *aquel...* verweist auf im Text zuerst Genanntes – ihm entspricht das deutsche „jener..." –, *este...* auf im Text später Genanntes – ihm entspricht das deutsche „dieser...". Eine gleichwertige Alternative zu „ersteres" wäre also „jenes".

6) Nicht immer wird der bestimmte Artikel mit dem bestimmten, der unbestimmte

mit dem unbestimmten Artikel übersetzt werden können. Hier gilt prinzipiell das Primat der Sprachüblichkeit, weswegen mit dem – morphologisch nicht manifesten – unbestimmten Artikel übersetzt wurde: „niedrige Preise".

7) Da bereits im vorhergehenden auf Tätigkeitseinschränkungen innerhalb bestimmter Handwerksdisziplinen hingewiesen wurde, kann der mit „Otras ramas..." beginnende Satz nur als Steigerung aufgefaßt werden, was im Deutschen üblicherweise durch Verwendung eines verstärkenden Adverbs („ganz") markiert wird.

8) Die Wendung...*ha logrado mantenerse* ließe sich auch wörtlich auflösen „... ist es... gelungen, sich zu behaupten." Der Ausdruck, wenngleich durchaus korrekt, wirkt jedoch etwas umständlich und fügt inhaltlich nichts Wesentliches hinzu. Es erscheint deshalb legitim, das elegantere „hat sich behauptet" zu verwenden.

9) Während die alten Berufsbezeichnungen wie „Bäcker", „Schlosser", „Schmied" etc. prägnant und mit wenig Sprachmaterial ihrer Benennungsfunktion nachkommen, liegen die Dinge für die modernen Berufe ganz anders. Hier werden z.T. recht aufwendige Konstruktionen verwendet, etwa für „Medizinisch-Technische Assistentin", die sich bei der Sprachverwendung als außerordentlich sperrig erweisen. In allen Sprachgemeinschaften sucht man nach Möglichkeiten der Verkürzung, was bespielsweise durch Siglierung erfolgen kann: MTA. Während im Deutschen daneben die Möglichkeit zur Bildung von Komposita gute Dienste leistet, tut sich in bezug auf solche Reduktionen das Spanische schwer, weil hier die Versprachlichung derartiger Sachverhalte nahezu ausschließlich auf syntaktischem Wege erfolgt. Der *experto en instalaciones electrónicas* (14 Silben) verknappt sich so im Deutschen auf den Terminus „Elektronikfachmann" (6 Silben), was gegenüber den frühen Berufsbezeichnungen immer noch relativ lang ist, immerhin aber doch den artikulatorischen bzw. skripturalen Aufwand auf ein erträgliches Maß beschränkt. Die Art der Bezeichnung ist zwischen den einzelnen Sprachen asymmetrisch, weshalb sich eine wörtliche Übersetzung in der Regel verbietet. Der spanische Bestandteil *instalaciones* bleibt daher unübersetzt. Seine Aktualisierung geschieht allenfalls mental durch Vergegenwärtigung des entsprechenden Berufsbildes.

Idiomatische Wendungen

Handlungscharakterisierungen II

En un abrir y cerrar de ojos, los obreros descargaron todo el camión.
Im Handumdrehen entluden die Arbeiter den ganzen Lastwagen.
en un abrir y cerrar de ojos
≈ im Handumdrehen

Su nuevo delito era ya más grave, pues llovía sobre mojado.
Sein neues Delikt war schon schlimmer, da es nicht das erste Mal war.
llover sobre mojado
≈ nicht das erste Mal sein

A fuerza de dar vueltas en la cabeza a ese problema, casi perdió el contacto con la realidad.
Nachdem er jenes Problem im Kopf wieder und wieder gewendet hatte, verlor er fast den Kontakt zur Realität.
dar vueltas en la cabeza a algo
≈ etw. im Kopf wenden und wieder wenden

Lo peor de este crimen es que el asesino mató a la víctima a sangre fría.
Das schlimmste an diesem Verbrechen ist, daß der Mörder sein Opfer kaltblütig tötete.
hacer algo a sangre fría
≈ kaltblütig etwas tun

Con esta respuesta me dejó sin respiración y no dije ni pío.
Mit dieser Antwort raubte er mir den Atem, und ich sagte kein Sterbenswörtchen.
no decir ni pío
≈ kein Sterbenswörtchen sagen

Esos italianos son verdaderos artistas de la seducción, pero Constantino, conmigo tropezó en hueso.
Diese Italiener sind regelrechte Verführungskünstler, doch bei mir biß Constantino auf Granit.
tropezar en hueso con alguien
≈ bei jdm. auf Granit beißen

Con esa administración tan absurda, uno puede andar de la Ceca a la Meca todo el día sin lograr nada.
Bei der blöden Verwaltung kann einer den ganzen Tag von Pontius zu Pilatus laufen, ohne etwas zu erreichen.

andar de la Ceca a la Meca
≈ von Pontius zu Pilatus laufen

Tienes que ser reponsable de tus acciones y no confiar en que los demás te sacarán las castañas del fuego.
Du mußt die Verantwortung für deine Handlungen übernehmen und darfst nicht darauf vertrauen, daß die anderen dir die Kastanien aus dem Feuer holen.

sacar a alguien las castañas del fuego
≈ für jdn. die Kastanien aus dem Feuer holen

El montar este armario es casi imposible. El otro día sudé la gota gorda para hacerlo.
Diesen Schrank aufzustellen ist fast unmöglich. Neulich mußte ich mich schrecklich abmühen, es zu tun.

sudar la gota gorda para hacer algo
≈ sich schrecklich abmühen, etw. zu tun

El español en Filipinas[1]

En 1898, cuando Puerto Rico **pasó** a depender – al mismo tiempo que el **archipiélago** filipino – del Gobierno de **Estados Unidos**[1], éste se **propuso denodadamente** implantar el idioma inglés en la isla **caribeña** y **falló en** su intento hasta **renunciar por fin** al propósito. Transcurrido ya casi un siglo[2] desde entonces, la lengua natural de los puertorriqueños, pese a su ciudadanía estadounidense, continúa siendo la española. No es suficiente la voluntad más resuelta de los poderes públicos, el **fiat** del Estado, para que un determinado idioma prospere y se extienda, o bien decline hasta extinguirse. Y sin embargo tampoco es nulo su efecto ni insignificante; incluso, en ciertas circunstancias, alcanza resultados muy considerables. Cuando una política lingüística oficial va acompañada de estímulos sociales adecuados, **remando** – por así decir – **a favor de la corriente**, sus efectos se multiplican y potencian hasta llegar a hacerse decisivos[3] **de veras**.

El caso de Filipinas es muy diferente del de Puerto Rico. Aquí, para 1898 y mucho antes, el español **se encontraba implantado** como lengua única del país, **mientras que**, **en cambio**, nunca había llegado a completarse, ni mucho menos, el proceso de hispanización del archipiélago filipino. Bien se comprende que, al cesar en 1898 la **soberanía** española sobre el archipiélago, no sólo quedará[4] interrumpido el proceso de su hispanización, sino que **se iniciará**[4] un **retroceso** que ha continuado hasta hoy. Estados Unidos se propuso **desde el primer momento** introducir allí – **igual que en** Puerto Rico – la lengua inglesa, gastando para ello[5] **ingentes** sumas, y en este caso, sí, con éxito notable.

Cuando en 1934 se acordó eliminar de Filipinas la soberanía norteamericana para 1946, fue **con la provisión de que** la nueva **carta constitucional** obligara[6] al mantenimiento del inglés como idioma de la enseñanza. **Nada tiene de extraño** siendo así que, no obstante los deseos y algunos esfuerzos denodados **por parte de** los **hispanófonos**, nuestro idioma se encuentre[7] en franca **retirada** en las islas Filipinas. De los más de 45 millones de habitantes que **pueblan** el archipiélago hablan el castellano 777.000 personas, a cuyo número pueden **sumarse** las 800.000 que hablan *chacabano* (lengua mixta de español y de un dialecto **indígena**). El 85 % de los habitantes habla alguno de los trescientos y **pico** lenguajes pertenecientes a la familia **malayo-polinesia** que **se distribuyen** por las islas. El inglés no sólo es lengua oficial, sino **instrumento de intercomunicación** general en el país **multilingüe**.

Wortschatz

(las) Filipinas	– die Philippinen
pasar a algo	– zu etw. übergehen
el archipiélago	– der Archipel, die Inselgruppe
(los) Estados Unidos	– die Vereinigten Staaten
proponerse hacer algo	– beabsichtigen, sich vornehmen, etw. zu tun
denonado, –a	– unerschrocken, kühn, ungestüm
caribeño, –a	– karibisch
caribe, –e	– karibisch
el Caribe	– die Karibik
las pequeñas Antillas	– die Karibischen Inseln
fallar en su intento (de hacer algo)	– mit seinem Versuch scheitern (, etw. zu tun)
renunciar a algo	– auf etw. verzichten
la renuncia	– der Verzicht, die Entsagung
la renuncia al uso de la fuerza	– der Gewaltverzicht
presentar su renuncia	– abdanken, zurücktreten
por fin hacer algo	– schließlich, endlich etw. tun
a ese fin	– zu diesem Zweck
a fin de hacer algo	– um etw. zu tun
a fin de que se produzca algo	– damit etw. geschieht
para fines benéficos	– zu wohltätigen Zwecken
para fines pacíficos	– zu friedlichen Zwecken
a fines de agosto	– Ende August
al fin y al cabo	– schließlich und endlich
en fin	– schließlich, na ja
al fin de la jornada	– am Ende des Tages
dar fin a algo	– etw. abschließen, vollenden
dar fin	– zu Ende gehen
llevar algo a buen fin	– etw. glücklich zu Ende führen
poner fin a algo	– etw. beenden, einer Sache Einhalt gebieten
fiat (lat.)	– es sei!, es geschehe!
remar	– rudern
remar a favor de la corriente	– mit dem Wind segeln
de veras	– tatsächlich, wirklich, ernsthaft
encontrarse implantado	– eingepflanzt sein
mientras que algo pasa	– während, wohingegen etw. geschieht

mientras que no pase algo	– solange etw. nicht geschieht
durante este suceso	– während dieses Ereignisses
mientras tanto	– unterdessen, inzwischen
mientras más pasa X, más pasa Y	– je mehr X geschieht, desto mehr geschieht Y
en cambio	– andererseits
ni mucho menos	– durchaus nicht, keineswegs
a menos que pase algo	– es sei denn, daß etw. geschieht
tres de menos	– drei zuwenig
por menos que trabaje ...	– so wenig er auch arbeiten mag ...
echar de menos algo	– etw. vermissen
ir a menos	– weniger werden
no poder menos de hacer algo	– nicht umhin können, etw. zu tun
tener a menos algo	– etw. geringschätzen
tener en menos algo	– etw. weniger schätzen
venir a menos	– verarmen
menos de 3	– weniger als 3
menos que él	– weniger als er
cuando menos se lo imaginaba	– unvermutet, als er am wenigsten daran dachte
eso es lo de menos	– das ist das allerwenigste
todos menos X	– alle außer X
el menos	– das Minuszeichen
lo menos	– das Mindeste
la soberanía sobre X	– die Souveränität, die Hoheit, die Ober(Schutz)herrschaft über X
la soberanía aérea	– die Lufthoheit
la soberanía fiscal	– die Steuerhoheit
la soberanía monetaria	– die Währungshoheit
la soberanía de tarifas	– die Tarifhoheit
toda la soberanía emana del pueblo	– alle Staatsgewalt geht vom Volke aus
el soberano	– der Souverän, König, Herrscher
iniciarse	– beginnen
el retroceso	– der Rückgang
desde el primer momento	– von Anfang an
igual que en X	– ebenso wie in X

ingente, –te	– gewaltig, ungeheuer groß
con la provisión de que pase algo	– mit der Klausel, daß etw. geschieht
la carta constitucional	– der Verfassungstext
nada tiene de extraño que pase algo	– es ist nicht verwunderlich, daß etw. geschieht
por parte de X	– von seiten X's
hispanófono, –a	– spanischsprachig
hispanohablante, -te hispanoparlante (am.), -te	– spanischsprechend
la retirada	– der Rückzug, das Zurück-, Entziehen
retirado, –a	– außer Dienst, pensioniert; abgelegen, zurückgezogen
retirar algo	– etw. zurück-, heraus-, ent-, abziehen (Truppen)
retirar la mercancía	– die Ware in Empfang nehmen
retirar a su hijo del instituto	– seinen Jungen vom Gymnasium nehmen
retirar la palabra a alguien	– jdm. das Wort entziehen
retirarse	– sich zurückziehen, seinen Abschied nehmen
poblar un país	– ein Land bewohnen
sumar X a Y	– X zu Y hinzuzählen
indígena, –a	– einheimisch
el pico	– der Schnabel, die Tülle, die Spitze, die Zacke, die Spitzhacke, der Berggipfel
X y pico	– etw. mehr als X
de pico	– nur mit dem Mund
irse de picos pardos	– fremdgehen
¡no se perderá por el pico!	– alles Angabe!
a las tres y pico	– kurz nach drei
mil marcos y pico	– etwas mehr als tausend Mark
malayo, –a	– malaiisch
el malayo	– der Malaie
polinesio, –a	– polynesisch
distribuirse por algo	– sich über etw. verstreuen
el instrumento de intercomunicación	– das Verständigungsmittel
multilingüe, –üe	– vielsprachig

Grammatische Anmerkungen

1) **FILIPINAS/ESTADOS UNIDOS**

Abgesehen von einer gewissen Zahl von Ausnahmen können Ländernamen mit oder ohne Artikel verwendet werden.

Mit Artikel werden die Ländernamen versehen, wenn sie durch ein Attribut näher bestimmt sind. Sonst stehen sie grundsätzlich ohne Artikel.

Bsp.:

la España de Franco

la Francia medieval

España es un país católico.

Bei einigen wenigen Länderbezeichnungen gehört allerdings der Artikel zum Namen. Merke daher:

la Argentina	– Argentinien
el Ecuador	– Ekuador
el Salvador	– El Salvador
los Estados Unidos	– die Vereinigten Staaten
el Camerún	– Kamerun
el Zaíre	– Zaïre

In bezug auf **los Estados Unidos** ist anzumerken, daß sich zunehmend die Verwendung ohne Artikel durchsetzt. In diesem Falle gilt es zusätzlich zu beachten, daß – falls **Estados Unidos** als Subjekt fungiert – das Verb im Singular steht.

Bsp.:

Estados Unidos es un país de gran potencia económica.

(Die Vereinigten Staaten haben ein großes wirtschaftliches Potential.)

2) **TRANSCURRIDO CASI UN SIGLO**

Das logische Subjekt (hier: **siglo**) des **participio absoluto** ist grundsätzlich vom übergeordneten Hauptsatz unabhängig, kann jedoch dort pronominal wieder aufgenommen sein. (Bsp.: **Muerto el padre, le sepultaron en tierra bendita.** = Nachdem der Vater gestorben war, setzten sie ihn in geweihter Erde bei.)

Das **participio absoluto** bringt stets ein Moment der Vorzeitigkeit zum Ausdruck (nachdem ...), kann jedoch auch modalen (Art und Weise) oder konzessiven (Einräumung) Charakter annehmen, was häufig durch eine entsprechende Konjunktion angezeigt wird:

Si bien arreglado inmediatamente el asunto, le multaron con 1.000 pts.

(Obgleich er die Angelegenheit sofort bereinigte, wurde er mit einem Bußgeld von 1.000 Peseten belegt.) (konzessiv)

Encendidas todas las luces de la sala, mi casa parecía un pequeño Versalles.

(Mit all den brennenden Lichtern im Wohnzimmer schien mein Haus ein kleines Versailles.) (modal)

Im modernen Spanisch geht die **frase absoluta** im allgemeinen dem Hauptsatz voraus. Abweichungen sind als stilistische Versuche zu werten, der Sprache einen archaischen oder literarischen Anstrich zu geben.

Bsp.:

Yacía, herida la cabeza, el soldado en la trinchera.

(Mit einer Kopfverletzung lag der Soldat im Graben.)

3) **HACERSE DECISIVOS**

Das Spanische verfügt nicht über ein Hilfsverb, das eine Vielzahl spezifischer Prozeßformen so abbildet wie das deutsche „werden", dem daher im Spanischen eine ganze Reihe unterschiedlicher Konstruktionen gegenüberstehen.

Konstruktionen mit Adjektiv

vorübergehende Veränderung: **ponerse**

Bsp.:

Con este tipo de música me pongo siempre nervioso

(Bei dieser Art von Musik werde ich immer nervös.)

grundlegende Veränderung: **volverse**

Bsp.:

En estos tres años de carrera, Gregorio se ha vuelto muy sensato.

(In diesen drei Studienjahren ist Gregorio sehr vernünftig geworden.)

Anmerkung

Obwohl im Deutschen mit „sein" verbunden, gehört auch die Wendung **quedarse** in diese Reihe. Sie bringt eine Veränderung als Ergebnis eines vorhergehenden Vorgangs zum Ausdruck.

Bsp.:

Después de nuestra entrevista se quedó encantada.

(Sie war nach unserer Unterredung begeistert.)

Konstruktion mit Substantiv

grundlegende Veränderung: **convertirse en**

Bsp.:

Encontró petróleo en sus tierras y de la noche a la mañana se convirtió en un hombre poderoso.

(Er fand Erdöl auf seinem Land und wurde über Nacht zu einem mächtigen Mann.)

Konstruktion mit Substantiv/Adjektiv/Adverb

Kennzeichnung des Endergebnisses: **resultar**

Bsp.:

La excursión del jueves resultó una jornada familiar muy agradable.

(Der Donnerstagsausflug wurde zu einem überaus angenehmen Familientag.)

angestrebte Veränderung: **hacerse**

Bsp.:

Antonio se ha hecho médico. ¿Lo sabías?

(Antonio ist Arzt geworden. Wußtest du das?)

Ergebnis einer Entwicklung: **llegar a (ser)**
Bsp.:
Después de muchos años de trabajo llegó a ser extremamente competente en su materia.
(Nach langen Jahren der Arbeit gelang es ihm, in seinem Fach äußerst kompetent zu werden.)
feststehende Wendungen: z.B. **hacerse tarde**
Bsp.:
Hoy ya no podemos tomar una copa juntos. Se me ha hecho tarde.
(Heute können wir keinen mehr zusammen trinken. Es ist mir spät geworden./Ich bin spät dran.)
Man merke sich auch folgende spanische Verben, die das Moment des Werdens semantisch bereits umgreifen:

enfadarse	– ärgerlich werden
desmayarse	– ohnmächtig werden
rejuvenecer	– jünger werden
envejecer	– älter werden, altern
amanecer	– Morgen werden
anochecer	– Abend werden
adelgazar	– schlank werden
cansarse	– müde werden
crecer	– groß werden, wachsen
enfriarse	– kalt werden
engordar	– dick werden
refrescar	– kühler werden, abkühlen

4) **QUEDARÁ/SE INICIARÁ**
Das *condicional* ist von der ursprünglichen Funktion her das Futur der Vergangenheit. Im vorliegenden Fall hat jedoch der Autor die beschriebenen Ereignisse gedanklich ins Präsens überführt, von wo aus künftig mit Sicherheit eintretende Ereignisse mit Hilfe des Futurs erfaßt werden. Dieser Sprung ist in der Übersetzung nicht unbedingt nachzuahmen. Es empfiehlt sich daher, periphrastisch mit „sollte" zu übersetzen, mit der Form also, mit der im Deutschen grundsätzlich der Futuraspekt von der Zeitstufe der Vergangenheit aus wiedergegeben wird. *Also*: Als 1898 die spanische Herrschaft zu Ende ging, sollte nicht nur der Hispanisierungsprozeß unterbrochen, sondern sogar ein Rückgang eingeleitet werden ...

5) **GASTANDO PARA ELLO**
Das ***gerundio*** steht hier in modaler Funktion.

6) **CON LA PROVISIÓN DE QUE LA ... CARTA ... OBLIGARA ...**
Der ***subjuntivo*** trägt stets ein Moment der Ungewißheit oder der Emotionalität

in eine Aussage hinein. Aus beidem ergibt sich, daß Objektsätze als Ausdruck einer Willensäußerung (Absichten, Wünsche, Befehle) im Konjunktiv stehen müssen. Man spricht dann von einem ***subjuntivo optativo***. Zu beachten ist auch die Zeitenfolge. Steht das übergeordnete Verb in einem Tempus der Vergangenheit, so steht im Nebensatz das ***imperfecto de subjuntivo***, wenn dieser zum Hauptsatz in einem Verhältnis der Gleichzeitigkeit oder Nachzeitigkeit steht.
Bsp.:
Me dijo el jefe que le avisara/avisase de la llegada del representante.
(Der Chef sagte mir, ich solle ihn vor der Ankunft des Vertreters benachrichtigen.)
Steht jedoch das übergeordnete Verb in einem Tempus der Gegenwart oder Zukunft, so steht der ***subjuntivo de presente*** im Nebensatz, wenn dieser zum Hauptsatz in einem Verhältnis der Gleich- oder Nachzeitigkeit steht.
Bsp.:
Me dice que le avise.
(Er sagt mir, ich solle ihn benachrichtigen.)
Ist der Nebensatz zum Hauptsatz vorzeitig, so steht das untergeordnete Verb im *Plusquamperfekt* bzw. *Perfekt Subjuntivo.*
Bsp.:
El jefe sentía que no me hubiera/hubiese avisado.
(Der Chef bedauerte, daß er mich nicht benachrichtigt hatte.)
Temo que no le hayáis avisado.
(Ich fürchte, daß ihr ihn nicht benachrichtigt habt.)

7) **NADA TIENE DE EXTRAÑO QUE NUESTRO IDIOMA SE ENCUENTRE ...**
Der Konjunktiv von **encontrar** erklärt sich hier aus dem übergeordneten Ausdruck **nada tiene de extraño que**. Hervorgehoben werden soll das gefühlsmäßige Moment, weniger die Tatsache als solche, was die Verwendung des ***indicativo*** erfordern würde.

Übersetzungsvorschlag

Das Spanische auf den Philippinen

Als 1898 Puerto Rico – ebenso wie der philippinische Archipel – der Regierung der Vereinigten Staaten unterstellt wurde, setzte sich diese mit Entschlossenheit das Ziel, die englische Sprache auf der karibischen Insel einzuführen, scheiterte jedoch[1] in ihrem Versuch so vollständig[2], daß sie schließlich das Vorhaben aufgab. Obgleich inzwischen ein ganzes Jahrhundert vergangen ist, ist die Muttersprache der Puertorikaner trotz ihrer US-amerikanischen Staatsangehörigkeit nach wie vor das Spanische. Offenkundig genügt das „es sei" des Staates, der noch so entschlossene Wille seiner Organe[3] nicht, damit eine bestimmte Sprache gedeiht und sich ausbreitet oder aber verfällt, um schließlich zu erlöschen. Andererseits wiederum[4] sind solche Eingriffe auch nicht unwirksam oder unbedeutend; unter gewissen Bedingungen führen sie zu ganz beachtlichen Resultaten. Wenn eine öffentliche Sprachenpolitik von den geeigneten sozialen Anreizen begleitet wird und – um es bildlich auszudrücken[5] – mit dem Wind segelt[6], verstärken und potenzieren sich ihre Wirkungen, so daß sie schließlich *de facto* entscheidend werden.

Die Situation[7] auf den Philippinen ist gänzlich verschieden von der Puerto Ricos. Hier war bereits 1898 und schon viel früher das Spanische als einzige Landessprache fest etabliert[8], während im Gegensatz dazu der Hispanisierungsprozeß auf dem philippinischen Archipel bei weitem nicht[9] zum Abschluß gekommen war. So[10] wird verständlich, daß mit dem Ende der Herrschaft über das Inselreich im Jahre 1898 nicht nur der Hispanisierungsprozeß unterbrochen, sondern sogar ein Rückgang eingeleitet werden sollte, der bis zum heutigen Tage anhält[11]. Die Vereinigten Staaten beschlossen unverzüglich – ebenso wie in Puerto Rico –, auch hier das Englische einzuführen und wandten zu diesem Zwecke ungeheure Summen auf, in diesem Falle tatsächlich mit beachtlichem Erfolg.

Als im Jahre 1934 eine Vereinbarung getroffen wurde, 1946 die amerikanische Oberhoheit über die Philippinen aufzuheben, wurde stipuliert, daß im neuen Grundgesetz das Englische als Unterrichtssprache zu verankern sei. Angesichts dieser Sachlage[12] ist es nicht erstaunlich, daß – ungeachtet der Wünsche und einiger entschlossener Initiativen seitens der Hispanophonen – das Spanische sich auf den philippinischen Inseln offenkundig im Niedergang befindet[13]. Von den 54 Millionen Bewohnern des Archipels sprechen 777.000 Spanisch, eine Zahl, zu der noch die 800.000 Personen hinzuzuzählen sind, die Chacabano sprechen, eine Mischsprache aus Spanisch und einem einheimischen Dialekt. 85 % der Einwohner sprechen einen der etwas mehr als dreihundert Dialekte der malaisch-polynesischen Sprachenfamilie, die sich über die Inseln verteilen. Das Englische ist nicht nur Staatssprache, sondern allgemeines Verständigungsinstrument in dem Vielsprachenstaat[14].

Übersetzungskommentare

1) Die spanische Konjunktion *y* ist relativ offen für Bezüge, die über die bloße Zusammenfügung hinausgehen. So auch hier, wo der Aussage ein adversatives Gedankenverhältnis zugrunde liegt, das in der deutschen Version mit der Konjunktion „jedoch“ explizit gemacht werden muß.

2) Das konsekutive Moment, das im Ausgangstext durch die Präposition *hasta* angezeigt ist, muß in der Übersetzung mit völlig anderen formalen Mitteln sinnfällig gemacht werden. Eine der Möglichkeiten, die sich hier anbieten, wäre „scheiterte, so daß...“. Hierbei kämen allerdings die Aspekte des hohen Grades sowie der Schlußendlichkeit, wie sie im Spanischen *hasta* in Wendungen dieser Art ebenfalls enthalten sind, nicht zum Ausdruck. Durch die Hinzufügung von „so vollständig“ werden diese Inhaltsmomente im zielsprachigen Text wieder eingefangen.

3) Der Plural *los poderes públicos* signalisiert, daß unterschiedliche staatliche Institutionen die Staatsgewalt ausüben. Es ist im Deutschen kaum möglich, diese „abstraktive Pluralität“ mit analogen sprachlichen Mitteln zum Ausdruck zu bringen. In der Musterübersetzung wurde der Inhaltsblock daher „gesplittet“, indem zunächst allgemein von „Staatsmacht“ gesprochen wird und daran anschließend in einer appositionsähnlichen Konstruktion der vereinzelnde Hinweis auf die unterschiedlichen staatlichen Organe erfolgt.

4) Was unter Punkt 1 ausgeführt wurde, trifft in modifizierter Form auch für diese Stelle zu: die Konjunktion *y* bezeugt auch hier ihre logisch-semantische Offenheit. Auch hier müssen im Deutschen stilistische Mittel aufgeboten werden, um die besondere Nuance zu erfassen. Es erscheint sinnvoll, die gesamte Wendung *y sin embargo* mit „andererseits wiederum“ wiederzugeben, wobei „wiederum“ den inhaltlichen Wert von **y** umschließt.

5) Statt mit „sozusagen“ wurde *por así decir* mit „um es bildlich auszudrücken“ übersetzt, damit einen Freiraum nutzend, die stilistische Höhe des Ausgangstextes insgesamt anzusteuern.

6) Eine adäquate Alternative böte für *remar a favor de la corriente* auch die Wendung „mit den Strom schwimmen“, doch kommt das gewählte „mit dem Wind segeln“ der Bildlichkeit im Ausgangstext deshalb näher, weil es das Moment der Aktivität stärker hervorhebt.

7) *Caso* hier mit „Fall“ zu übersetzen wäre aufgrund des zielsprachigen Usus wenig angebracht. Neutraler und als Grundlage für eine sachliche Analyse angemessener ist sicherlich „Situation“.

8) Das spanische *implantado* ist zweifellos stärker als das deutsche „etabliert". Durch Voranstellung eines verstärkenden Adverbs („fest") wurde dem in der Musterübersetzung Rechnung getragen.

9) Die adversative Verdoppelung *mientras que + en cambio* hebt das kontrastive Moment stark hervor. Auch in der Übersetzung muß daher der Gegensatz verstärkt werden. In der zielsprachigen Version wurde dem adverbialen Ausdruck „im Gegensatz dazu" die adverbiale Wendung „bei weitem" beigegeben, womit der Effekt des Ausgangstextes annähernd erreicht ist.

10) Wohl hat die Partikel „so" keine Entsprechung im Ausgangstext, dennoch aber läßt sie sich rechtfertigen, da sie die im Deutschen eher auch über formale Mittel markierte Textkohärenz herstellt, die im Spanischen öfter allein über die Semantik gesteuert wird. Eigenartigerweise kann bei dieser Ausdrucksweise *bien* nicht übersetzt werden, da sich dem die Sprachüblichkeit widersetzt. Ohne einführendes „so" wäre dies allerdings möglich: „es ist gut/wohl zu verstehen, daß..." etc.

11) Das *pretérito perfecto* drückt zum einen vergangene Handlungen und Vorgänge aus, die in irgendeinem Bezug zur Gegenwart stehen, zum andern gibt es aber auch solche Prozesse wieder, die bis in diese Gegenwart hinein andauern. Letzteres ist der Fall für das *que ha continuado hasta hoy*. Im deutschen Perfekt ist diese Funktion jedoch nur schwach ausgeprägt, hier überwiegt das Abgeschlossene, Vergangene. Es empfiehlt sich daher, die Passage entweder mit dem Präsens zu übersetzen („der bis heute anhält") oder den verneinten Gegenbegriff zu verwenden, bei dem das Tempus beibehalten werden kann („der bis heute nicht zum Stillstand gekommen ist").

12) Es ist nicht in jedem Falle sinnvoll, das Gerundio in der Übersetzung zu einem adverbialen Nebensatz aufzulösen. Dies gilt besonders für die vorliegende Textpassage. Die Wendung *siendo así* hat den Charakter einer logischen Floskel und wird im Deutschen am besten mit Hilfe einer präpositionalen Wendung wiedergegeben. Im Mustertext wurde hierzu der Ausdruck „angesichts dieser Sachlage" verwendet. Aber auch ein einfaches „so" würde Syntax und Textsemantik in Übereinstimmung bringen.

13) Nicht selten ist vom Übersetzer verlangt, in der Übertragung die syntaktische Struktur des Ausgangstextes umzubilden. Die Textpassage bietet hierzu ein typisches Beispiel: Adjektive bestimmen Substantive näher, Adverbien Verben. Während nun in der spanischen Textvorlage das Adjektiv *franca* auf das Substantiv *retirada* bezogen ist, ist „offenkundig" in der deutschen Version Adverb zu „sich befindet". Entscheidend für solche syntaktischen Transformationen ist stets die Sprachüblichkeit in der Zielsprache. Natürlich läßt das deutsche Sprachsystem auch Konstruktionen der Art „in offenkundigem Niedergang" zu; die Wahrscheinlichkeit eines solchen Ausdrucks ist jedoch relativ gering. Was daher häufig Übersetzungen als solche verrät, ist das

Festhalten an der syntaktischen Struktur des Ausgangstextes, die meist prinzipiell in der Zielsprache möglich, dort aber weniger üblich ist.

14) Eine Besonderheit des Deutschen, die das Spanische so nicht aufweist, ist die Möglichkeit, *ad hoc* Komposita zu bilden. Diesem lexemisch-morphologischen Procedere stehen im Spanischen syntaktische Verfahren gegenüber, von denen ein häufiger Typus die Verbindung *Substantiv + Adjektiv* ist; so auch hier, wo aus *país multilingüe* im Deutschen „Vielsprachenstaat" wird.

Idiomatische Wendungen

Situationsbewertungen

Estoy harta de fútbol. No haces más que hablar de eso. Tenemos fútbol hasta en la sopa.
Ich habe genug vom Fußball. Du redest von nichts anderem. Bei uns dreht sich alles nur noch um Fußball.

hasta en la sopa
≈ bis zum Es geht nicht mehr, bis zum Überdruß

Por todas partes hay gentes oscuras, mozalbetes y desarrapados, que así nos crece el pelo.
Überall stehen zwielichtige Figuren herum, junge Burschen und abgerissene Gestalten, so weit haben wir es also gebracht.

así nos crece el pelo
≈ soweit haben wir es also gebracht

No entiendo que no te des cuenta de esto: se ve a la legua.
Ich begreife nicht, daß du das nicht merkst, das sieht doch ein Blinder mit dem Krückstock.

eso se ve a la legua
≈ das sieht doch ein Blinder mit dem Krückstock

Si hubieran abolido antes la monarquía, otro gallo nos cantara.
Hätte man die Monarchie früher abgeschafft, wehte heute ein anderer Wind.

si hubiera pasado X, otro gallo nos cantara
≈ wenn X geschehen wäre, wehte heute ein anderer Wind

Estaba escribiendo cosas incomprensibles que me daban muy mala espina.
Er schrieb einige unverständliche Dinge, die mir sehr verdächtig vorkamen.

dar muy mala espina a alguien
≈ jdm. sehr verdächtig sein

Estás aviado si piensas aprobar el examen así por las buenas.
Du sitzt in der Patsche, wenn du glaubst, die Prüfung eben mal so zu bestehen.

estar aviado
≈ in der Patsche sitzen

Personale Bewertungen

Ayer estuvimos una hora tomando el pelo a Manolo y el muy tonto ni se dio cuenta. ¡Lo que nos reímos!
Gestern führten wir Manolo eine ganze Stunde an der Nase herum, und der Dummkopf hat es nicht einmal gemerkt. Was haben wir gelacht!

tomar el pelo a alguien
≈ jdn. an der Nase herumführen

Por muchas vueltas que le des, en la vida no se puede estar a bien con todos, esto no tiene vuelta de hoja.
Du magst es drehen und wenden, wie du willst, man kann nunmal im Leben nicht mit allen auskommen, daran gibt es nichts zu rütteln.

algo no tiene vuelta de hoja
≈ an etwas gibt es nichts zu rütteln

Claro que para ti tiene más valor lo que te diga Antonio que lo que te diga tu mujercita, ya lo sé, que yo no pinto nada.
Schon klar, daß du mehr Wert auf das legst, was dir Antonio sagt als auf das, was dein kleines Frauchen von sich gibt, ich weiß schon, daß ich nichts zu melden habe.

no pintar nada
≈ nichts zu melden haben

No sé por qué, pero Paco tenía sorbido el seso a mi hija.
Ich weiß nicht wieso, aber meine Tochter hatte an Paco einen Narren gefressen.

tenerle sorbido el seso a alguien
≈ an jdm. einen Narren gefressen haben

Después de todo lo que había hecho, no podía verle ni en pintura.
Nach all dem, was er getan hatte, war er mir ein Dorn im Auge.

no poder ver a uno ni en pintura
≈ jdm. ein Dorn im Auge sein

Es un dominante. Quiere que todo el mundo baile al son que él toca.
Er ist ein herrschsüchtiger Mensch. Er will, daß alle nach seiner Pfeife tanzen.

bailar al son que le tocan
≈ nach anderer Leute Pfeife tanzen

Era un matrimonio curioso el de Jorge y Carmen: al cabo de tantos años andaban todavía como el perro y el gato.
Carmen und Jorge führten eine komische Ehe, nach so vielen Jahren waren sie immer noch wie Hund und Katze.

andar como el perro y el gato
≈ wie Hund und Katze sein

Carlos era buen jugador, pero Juan era mejor, le daba sopas con honda.
Carlos war ein guter Spieler, doch Juan war besser: Er stellte ihn in den Schatten.

dar sopas con honda a alguien
≈ jdn. in den Schatten stellen

Que corran[1] otros

La imagen del **universitario atlético** con la **bolsa de deportes** a la espalda es, sin duda, mucho más americana que española. **En Estados Unidos** el deporte tiene un especial interés en el ámbito universitario e incluso[2] se conceden **becas** deportivas y mayores **facilidades** en los estudios. Aquí, sin embargo, el deporte parece ser la **asignatura pendiente** de los universitarios. Sólo el **6**[5] **por 100**[5] practican alguna modalidad.

Y **no es que** el deporte universitario no exista[3]. Es que existe o mejor, **subsiste a duras penas**. En 1969[5] desapareció el SEU – el Sindicato Vertical de Estudiantes, que **velaba**[4] **por** el deporte en las universidades – y apareció en su lugar la FEDU (Federación del Deporte Universitario). A partir de ese momento, comenzó un descenso de **aficionados** hasta 1979[5] en que entró como presidente de la FEDU – elegido democráticamente – Francisco Camacho.

„Desde el momento en que **cogí las riendas**" – cuenta –, „el número de jóvenes **deportistas** ha ido en aumento y ya nos estamos acercando a la cifra más alta registrada por el deporte universitario. Este año los **federados** han sido 42.019[5] y **esperamos** que el número vaya en aumento a pesar de los problemas." – La subvención económica que del Consejo Superior de Deportes ha recibido este año la FEDU **asciende a 87**[5] **millones de pesetas**. „Cifra **a todas luces** insuficiente" – señala Camacho –, „pues hay que **repartirla entre** todos los clubes que **integran** la federación."

Al margen de las dificultades por las que atraviesa el deporte, también es cierto que los jóvenes estudiantes en un cierto grado **pasan del tema**. Unos **aducen** falta de tiempo y otros falta de información. **Sea cual sea** el motivo, **lo cierto es que** durante el curso pasado solamente 36.329[5] muchachos y 5.690[5] muchachas de los 700.000[5] **matriculados** en las universidades se decidieron a **apuntarse a** alguno de los clubes deportivos que **abarcan** diversas actividades: fútbol, baloncesto, atletismo, **campo a través**, rugby y un largo etcétera. Modalidades deportivas en las que España ha **cosechado** triunfos como la medalla de bronce en campo a través femenina o las recientes en **hípica** en Francia.

Wortschatz

el universitario	– der Universitätsangehörige, der Student, der Akademiker
el estudiante	– der Student
la estudiante	– die Studentin
atlético, –a	– athletisch, kräftig, sportlich
la bolsa de deportes	– die Sporttasche
la bolsa	– der Beutel, der Sack, die Tüte, die Einkaufstasche, die Börse; das Stipendium
la bolsa de agua caliente	– die Wärmflasche
la bolsa de hielo	– der Eisbeutel
¡la bolsa o la vida!	– Geld oder Leben!
la bolsa de aire	– das Luftloch (Flugzeug)
la bolsa (anat.)	– der Hoden-, der Tränensack
la bolsa	– das Billardloch
la bolsa (geol.)	– die Fundstelle (f. gediegenes Metall)
la bolsa de trabajo	– der Arbeitsmarkt, die Arbeitsbörse
las operaciones de bolsa	– das Börsengeschäft
jugar a la bolsa	– (an der Börse) spekulieren
sube, baja la bolsa	– die Kurse steigen, fallen
el bolsillo	– der Geldbeutel, die Kleidertasche
el monedero	– der Geldbeutel
no echarse nada en el bolsillo	– nicht in die eigene Tasche wirtschaften, uneigennützig handeln
el diccionario de bolsillo	– das Taschenwörterbuch
la linterna de bolsillo	– die Taschenlampe
una edición de bolsillo	– eine Taschenbuch-Ausgabe
meterse a alguien en el bolsillo	– jdn. in die Tasche stecken, sich jdn. geneigt, gefügig machen
le tiene en el bolsillo	– den hat er in der Tasche
en Estados Unidos	– in den Vereinigten Staaten
la beca	– das Stipendium
convocar una beca	– ein Stipendium ausschreiben
la facilidad	– die Leichtigkeit, die Fähigkeit, die Begabung

las facilidades	– die Erleichterung, das Entgegenkommen
con gran facilidad	– mühelos
hablar con facilidad	– fließend sprechen
tener facilidad para los idiomas	– sprachbegabt sein
la facilidad de palabra	– die Redegewandtheit
facilidades de pago	– Zahlungserleichterungen
dar (toda clase de) facilidades a alguien	– jdm. (in jeder Hinsicht) entgegenkommen
facilitar algo a alguien	– jdm. etw. erleichtern; jdm. etw. be-, verschaffen
la asignatura	– das (Lehr-)Fach
la asignatura accesoria/ secundaria	– das Nebenfach
la asignatura facultativa	– das Wahlfach
la asignatura obligatoria	– das Pflichtfach
la asignatura principal	– das Hauptfach
aprobar una asignatura	– die Prüfung in einem Fach bestehen
pendiente	– hängend, unerledigt, in der Schwebe
6 por ciento	– 6 Prozent
cien por cien	– hundertprozentig
el porcentaje	– der Prozentsatz, die Quote
los porcientos en volumen	– die Volumenprozente
ciento	– hundert
aber: cien + Substantiv	– hundert + Substantiv
cientos de X	– Hunderte von X
el tanto por ciento	– der Prozentsatz
en tanto por ciento	– in Prozenten
al cuatro por ciento	– zu vier Prozent
¿a qué tanto por ciento?	– zu welchem %-Satz?
el interés	– der Zins
los intereses	– die Zinsen
calcular los intereses	– die Zinsen in Rechnung stellen
producir intereses	– Zinsen abwerfen
prestar algo a interés	– etw. gegen Zinsen verleihen
no es que no pase algo	– es ist nicht, daß etw. nicht geschähe
subsistir	– (fort)bestehen, sein Dasein fristen, noch Geltung haben

la subsistencia	– der Fortbestand, der Lebensunterhalt
subsistente	– (noch) bestehend
la pena	– die Strafe, der Kummer, die Mühe
a duras penas	– mit knapper Not, mit Hängen und Würgen
la pena capital, la pena de muerte	– die Todesstrafe
la pena corporal	– die Prügelstrafe
la pena privativa de libertad	– die Freiheitsstrafe
¡qué pena!	– wie schade!
da pena hacer algo	– es tut einem weh, etw. zu tun
vale la pena	– es lohnt sich
velar por algo	– über etw. wachen, etw. bewachen
velar	– Wache halten, wach bleiben
velar las armas	– Schwertwache halten
velar algo	– etw. verschleiern
con voz velada	– mit verschleierter Stimme
el aficionado	– der Kunstfreund, Sportfreund, Liebhaber, Fan, Anhänger
el aficionado a la música	– der Musikfreund
coger las riendas	– die Zügel ergreifen
deportista, –a	– Sport-, zum Sport gehörend
el deportista	– der Sportler
la deportividad	– die Sportlichkeit
deportivo, –a	– sportlich, Sport-
el deporte de esquí	– der Skisport
el deporte náutico	– der Wassersport
el deporte de invierno	– der Wintersport
la natación	– das Schwimmen, der Schwimmsport
el levantamiento de peso	– das Gewichtheben
la lucha	– das Ringen
el tenis	– das Tennis
el badminton	– das Badminton
el tenis de mesa	– das Tischtennis
el balon-volea	– der Volleyball
el ciclismo	– der Radsport
el balonmano	– der Handball
el deporte hípico, la equitación	– der Reitsport
la esgrima	– das Fechten
el water-polo	– der Wasserball

hacer deporte	– Sport treiben
los federados	– die Föderierten, die Verbandsmitglieder
la federación	– die Föderation, der Bund, der Verband
la federación central	– der Zentralverband
federal, –al	– Bundes-, zum Bund gehörig
la República Federal	– die Bundesrepublik
federalista, –a	– föderalistisch
federarse	– sich verbünden
federativo, –a	– föderativ
esperar que pase algo	– hoffen, daß etw. geschieht
esperar a que pase algo	– darauf warten, daß etw. geschieht
algo asciende a X pesetas	– etw. beläuft sich auf X Peseten
la luz	– das Licht
a todas luces	– in jeder Hinsicht
entre dos luces	– im Zwielicht
dar la luz de cruce	– das Licht abblenden (Auto)
dar (encender) la luz	– das Licht einschalten
apagar la luz	– das Licht ausschalten
sacar algo a la luz	– etw. ans Licht bringen
sacar a relucír algo	– etw. aufs Tapet bringen
dar a luz (a un niño)	– (ein Kind) gebären
hágase la luz	– es werde Licht
repartir algo entre A y B	– etw. unter A und B aufteilen
integrar algo	– etw. bilden, ausmachen; hier: einer Sache angehören
el margen	– der Rand, der Spielraum, die Spanne; fig. auch: die Handhabe, der Anlaß
al margen (de algo)	– marginal, am Rande, draußen; hier: außer, abgesehen von etw.
pasar de algo	– mit etw. nichts zu tun haben wollen (in der Jugendsprache im Sinne von: „ich habe Sendepause“)
aducir algo	– etw. anführen, vorbringen
sea cual sea algo	– mag etw. sein, wie es mag
lo cierto es que pasa algo	– fest steht, daß etw. geschieht
el matriculado	– der eingeschriebene Student, der Immatrikulierte
la matrícula	– das Register, das polizeiliche Kennzeichen; auch: die Immatrikulation

matricular algo	– etw. einschreiben
matricularse	– sich einschreiben lassen
apuntarse a algo	– sich irgendwo anmelden
apuntar algo	– etw. aufschreiben, notieren; auf etw. zielen
apuntar	– anbrechen (Tag), zum Vorschein kommen; zielen
abarcar algo	– etw. umfassen, enthalten
quien mucho abarca, poco aprieta	– wer viel beginnt, zu nichts es bringt
el campo a través	– der Geländelauf
a campo traviesa	– querfeldein
cosechar algo	– etw. ernten
la cosecha	– die Ernte, die Ausbeute
la mala cosecha	– die Mißernte
cosecha 1959	– Jahrgang 1959 (Wein)
de su propia cosecha	– Früchte eigener Arbeit; auch: auf seinem eigenen Mist gewachsen
la cosechadora	– der Mähdrescher
el cosechero	– der Winzer, der Erntearbeiter
la hípica	– der Pferdesport
hípico, –a	– Pferd-, zum Pferdesport gehörig

Grammatische Anmerkungen

1) **QUE CORRAN**

Im Spanischen gibt es eigene Imperativ-Formen nur für die 2. Person Singular und Plural. Für die übrigen grammatischen Personen werden die entsprechenden Formen des *Subjuntivo* verwendet. Dieser steht jedoch auch im abhängigen Nebensatz, wenn dort ein Wunsch, eine Aufforderung oder ein Befehl enthalten sind (exhortative Funktion), die durch den übergeordneten Hauptsatz angezeigt sind.

Bsp.:

Deseo que vuelvas a casa.

(Ich möchte, daß du nach Hause zurückkehrst.)

In Analogie zur Nebensatzkonstruktion werden nicht selten auch *unabhängige* Wunschsätze mit **que + subjuntivo** gebildet:

Bsp.:

¡Que corran otros!

(Mögen andere laufen!)

2) **E INCLUSO**

Zur beiordnenden spanischen Konjunktion **y** existiert mit **e** eine Nebenform. Die beiden Varianten sind komplementär distributiv, d.h., wo die eine vorkommt, kann die andere nicht vorkommen und umgekehrt. Grundsätzlich steht **y**, doch ist **e** zu verwenden vor Wörtern, die mit **i-** oder **hi-** beginnen. Ist hierbei allerdings das **i** Bestandteil eines Doppellauts (Diphthongs), so steht **y**.

Also:

a) **amenazas y oportunidades** (Gefahren und Chancen)

b) **en verano e *i*nvierno; e *i*ncluso** (sommers wie winters; und sogar)

aber: **árboles y h*i*erbas** (Bäume und Gräser)

3) **NO ES QUE ... NO EXISTA**

Im spanischen **que**-Satz steht der Modus Subjuntivo, wenn die Aussage als Möglichkeit dargestellt werden soll. Grund hierfür ist die Tatsache, daß eine Möglichkeit stets Aspekte des Irrealen, des Nichtwirklichen enthält. Dieses Moment läßt sich auch im Deutschen durch den Konjunktiv wiedergeben.

4) **DESAPARECIÓ ... VELABA**

Anders als in den meisten Grammatiken beschrieben, wird die Verwendung von ***pretérito indefinido*** und ***pretérito imperfecto*** nicht von Merkmalen des dargestellten Sachverhalts gesteuert. Entscheidend ist vielmehr die Sicht des Sprechers/Schreibers. Bei Verwendung des ***pretérito indefinido*** ist der Text als *narrativ* (Erzählung) bestimmt. Demgegenüber zeigt der Gebrauch des ***pretérito imperfecto*** an, daß der Autor *deskriptiv* verfährt, d.h. den Sachverhalt beschreibend darstellt.

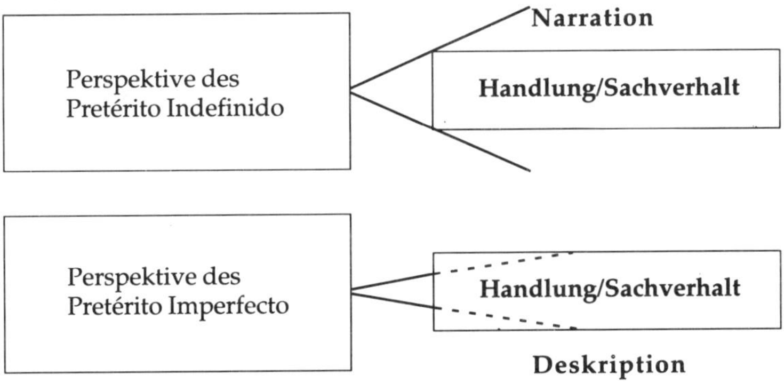

Während bei der Narration gewissermaßen in Form einer Reportage berichtet wird, ist die Deskription die Form der ausmalenden Gebärde. Häufig wirken beide Zeiten so zusammen, daß das Imperfekt die Hintergrundinformationen liefert, den Handlungsrahmen beschreibt, während das Indefinido die einzelnen Handlungen oder Ereignisse berichtet, die sich in diesem Rahmen vollziehen.

5) **6 – 100 – 1969 – 1979 – 42.019 – 87 – 36.329 – 5.690 – 700.000**
Kardinalzahlen sind im Spanischen grundsätzlich unveränderlich. Ausgenommen von dieser Regel sind allerdings neben **uno (una)** insbesondere die Mehrfachen von Hundert **(doscientos, –as, trescientos, –as, cuatrocientos, –as ...)**. Hier ist das Genus des Substantivs, auf das die Zahl verweist, maßgebend. Also:

doscientos libros; *aber*: **doscientas páginas**.

Die Regel gilt auch für den Fall, daß die Hunderterbezeichnung Bestandteil einer komplexen Kardinalzahl ist:

doscientos mil cuatrocientos diecisiete kilómetros.

Man beachte jedoch, daß mit Bezug auf **millón** die Mehrfachen von Hundert maskulin bleiben, weil **millón** als (männliches) Substantiv gilt:

trescientos millones de habitantes
aber: **cuatrocientos millones trescientas mil pesetas**.

Hinsichtlich der Verwendung von **uno** ist darauf hinzuweisen, daß die Genus-Rektion nur im Falle der einfachen Zahlangabe „ein(e)" auftritt:

un kilo, una tonelada.

Bei komplexen Zahlenausdrücken mit **uno, una** wird im allgemeinen die verkürzte Form verwendet. Also:

veintiún kilos, treinta y un toneladas.

Jedoch wird in neuerer Zeit die Konkordanz zwischen **uno/una** und dem Beziehungswort immer häufiger hergestellt, so daß man auch auf Zahlenangaben der Art **veintiuna pesetas** oder **treinta y una mil toneladas** treffen kann.

Die Zahlen im Text sind wie folgt zu lesen:

6 : seis
100 : ciento (vor Substantiven: **cien**)
1969 : mil novecientos sesenta y nueve
1979 : mil novecientos setenta y nueve
42.019 : cuarenta y dos mil diecinueve (federados)
87 : ochenta y siete (millones)
36.329 : treinta y seis mil trescientos veintinueve (muchachos)
5.690 : cinco mil seiscientas noventa (muchachas)
700.000 : setecientos mil (matriculados).

Übersetzungsvorschlag

Lauf du, Kommilitone!

Das Bild des trainierten Studenten mit Sporttasche über der Schulter entspricht zweifellos eher amerikanischen denn spanischen Verhältnissen[1]. In nordamerikanischen Hochschulkreisen wird dem Sport ganz besonderes Interesse entgegengebracht, ja es werden sogar Sportstipendien und beträchtliche Vergünstigungen im Studium gewährt. Demgegenüber scheint hierzulande[2] Sport ein Fach im Abseits[3] zu sein. Nur sechs Prozent gehen einer wie immer gearteten[4] sportlichen Betätigung nach.

Dennoch[5] ist es nicht so, als gäbe es keinen Universitätssport. Er existiert durchaus, oder besser gesagt, er siecht eben so[6] dahin. Im Jahre 1969 löste sich die SEU – die Gestufte Studentengewerkschaft (Sindicato Vertical de Estudiantes)[7] – auf, ihr oblag die Sorge um den Universitätssport, und an ihre Stelle trat der Verband für Hochschulsport (FEDU = Federación del Deporte Universitario). Von diesem Zeitpunkt an ging die Zahl der Sporttreibenden zurück, bis im Jahre 1979, in demokratischer Wahl, Francisco Camacho Präsident der FEDU wurde.

„Von dem Moment an, da ich die Leitung übernahm[8]" – berichtet er, „stieg die Zahl sporttreibender Jugendlicher an, so daß[9] wir uns nun der höchsten Ziffer nähern, die je im Universitätssport verzeichnet wurde. In diesem Jahr gab es 42.019 Mitglieder, und wir hoffen, daß trotz der Probleme die Zahl weiter ansteigen wird." Die finanziellen Zuwendungen, welche die FEDU in diesem Jahre von der Obersten Sportbehörde (Consejo Superior de Deportes)[10] erhalten hat, belaufen sich auf 87 Millionen Peseten. „Es ist dies", so Camacho, „ein in jeder Beziehung unzureichender Betrag, ist er doch auf alle Vereine zu verteilen, die im Verband zusammengeschlossen sind."

Abgesehen von den Schwierigkeiten, in denen sich der Sport befindet, steht doch[11] auch fest, daß die studentische Jugend in gewissem Umfang das Thema ausklammert. Zeitmangel schützen die einen vor, die anderen geben an, nur unzureichend informiert zu sein. Wie dem auch sei, fest steht jedenfalls[12], daß in der vergangenen Vorlesungsperiode von den 700.000 eingeschriebenen Hochschulstudenten lediglich 36.329 junge Männer und 5.690 junge Frauen[13] den Weg zu einem der Sportvereine gefunden haben, in denen die verschiedensten Sportarten betrieben werden: Fußball, Basketball, Leichtathletik, Geländelauf, Rugby und zahlreiche weitere Sportarten, Disziplinen, in denen Spanien Triumphe hat feiern können[14], etwa mit der Bronze-Medaille im Cross-Lauf[15] bei den Frauen oder mit den kürzlichen Erfolgen im Reitsport auf französischem Boden[16].

Übersetzungskommentare

1) Das spanische *es ... americana ...* mit „ist ... amerikanisch ..." zu übersetzen, würde zu einem doch sehr ausdruckslosen Deutsch führen. Zielsprachengerechter ist sicher die Verwendung des Verbs „entsprechen", doch zwingt dies zu einer weiteren textuellen Modifikation, indem das Substantiv „Verhältnisse" als logische Ergänzung eingeführt wird: „entspricht ... amerikanischen ... Verhältnissen".

2) Ein immer wiederkehrendes Problem in der Sprachmittlung tritt auf im Zusammenhang mit deiktischen Sprachformen (hier, dort, gestern etc.). Diese werden stets aus der Perspektive des Sprechers in bezug auf einen bestimmten Adressaten verwendet. Da jedoch bei der Transposition von einem Sprachraum in einen anderen diese Perspektive wechselt, können die Deiktika in der Regel nicht einfach übernommen werden. Besonders kompliziert liegen die Dinge im vorliegenden Text, in dem zwischen drei Räumen zu unterscheiden ist: Spanien in bezug auf die USA und der – hypothetische – Raum Deutschland mit einer ebenso hypothetischen Adressatengruppe. Grundsätzlich böte es sich an, *aquí* mit „in Spanien" zu übersetzen, doch stellt in diesem spezifischen Fall auch das verwendete „hierzulande" die Beziehungen sicher her. Dies liegt daran, daß Deiktika auch als Sprachmittel der Textstrukturierung verwendbar sind. Da die adversative Konjunktion „demgegenüber" deutlich macht, daß im folgenden nicht von den USA die Rede sein kann, muß sich „hierzulande" auf Spanien beziehen. Textstrukturen dieser Art bilden jedoch eher die Ausnahme. Grundsätzlich bedürfen Deiktika wie *aquí* der Explizitierung durch lexikalische Mittel.

3) Der Ausdruck *asignatura pendiente* – er bezeichnet eigentlich ein Studien- oder Lehrfach, in dem man die Prüfung noch nicht bestanden hat – ist hier metaphorisch verwendet. Da eine vergleichbare Wendung im Deutschen nicht existiert, muß man das *tertium comparationis*, d.h. das inhaltliche Moment, das der Metapher und dem Gemeinten zugleich eignet, durch ein anderes Bild zum Ausdruck bringen. Diesbezüglich bieten sich im Deutschen zahlreiche Möglichkeiten, von denen jedoch nur diejenigen adäquat sein können, die entweder – wie in der spanischen Vorlage – einen Bezug zu Schule und Studium oder aber zum Sport haben. „Im Abseits" kollokiert in diesem Sinne sehr gut mit dem übrigen Text und fand daher Aufnahme in die Beispielübersetzung.

4) Die Verführungskraft der ausgangssprachlichen Textvorlage darf vom Übersetzer zu keiner Zeit unterschätzt werden. So suggeriert die spanische Version an dieser Stelle, *alguna modalidad (deportiva)* mit „irgendeine" oder „eine sportliche Betätigung" zu übersetzen. Beides verfehlt jedoch knapp das Ziel! Im ersten Falle schleicht sich durch die Hintertür ein pejoratives (abwertendes) Moment in die Aussage ein, im zweiten geht die auffächernde Komponente verloren. Das Syntagma „einer wie

immer gearteten“ ist zwar in bezug auf das Wortmaterial aufwendig, sichert jedoch die Wiedergabe der inhaltlichen Nuance.

5) Das Spanische *y* drückt – wie hier – nicht selten einen Gegensatz aus, der im Deutschen mit der Konjunktion „dennoch“ wiedergegeben wurde.

6) Für das Deutsche charakteristisch ist die häufige Verwendung der sogenannten *Abtönungspartikeln*. Mit Wörtern wie „doch“, „aber“, „schon“, „durchaus“ können Aussagen logisch-emotional abgeschwächt, verstärkt, modifiziert werden. Im Spanischen haben solche Abtönungspartikeln eine erheblich niedrigere Auftretenswahrscheinlichkeit, auch ist der Formenbestand gegenüber dem Deutschen erheblich geringer. Es werden daher beim Übersetzen ins Spanische die meisten Partikeln getilgt werden müssen. Andererseits ist darauf zu achten, daß bei der Übersetzung ins Deutsche an entsprechender Stelle die üblicherweise auftretenden Abtönungen vorgenommen werden. Gerade dadurch, daß hier „durchaus“ und „eben so“ eingefügt wurden, wirkt die Stelle in der Übersetzung ungekünstelt und natürlich.

7) Die Behandlung von Siglen, wie hier *SEU*, stellt den Übersetzer nicht selten vor schwere Probleme. Es empfiehlt sich generell, die Original-Auflösung – hier: *Sindicato Vertical de Estudiantes* – zusätzlich zu der Übersetzung mit anzugeben. Wie auch im vorliegenden Fall nämlich gelingt es gerade bei den Siglen nur selten, eine einigermaßen adäquate zielsprachige Entsprechung zu finden.

8) Der metaphorische Ausdruck *coger las riendas* hat zwar eine genaue Entsprechung im Deutschen („die Zügel in die Hand nehmen“). Als reproduzierter Interview-Text erscheint er in der Zielsprache jedoch ein bißchen großsprecherisch, weshalb ein etwas verhaltenerer Ausdruck gewählt wurde: „die Leitung übernehmen“.

9) An dieser Stelle wird deutlich, daß die Konjunktion *y* neben der bereits beschriebenen adversativen auch eine konsekutive Nebenbedeutung haben kann, die mit „so daß“ zu übersetzen ist.

10) Bei jeder Übersetzung des Namens von Behörden und Institutionen sollte in Klammern die Originalbezeichnung mit angegeben werden. Da eine 1:1-Beziehung zwischen ausgangssprachlichen und zielsprachlichen Vokabeln praktisch nie besteht, wäre eine vollgültige Übertragung von einer Sprache in die andere nicht zu erzielen, wenn die semantischen Abweichungen nicht durch kontextuelle Querwirkungen ausgeglichen werden könnten. Da nun aber Eigennamen kontextfrei verstehbar sein müssen, haftet allen Übersetzungsversuchen von Institutionsbezeichnungen der Makel des Ungefähren an. Das gilt auch für die hier getroffene Entscheidung, *Consejo Superior de Deportes* mit „Oberste Sportbehörde“ zu übersetzen. Die Angabe des Originalnamens hat in diesem Sinne eine ausgleichende und verstehenssichernde Aufgabe.

11) und 12) Die beiden Zusätze „doch" und „jedenfalls" sind zielsprachentypische Abtönungspartikeln, die in Wendungen dieser Art selten fehlen.

13) Die Übersetzung von *muchacho* und *muchacha* ist aufgrund soziokultureller Verschiedenheiten nicht eben einfach. Normalerweise wäre zu übersetzen mit „junge Männer" und „Mädchen". Die derzeitige Sprachregelung für Hochschulangehörige – und dieses dürfte ja die hypothetische Zielgruppe der Übersetzung sein – meidet jedoch die Vokabel „Mädchen", so daß mit „junge Männer" und „junge Frauen" übersetzt wurde. Als Nebeneffekt ergibt sich die Wiederherstellung der formalen Parallelität des spanischen *muchacho* : *muchacha*.

14) Im Spanischen bildet *cosechar* mit *triunfo* eine phraseologische (feste) Verbindung. Im zielsprachlichen Text sollte man es jedoch vermeiden, „ernten" mit „Triumph" zu verbinden. Man hat hier die Wahl zwischen den Verbindungen „Erfolge ernten" oder „Triumphe feiern". Im Übersetzungsvorschlag wurde dem letzteren Ausdruck deshalb der Vorzug gegeben, weil er das euphorische Moment des Ausgangstextes festhält.

Aus Gründen der Sprachüblichkeit wurde hier außerdem das Modalverb „können" hinzugefügt. Sein semantisches Potential ist in dieser Verbindung so weit abgeschwächt, daß keine inhaltliche Verfälschung auftritt.

15) Für *campo a través* bietet das Deutsche „Querfeldeinlauf", „Geländelauf" und „Cross-Lauf". Die letztgenannte Vokabel löst in Leichtathletik-Kreisen die erstgenannten mehr und mehr ab. Da sie vor allem im internationalen Rahmen verwendet wird, hat sie im vorliegenden Text die höhere Verwendungswahrscheinlichkeit.

16) Die Übersetzung „in Frankreich" wäre natürlich ebenfalls korrekt, litte jedoch unter der eher den Wohlklang betreffenden Unzulänglichkeit, daß die Präposition „in" bei unterschiedlicher Funktion unmittelbar hintereinander verwendet werden müßte. Durch die Umschreibung „auf französischem Boden" wird dies vermieden.

Idiomatische Wendungen

Wertende Verhaltens-Charakterisierungen I

Tienes que saber diferenciar más, si quieres expresarte como un científico. No puedes medir todo por el mismo rasero.
Du mußt lernen, besser zu unterscheiden, wenn du wie ein Wissenschaftler sprechen willst. Du kannst nicht alles über einen Kamm scheren.

medirlo todo por el mismo rasero
≈ alles über einen Kamm scheren

En medio de la discusión, Pedro salió por peteneras y empezó a quejarse de su jefe y del mucho trabajo que tiene.
Mitten in der Diskussion sprang Pedro auf ein anderes Thema und begann sich über seinen Chef zu beklagen und über die viele Arbeit, die er hat.

salir por peteneras
≈ auf ein anderes Thema springen

Ya sé manejar bien este programa en la computadora. Después de una semana llegué a cogerle el tranquillo.
Ich komme mit diesem Computer-Programm schon gut zurecht. Nach einer Woche hatte ich den Dreh raus.

coger el tranquillo a algo
≈ den Dreh von etwas raushaben

Ayer en la fiesta, Manolo hizo el ridículo, sin darse cuenta metió tres veces la pata al contar sus absurdas aventuras amorosas.
Bei der Fete gestern hat sich Manolo lächerlich gemacht, als er von seinen blöden Liebesabenteuern berichtete; ohne es zu merken, trat er dreimal ins Fettnäpfchen.

meter la pata
≈ ins Fettnäpfchen treten

Revolví Roma con Santiago para conseguir esa valiosa información, pero fracasé en mi intento.
Ich setzte Himmel und Erde in Bewegung, um an diese wertvolle Information zu kommen, aber ich scheiterte mit meinem Vorhaben.

revolver Roma con Santiago
≈ Himmel und Erde in Bewegung setzen

Tu cuñada come por tres, y que luego ande con disimulos echando los huesos en los platos de los niños, es algo que me saca de mis casillas.
Deine Schwägerin ißt für drei, und daß sie anschließend heimlich die Knochen auf die Teller der Kinder legt, ist etwas, was mich aus dem Häuschen bringt.

sacar a alguien de sus casillas

≈ jdn. aus dem Häuschen bringen

El tipo aquel, para pasar el rato, nos ofreció una partida de naipes.
Zum Zeitvertreib bot uns dieser Kerl ein Kartenspiel an.

hacer algo para pasar el rato

≈ etw. zum Zeitvertreib tun

Lo que ocurrió ya no se puede cambiar; así es la vida, y si la vida es así no hay por qué poner cara de palo.
Was geschehen ist, läßt sich halt nicht rückgängig machen; und da das Leben nunmal so ist, braucht man auch kein schiefes Gesicht zu ziehen.

poner cara de palo

≈ ein schiefes Gesicht ziehen

En la discusión de ayer, Manolo alzó el gallo y se puso a decir cosas que le habrían de costar caro.
Bei der gestrigen Diskussion spielte sich Manolo auf und begann Dinge zu sagen, die ihn teuer zu stehen kommen sollten.

alzar el gallo

≈ sich aufspielen

Estas mujeronas están destrozando la vida de familia, todo está ahora patas arriba, y a las señoras nos toca arrimar el hombro para resistir a esta decadencia.
Diese Emanzen zerstören das Familienleben, alles ist heutzutage durcheinander und wir, die wir Frauen geblieben sind, müssen uns ins Zeug legen, um uns diesem Verfall zu widersetzen.

arrimar el hombro

≈ sich ins Zeug legen

Enseñanza de la historia

„Por la **historia** se sabe lo que ha ocurrido en cada país y cómo fueron sus **reyes**[1], sus gobernantes y sus personajes más ilustres. ... La historia **hace relación de** las guerras, de las **hazañas** extraordinarias, de las aventuras fantásticas, de los viajes y las **exploraciones arriesgadas**." Esto se lee en la introducción de un libro publicado en 1939 por el Instituto de España titulado ***Manual** de historia de España. Primer grado.* Ahí se encuentran **sucintamente** expresados los fundamentos[2] de una concepción de la historia que inspiró los programas de la **asignatura** en la enseñanza primera y media durante varias **décadas** en España.

Reyes, grandes personajes, guerras y paces recorrían[3] sin cesar las páginas de aquellos libros de texto, mas su propósito no era **atormentar** las **inocentes mentes** de los escolares, sino **contribuir a** la formación de una determinada imagen de la historia de la España[4]. Una imagen al servicio de la **exaltación** del nacionalcatolicismo. Las **transformaciones** que inevitablemente **se fueron produciendo**[5] en la sociedad española **tuvieron su reflejo en** la enseñanza de la historia. En la España **desarrollista** de **los setenta**, los **burdos esquemas** de 1939 ya no **eran de recibo**. Poco a poco había ido **tomando cuerpo**[5] lo que el profesor Fontana ha **denominado** „la normalización académica" de la historia. La **primacía** del individuo había terminado, **dando paso**[6] al protagonismo de los fenómenos colectivos. Se **insistía en** el análisis de las sociedades y se **propugnaba**, **asimismo**, el **acercamiento** a aquellas otras civilizaciones **ajenas** a la que denominamos „occidental"[7].

Pues bien, el cambio o la modernización ¿en qué **se ha traducido por lo que respecta a** la enseñanza de la historia? Se conoce lo que se está ensayando[5] en el terreno de la historia (perdón: no hay historia ni geografía, pues ambas han quedado englobadas en las **llamadas ciencias sociales**). Asimismo, una reciente publicación del Ministerio de Educación y Ciencia nos ofrece las orientaciones programáticas del **tercer ciclo** de la educación general básica. La lectura de los „temas a desarrollar"[8] en el **área** de las ciencias sociales, según esta última publicación causa **estupor**. En las propuestas de temas a desarrollar en los últimos cursos de la **EGB** que analizamos sólo aparece una historia de la actividad económica en general (*La agricultura a través del tiempo*, **en séptimo**, y *La industria a través del tiempo*, **en octavo**). No hay historia de la sociedad, ni de los sistemas políticos, ni de la cultura o del arte. Se **ignora** absolutamente la historia de España.

Wortschatz

la enseñanza	– der Unterricht, das Unterrichtswesen
la enseñanza por correspondencia	– der Fernunterricht
la enseñanza elemental	– das Grundschulwesen
la enseñanza obligatoria	– die Schulpflicht
la enseñanza media	– das höhere Schulwesen
la enseñanza profesional	– das Berufsschulwesen
la enseñanza superior	– das Hochschulwesen
el instituto de enseñanza media	– das Gymnasium
servir de enseñanza a alguien	– jdm. eine Lehre sein
la historia	– die Geschichte
la prehistoria	– die Vorgeschichte, die Prähistorie, die Urgeschichte, die Frühgeschichte
la historia universal	– die Weltgeschichte
la historia contemporánea	– die Zeitgeschichte
la historia de las ciencias	– die Wissenschaftsgeschichte
la historia de la literatura	– die Literaturgeschichte
la historia del arte	– die Kunstgeschichte
la historia de la civilización	– die Kulturgeschichte
el rey	– der König
los reyes	– dir Könige; das Königspaar
el noble, el hidalgo, el gentilhombre	– der Edelmann
el noble	– der Adelige
los nobles, la nobleza	– der Adel
el caballero	– der Ritter
el aristócrata	– der Aristokrat
la aristocracia	– die Aristokratie
la reina	– die Königin
el emperador	– der Kaiser
la emperatriz	– die Kaiserin
el príncipe	– der Prinz, der Fürst
la princesa	– die Prinzessin
el príncipe heredero (hist. i. Sp.: infante)	– der Kronprinz
el conde	– der Graf

la condesa	– die Gräfin
el duque	– der Herzog
la duquesa	– die Herzogin
el barón	– der Baron, der Freiherr
la baronesa	– die Baronin, die Freifrau
hacer relación de algo	– berichten, Bericht erstatten über etw.
la hazaña	– die Ruhmestat, die Großtat
heroico, –a	– heldenhaft, heldenmütig
la exploración	– die Erforschung, Erkundung; die Prospektion, Schürfung
la exploración espacial	– die Weltraumforschung
la exploración aérea	– die Luftaufklärung
el explorador	– der Forscher, Aufklärer, auch: der Pfadfinder
explorar algo	– etw. erforschen
arriesgado, –a	– riskant, gefährlich
arriesgar algo	– etw. aufs Spiel setzen
arriesgarse a algo	– sich an etw. heranwagen
el manual	– das Lehrbuch, das Handbuch
sucinto, –a	– kurz, gedrängt, knapp
la asignatura	– das Lehrfach
la década	– das Jahrzehnt
atormentar a alguien	– jdn. foltern, quälen
atormentarse con algo	– sich mit etw. quälen
la tormenta	– der Sturm, das Gewitter, das Unheil
el tormento	– die Folter, die Marter, die Qual
inocente, –e	– unschuldig
culpable, –ble	– schuldig
la mente	– der Geist, der Verstand
contribuir a algo	– zu etw. beitragen
la exaltación	– die Verherrlichung, die Begeisterung
exaltado, –a	– überschwenglich, überspannt
exaltar algo	– etw. erhöhen, verherrlichen
exaltar a alguien	– jdn. erhöhen, verherrlichen
exaltarse por algo	– sich über etw. aufregen
la transformación	– die Umwandlung, Veränderung
irse produciendo	– sich allmählich ereignen
tener su reflejo en algo	– seinen Niederschlag in etw. finden, sich in etw. widerspiegeln

desarrollista, –a	– Entwicklungs-, an die Idee der Entwicklung glaubend
los setenta	– die siebziger Jahre
burdo, –a	– grob, plump
el esquema	– das Schema, der Plan, der Aufbau
el esquema de conexiones	– der Schaltplan
esquemático, –a	– schematisch
esquematizar algo	– etw. schematisieren
ser de recibo	– in Ordnung sein
el recibo	– der Erhalt, Empfang, die Quittung
acusar recibo de algo	– den Empfang von etw. bestätigen
dar recibo de algo	– etw. quittieren
tomar cuerpo	– Gestalt annehmen
denominar algo	– etw. benennen
denominar algo Y	– etw. als Y benennen
la denominación	– die Benennung, die Stückelung von Wertpapieren
la primacía	– der Vorrang, der/das Primat
dar paso a alguien	– jdm. den Weg freimachen
insistir en algo	– auf etw bestehen
propugnar algo	– für etw. eintreten, etw. verfechten
asimismo	– auch, ebenfalls, zugleich
el acercamiento	– die Annäherung
acercarse a X	– sich X annähern
ajeno, –a a X	– X widersprechend, nicht zu X gehörig
ser ajeno a algo	– nichts mit etw. zu tun haben
lo ajeno	– fremdes Gut
pues bien	– nun denn
algo se traduce en algo	– etw. findet seinen Niederschlag in etw.
por lo que respecta a X	– in bezug auf X
el llamado X	– der sogenannte X
las ciencias sociales	– die Sozialwissenschaften
el tercer ciclo	– die dritte Stufe (Oberstufe)
el área, las áreas	– das Gebiet, das Feld
en el área de X	– auf dem Gebiete von X
el estupor	– die Benommenheit, das maßlose Erstaunen, das Entsetzen
causar estupor	– Entsetzen bereiten, in großes Erstaunen setzen

la estupefacción	– die Sprachlosigkeit, Bestürzung
el estupefaciente	– das Rauschgift, das Betäubungsmittel
dado a los estupefacientes	– rauschgiftsüchtig
estupefacto, -a	– starr vor Erstaunen, Bestürzung
la estupidez	– der Stumpfsinn, der Blödsinn
estúpido, -a	– stumpfsinnig, dumm
EGB (Sigle für *E*nseñanza *G*eneral *B*ásica)	– die Grundschule, der Grundschulbereich (nicht im dt. System)
en séptimo (curso)	– in (der) Klasse sieben
en octavo (curso)	– in (der) Klasse acht
ignorar algo	– etw. nicht wissen, etw. ignorieren

Grammatische Anmerkungen

1) **COMO FUERON SUS REYES**
Das **pretérito indefinido** ist das Tempus erzählender (narrativer) Textgestaltung, während das **pretérito imperfecto** das Tempus beschreibender (deskriptiver) Ausdrucksweisen ist. Der eigentliche Sachverhalt ist beim Gebrauch des jeweiligen Tempus zweitrangig. Das zeigt sich an dieser Textstelle, bei der ein bloßes „sein" – das ja keinerlei Aktion darstellen kann – mit dem **pretérito indefinido** verknüpft ist. Durch dieses Stilmittel erhält die Passage eine dynamische Komponente. Der Fluß der Ereignisse, die Aneinanderreihung historischer Personen wird hervorgehoben.

2) **AHÍ SE ENCUENTRAN ... EXPRESADOS LOS FUNDAMENTOS**
Die Grenzen zwischen Hilfs- und Vollverben sind gelegentlich fließend. Im vorliegenden Falle hat das Vollverb **encontrarse** eine auxiliare Nebenfunktion. Die kennzeichnende syntaktische Funktion eines Hilfsverbes – z.B. **estar** – ist es, als sogenannte *Kopula* zusammen mit einem Adjektiv oder Substantiv das Prädikat eines Satzes zu bilden.
Bsp.:
los fundamentos están expresados

Dieselbe Aufgabe übernimmt im Textbeispiel das Vollverb **encontrarse**, wobei es jedoch zusätzlich seine semantische Potenz als Vollverb einbringt.

Dem ist bei der Übersetzung Rechnung zu tragen, etwa durch die Wendung „hier finden in wenigen Worten die Prinzipien ihren Ausdruck, die ...".

3) **RECORRÍAN**
Ergänzend zu Anm.1 sei darauf hingewiesen, daß das Imperfekt sich an dieser Stelle dadurch erklärt, daß nun nicht mehr historische Tatsachen *geschildert*, sondern Bücher *beschrieben* werden. Für Beschreibungen jedoch ist das **pretérito imperfecto** zuständig.

4) **DE LA ESPAÑA**
Die Verwendung des Artikels entspricht an dieser Stelle nicht den grammatischen Normen. Bei Ländernamen – ausgenommen hiervon sind wohlgemerkt eine Reihe von Staatsbezeichnungen, bei denen der Artikel fest zum Namen gehört, z.B. **El Salvador** – steht der Artikel nur, wenn zum Ländernamen eine Ergänzung tritt (z.B. **la España franquista, la Francia de De Gaulle** etc.). Dem Studierenden wird empfohlen, das vorliegende Beispiel nicht zu imitieren.

5) **FUERON PRODUCIENDO; HABÍA IDO TOMANDO CUERPO; ESTÁ ENSAYANDO**
Es handelt sich hier um Beispiele der sogenannten **perífrases verbales**. Diese stellen eine Verbindung dar von
konjugiertem Verb + Präposition + Infinitiv
konjugiertem Verb + *Gerundium*
konjugiertem Verb + *Partizip.*
Je nach Verbindung ergeben sich bestimmte Aspekte, etwa daß eine Handlung in ihrem Beginn, in ihrem Verlauf, in ihrem Resultat usw. charakterisiert wird. In bezug auf die drei hier erfaßten Verbalperiphrasen gilt allgemein:

ir haciendo algo	–- etw. (immer mehr) tun (Bsp. 1 u. 2)
estar haciendo algo	– dabei sein, etw. zu tun (Bsp. 3)

Man übersetze also z.B.:
las transformaciones que se fueron produciendo
- die Veränderungen, die sich mehr und mehr vollzogen
había ido tomando cuerpo ... „la normalización académica"
- nach und nach hatte die „akademische Normalisierung" Gestalt angenommen
lo que se está ensayando
- das, was derzeit unterrichtet wird

6) **LA PRIMACÍA ... HABÍA TERMINADO, DANDO PASO AL...**
Das Charakteristische eines Textes ist, daß Information sukzessive so dargereicht wird, daß der Aufnehmende trotz linearer Anordnung ein simultanes inhaltliches Ganzes rekonstruieren kann. Das Nachfolgende muß daher in unterschiedlicher Weise an das Vorhergehende anknüpfen können. Die illative Verknüpfung von Aussagen ist ein wichtiges Verfahren dieser Art, wobei auf zwei im Spanischen häufig vorkommende Möglichkeiten hingewiesen sei:

a) *Gerundio (oft durch* ***así*** *verstärkt)*:
Bsp.:
La primacía del individuo había terminado, dando paso (así) al protagonismo colectivo.
(Die Vorherrschaft des Individuums war zu Ende gegangen und der Hegemonie kollektiver Erscheinungen gewichen.)

b) *relativischer Anschluß mit* **lo que**
Bsp.:
La primacía del individuo había terminado, lo que dio paso al protagonismo colectivo.
(Die Vorherrschaft des Individuums war vorbei, so daß der Kollektivismus in den Vordergrund rückte.)

7) **LA QUE DENOMINAMOS OCCIDENTAL**
Wie im Deutschen gibt es auch im Spanischen Verben, deren Semantik so weit abgeschwächt ist, daß sie eine nominale Ergänzung (das Prädikativ) benötigen.
Bsp.:

le nombraron presidente	– man ernannte ihn zum Präsidenten
la encuentro encantadora	– ich finde sie entzückend
la denominamos occidental	– wir bezeichnen sie als westlich

Formal variiert die Anknüpfung des Prädikativs in beiden Sprachen und hängt mit der Rektion des jeweiligen Verbs zusammen. Man vergleiche:
- **Esto me parece bien**
  (Das scheint mir gut.)
- **Esto lo llamo testarudez.**
  (Das bezeichne ich als Starrköpfigkeit.)
- **Da el asunto por arreglado.**
  (Er betrachtet die Angelegenheit als erledigt.)
- **De multa tuve que pagar 1000 pesetas.**
  (Zur Strafe mußte ich 1000 Peseten bezahlen.)

8) **TEMAS A DESARROLLAR**
Die Verbindung *zu + Partizip Präsens*, die in passivischer Bedeutung die Möglichkeit oder Notwendigkeit eines Geschehens ausdrückt, bezeichnet man im Deutschen als Gerundiv. Im Spanischen und Deutschen gibt es, wie die folgenden Beispiele zeigen, eine Reihe unterschiedlicher Möglichkeiten, die Funktion des Gerundivs aufzufangen:

un viaje aconsej*able*	– eine zu empfehlende (empfehlenswerte) Reise
una ley *digna de* elogio	– ein zu lobendes (lobenswertes Gesetz)
temas a desarrollar	– zu entwickelnde Themen
una actividad que *hay que*hacer	– eine zu verrichtende Tätigkeit

Übersetzungsvorschlag

Geschichtsunterricht

„Durch die Geschichte erfahren wir[1], was in jedem Land vorgefallen ist und wie seine Könige, seine Herrscher und berühmtesten Persönlichkeiten waren ... Die Geschichte berichtet von Kriegen, großen Taten, von wunderbaren Abenteuern, von Reisen und gefährlichen Expeditionen“[2]. So steht zu lesen im Vorwort eines im Jahre 1939 vom *Instituto de España* veröffentlichten Buches, das sinngemäß den Titel „Lehrbuch der spanischen Geschichte, Grundstufe“[3] trägt. In knappen Worten sind dort die Grundlagen eines Geschichtsverständnisses zum Ausdruck gebracht, welches die Lehrpläne des Faches in den allgemeinbildenden Schulen[4] Spaniens auf Jahrzehnte bestimmte.

Könige, große Gestalten, Kriege und Friedensschlüsse[5] durchzogen in endlosem Band die Seiten jener Schulbücher, doch bestand ihre Zielsetzung nicht etwa darin, die arglosen Gemüter der Schüler zu quälen, als vielmehr darin, ein ganz bestimmtes Bild der spanischen Geschichte zu zeichnen, ein Bild, das der Verherrlichung des Nationalkatholizismus zu dienen hatte. – Die Veränderungen, die sich unausweichlich in der spanischen Gesellschaft vollzogen[6], fanden ihren Niederschlag auch im Geschichtsunterricht. Im fortschrittsorientierten Spanien der siebziger Jahre hatten die plumpen Schemata von 1939 ihren Wert verloren[7]. Nach und nach hatte das Gestalt angenommen[8], was Professor Fontana als „akademische Normalisierung“ der Geschichte bezeichnet hatte. Die Vorherrschaft des Individuums war zu Ende gegangen und der Hegemonie kollektiver Erscheinungen gewichen. Man legte Wert auf die Analyse der Gesellschaftsformen[9], und es wurde sogar die Annäherung an jene Zivilisationen[10] gesucht, die mit denen, die wir „abendländisch“ nennen, nichts gemein haben.

So weit, so gut. Wie hat nun dieser Wandel, wie hat nun diese Erneuerung ihren Niederschlag im Geschichtsunterricht gefunden? Es ist bekannt, was derzeit auf dem Gebiet der Geschichte ausprobiert wird (Verzeihung: es gibt ja weder Geschichte noch Geographie, sind doch beide in dem aufgegangen, was man Sozialwissenschaften nennt). Zugleich können wir einer vor kurzem erschienenen Publikation des Ministeriums für Erziehung und Wissenschaft die programmatischen Vorgaben für die Oberstufe im Grundschulwesen entnehmen[11]. Was in dieser Publikation hinsichtlich der im Rahmen der Gesellschaftswissenschaften zu entwickelnden Themen zu lesen ist[12], löst Angst aus. Unter den Themenvorschlägen für die 6. bis 8. Klasse, die wir analysiert haben[13], erscheint lediglich eine Geschichte der allgemeinen Wirtschaftstätigkeit („Die Landwirtschaft im Laufe der Zeiten“ in Klasse 7 und „Die Industrie im Laufe der Zeiten“ in Klasse 8). Eine Geschichte der Gesellschaft kommt nicht vor, auch keine der politischen Systeme, noch der Kultur oder Kunst. Die Geschichte Spaniens wird vollständig übergangen.

Übersetzungskommentare

1) In spanischen didaktischen Texten wird im allgemeinen der ersten Person Plural der Vorzug vor einer unpersönlichen Wendung mit *se* gegeben. Dieses den Leser einbeziehende Moment wird normalerweise in der Übersetzung zugunsten eines unpersönlichen Ausdrucks aufgegeben. Hier liegen die Verhältnisse jedoch gerade umgekehrt. Die Musterübersetzung folgt der zielsprachigen Tendenz, in dem für Schüler geschriebenen und thematisch auf Geschichte bezogenen Text das einbeziehende „wir" zu verwenden.

2) Mit der Kombination *bestimmter Artikel + Plural* verfügt das Spanische über ein formales Mittel, kategorial zu verallgemeinern. Im Deutschen wird diese Funktion durchweg vom undeterminierten Plural wahrgenommen. *De las guerras* etc. ist daher mit „von Kriegen" usw. zu übersetzen.

3) Der Übersetzer wird in aller Regel Institutsnamen, Buchtitel usw. nur dann in die Zielsprache übertragen, wenn es dort eine kanonisierte Entsprechung gibt. Da es sich im vorliegenden Fall nicht um eine eigentliche Quellenangabe handelt, sondern lediglich der Buchtypus charakterisiert werden soll, ist es vorteilhafter, den Titel des Lehrwerkes zu übersetzen. Als eine Art „Sicherung" wurde im zielsprachlichen Text der Hinweis „sinngemäß" eingeflochten. Im vorliegenden Fall wäre aber auch dies nicht erforderlich. Es soll damit lediglich dem angehenden Übersetzer ein Hinweis gegeben werden, wie Schwierigkeiten dieser Art zu begegnen ist.

4) Die Struktur der sozialen und politischen Einrichtungen und nicht zuletzt auch des Bildungswesens ist von Staat zu Staat verschieden. Daraus resultiert, daß häufig äquivalente Ausdrücke in der Zielsprache nicht verfügbar sind. Hinter ähnlich klingenden Bezeichnungen verbergen sich nicht selten ganz unterschiedliche Gegebenheiten. So auch in diesem Falle, wo *enseñanza primaria y media* regelrecht danach ruft, mit „Primar- und Sekundarbereich" übersetzt zu werden. Nun umschließt aber *enseñanza primaria* im Spanischen etwa den Bereich, der in der Bundesrepublik mit Grund- und Hauptschule bzw. Realschule oder Primarstufe an den Gymnasien abgedeckt wird, während der Begriff *enseñanza media* dem entspricht, was hierzulande als gymnasiale Oberstufe bezeichnet wird. Das Feld ist also sprachlich völlig anders gegliedert, und der Übersetzer wird sich schwertun, eine befriedigende Lösung zu finden. Als Möglichkeit bietet sich jedoch an, auf die Binnengliederung des Schulwesens zu verzichten und nur von „allgemeinbildenden Schulen" zu sprechen. Damit

ist der Bedeutungsbereich, der im spanischen Originaltext durch Addition (*enseñanza primaria + enseñanza media*) abgesteckt wurde mit dem Oberbegriff umrissen.

5) Der Plural *paces* individuiert den Grundbegriff „Frieden“, und der Übersetzer hat in diesem Falle zwei lexikalische Optionen, diesen morphologischen Hinweis aufzugreifen: „Friedenszeiten“ und „Friedensschlüsse“. Der Kontext läßt beide Möglichkeiten zu, doch signalisiert der dynamische, auf Taten (*hazañas*) zielende Gesamtcharakter des Textes, daß das aktionistische „Friedensschlüsse“ die um ein Geringes wahrscheinlichere Lesart sein dürfte.

6) Übersetzungskrücken zur Erfassung der Feinsemantik spanischer Verbalperiphrasen sind für das Textverständnis zweifellos wichtig. Hiermit wird jedoch in aller Regel nur die Voraussetzung geschaffen, dem Text auf makrostruktureller Ebene den entsprechenden Charakter zu verleihen. So wird der Studierende sich die Vokabelgleichung *ir haciendo algo* = „nach und nach etwas tun“ einprägen. Insbesondere dann, wenn der Makrokontext die in derlei Ausdrücken enthaltene Bedeutungsmodalität latent enthält, sollte die Verbalperiphrase durch einfache Übersetzung des Grundverbs wiedergegeben werden, was in fast allen Fällen auch der Sprachüblichkeit des Deutschen eher gerecht wird. Hier also: *las transformaciones que... se fueron produciendo* = „die Veränderungen, die... sich vollzogen“.

7) Nicht selten wandern grammatisch-morphologisch ausgedrückte Inhalte in die Lexik und umgekehrt. So auch im vorliegenden Fall, wo das ausgangssprachliche *ya* (Adverb) im Zieltext sich im Verb „verlieren“ auflöst. Natürlich ist eine solche Übersetzungsweise kein Muß, es wäre hier zweifellos auch möglich gewesen, etwa mit „hatten keinen Wert mehr“ oder „waren nicht mehr opportun“ oder einer vergleichbaren Wendung zu übersetzen.

8) Das Moment des Allmählichen ist in dieser Passage des Ausgangstextes doppelt angezeigt: einmal durch den adverbialen Ausdruck **poco a poco**, zum anderen durch die Verbalperiphrase *había ido tomando cuerpo*. Es darf daher nicht, wie unter Anmerkung 6 beschrieben, verfahren werden. Das heißt, das progrediente Geschehen muß ausdrücklich als solches markiert werden: „hatte nach und nach Gestalt angenommen“.

9) Auch hier gilt es, die individuierende Funktion des Plurals in der zielsprachlichen Version aufzufangen (vgl. Anmerkung 5). In der Musterübersetzung wurde dies dadurch erreicht, daß das Kompositum „Gesellschaftsformen“ gesetzt wurde.

10) Würde man an dieser Stelle *otras* übersetzen, ergäbe sich in der Zielsprache eine eindeutige stilistische Fehlleistung: ein sogenannter „Pleonasmus“, bei dem eine Information entgegen dem Sprachusus doppelt enkodiert würde. Das Anderssein ist

in dem Syntagma „die mit denen... nichts gemein haben" so scharf umrissen, daß eine zusätzliche Markierung die Aussage eher verderben würde.

11) Die Angabe *tercer ciclo de la educación básica* ist nur äußerst schwer ins Deutsche zu übertragen. Die Altersstufe, um die es sich handelt, umfaßt das 6. bis 14. Lebensjahr, entspricht also im deutschen Schulsystem in etwa der Grund- und Hauptschule bzw. den weiterführenden Schulen bis zum entsprechenden Lebensalter. Eine Differenzierung setzt in Spanien erst mit dem 9. Schuljahr ein, mit dem das dreijährige *Bachillerato Unificado Polivalente* (BUP) beginnt. Es schließt sich ein vorbereitendes Jahr zur Universität, der *curso de Orientación Universitaria* (COU) an, mit dessen Abschluß der Schüler die Hochschulreife erlangt. Die EGB hat eine Binnengliederung in einen *Ciclo Inicial* (6.-7. Lebensjahr), einen *Ciclo Medio* (8.-10. Lebensjahr) und einen *Ciclo Superior* (11.-14. Lebensjahr); es ist letzterer der *tercer ciclo*, von dem im Text die Rede ist. Die einzige adäquate Übersetzung scheint daher „die Klassen 6 – 8" zu sein.

12) Die im Zieltext gegenüber dem Original vorgenommene Kategorien-Transformation *lectura* (Substantiv) „was zu lesen ist" (Verbalsyntagma) ist die selbstverständliche Folge des Gebotes der Sprachüblichkeit.

13) Die Verbalform *analizamos* verrät von der äußeren Form her nicht, ob es im *Presente* oder im *Pretérito indefinido* steht. Gegen letzteres spricht, daß dieses Tempus abgeschlossene Handlungen aufnimmt, die nicht in einem Bezug zur Erzählgegenwart stehen. Im Deutschen sind an Scharnierstellen dieser Art zwei Ausdrücke sinnvoll. Zum einen kann die Semantik von *analizar* abgeschwächt werden, indem man sagt „..., die hier ins Auge gefaßt werden...", wobei das präsentische Moment erhalten bleibt. Die zweite Möglichkeit besteht darin, den Ausdruck mit „..., die wir analysiert haben,..." wiederzugeben, wobei man den Zeitrahmen verlassen muß. Beide Lösungen können als vollwertig angesehen werden, weil es sich bei dieser Wendung eher um ein textuelles denn um ein semantisches Element handelt.

Idiomatische Wendungen

Wertende Verhaltenscharakterisierungen II

¡Hay que ver!, se te metió entre ceja y ceja que las niñas estudiaran. Y no hubo manera de hacerte cambiar de opinión.
Meine Güte! Du hattest dir nunmal in den Kopf gesetzt, daß die Mädchen studieren sollten, und es gab keine Möglichkeit, dich von dieser Meinung abzubringen.

meterse algo entre ceja y ceja
≈ sich etwas in den Kopf setzen

Cada vez que dices en público que tus hermanos piensan lo mismo, te pones en ridículo.
Jedesmal wenn du öffentlich behauptest, deine Brüder dächten dasselbe, machst du dich lächerlich.

ponerse en ridículo
≈ sich lächerlich machen

No hagas muchos negocios con Paco, que es un hombre que siempre intenta dar el pego a uno.
Mach nie Geschäfte mit Paco. Er ist jemand, der immer versucht, einen hinters Licht zu führen.

dar el pego a alguien
≈ jdn. hinters Licht führen

Y no te hagas el tonto, que sabes de sobra que, a la larga, es mejor que las niñas estudien.
Stell dich nur nicht dumm, du weißt doch nur allzu gut, daß es auf lange Sicht besser ist, daß die Mädchen studieren.

hacerse el tonto
≈ sich dumm stellen

Nunca dice la verdad en toda su desnudez, suele dorar la píldora para que nadie se asuste demasiado.
Ganz unverfroren sagt er nie die Wahrheit; er macht einem die Sache immer schmackhaft, damit sich keiner allzusehr erschreckt.

dorar la píldora a alguien
≈ jdm. etwas schmackhaft machen

Después de haberme abandonado Carlos, lloré como una Magdalena meses y meses.
Nachdem mich Carlos verlassen hatte, heulte ich monatelang wie ein Schloßhund.

llorar como una Magdalena
≈ heulen wie ein Schloßhund

Esta mujer no tiene problemas de emancipación. En su casa tiene desde hace ya mucho tiempo la sartén por el mango.
Mit der Emanzipation hat diese Frau kein Problem. Sie hat zu Hause schon seit langem das Heft in der Hand.

tener la sartén por el mango
≈ das Heft in der Hand halten

Después de haber abusado de su hospitalidad durante varias semanas, un buen día se despidió a la francesa y no volvieron a verle más.
Nachdem er ihre Gastfreundschaft mehrere Wochen hindurch mißbraucht hatte, machte er sich aus dem Staub, und sie sahen ihn nie wieder.

despedirse a la francesa
≈ sich heimlich aus dem Staub machen

Durante años, intentaba reestructurar la empresa, pero, en lugar de apoyarle, no hacían más que ponerle pegas.
Jahrelang versuchte er, das Unternehmen neu zu strukturieren, doch statt ihn zu unterstützen, warfen sie ihm Knüppel zwischen die Beine.

poner pegas a alguien
≈ jdm. Knüppel zwischen die Beine werfen

A las nueve y media entré en la oficina y le dije al jefe que presentaba la dimisión. Me prometió el oro y el moro si me quedaba, pero le dije que no.
Um halb zehn trat ich ins Büro des Chefs ein und erklärte ihm, daß ich ginge. Er versprach mir goldene Berge, wenn ich bliebe, doch ich lehnte ab.

prometer a alguien el oro y el moro
≈ jdm. goldene Berge versprechen

La farmacomanía, fiebre nacional

Los españoles somos[1] los mayores consumidores ***per cápita*** de medicinas de toda Europa. La **farmacomanía** es un **vicio** que tenemos **arraigado**[2] y no parece que vaya[3] a desaparecer pronto. Pero no todos los **fármacos** que **consumimos** están en perfectas condiciones: productos **retirados** del mercado en Estados Unidos y en el resto de Europa se **siguen consumiendo** aquí, **pese a** ser **inadecuados** y a que incluso contienen elementos **tóxicos**. Cada español consume **al año** 11,5 **recetas** de la Seguridad Social. Esta **proliferación** de productos **farmacoterápicos**, que **alcanzó** su **cenit** alrededor del año 1970 con 30.000 especialidades, ha **llevado a** la **configuración decididamente aberrante**[4] de los **compuestos medicamentosos**, „sin ninguna comparación con lo que ocurre en los restantes **países desarrollados**". La crisis de **la Talidomida**, años 1962-63, obligó a numerosos países a una revisión de su farmacopea, **a imitación del** ejemplo norteamericano que desde 1938 realizaba **un esfuerzo** titánico **por** restringir[5] el uso de medicamentos entre la población y por comprobar[5], como condición indispensable para su **comercialización**[5], la **inocuidad** y eficacia del producto.

Los doctores Lapote y Capellá, en un reciente **artículo sobre El consumo de medicamentos**, **advertían** del hecho de que „muchos medicamentos con **registro** autorizado en España, incluso en los últimos años, no han probado su eficacia en ensayos clínicos controlados o en otros estudios clínicos **fiables**".

Las responsabilidades **se** las **reparten por igual** Administración y laboratorios **afectados**, quienes parecen[6] **prescindir** en sus decisiones de los posibles efectos **indeseables** que el medicamento pueda provocar en su consumidor, **víctima** sin posibilidad de **réplica**. **Persiste** una **disparidad** entre el **muestreo** humano para su análisis y la aplicación sanitaria efectiva, que incluye grupos denominados de alto riesgo, como personas de edad avanzada, niños, mujeres **gestantes** o pacientes con diversas **contraindicaciones**, de quienes se prescinde en los ensayos **previos**, principalmente, por imperativos éticos y que en un futuro no muy **lejano** llegarán a ser receptores de ese mismo medicamento. La entrada en el Mercado Común y la existencia de una **normativa** comunitaria muy rígida **en cuanto a** la calidad y eficacia de los medicamentos, de obligado cumplimiento, ha acelerado la **puesta en marcha** del Programa Selectivo de Revisión Farmacoterapéutica de los Medicamentos Españoles (PROSEREME).

La frase de Voltaire („Un médico es alguien que **administra** productos que no conoce a un organismo que conoce todavía menos"), **cobra**, así, una alarmante actualidad **a la sombra de** una **controvertida** política de investigación farmacológica y de una oferta farmacéutica con predominio de las **asociaciones** fijas de compuestos, los ***cócteles*** y las aberraciones medicamentosas, algunas de las cuales pueden tener tanta razón de ser, en opinión de los expertos, „como el empleo de polvo de **cráneo** de criminal **ajusticiado**, **bilis** de **cocodrilo** y **grasa** de **víbora** en la Edad Media".

Wortschatz

la farmacomanía	– die Medikamentensucht
la farmacología	– die Pharmakologie
la farmacia	– die Apotheke
per cápita (lat.)	– pro Kopf
el vicio	– das Laster, die schlechte Angewohnheit
vicioso, –a	– lasterhaft, fehlerhaft
viciable, –ble	– verderblich
viciado, –a	– verdorben, schlecht
el aire viciado	– die dicke, stickige Luft
viciar algo	– etw. verderben, verfälschen
viciarse	– sittlich verkommen, schlecht werden, verderben
arraigado, -a	– verwurzelt, eingewurzelt
arraigar algo	– etw. Wurzeln schlagen lassen
arraigar	– Wurzeln schlagen
arraigarse	– ansässig, heimisch werden; fig.: einreißen
el arraigo	– das Wurzelschlagen, die Eingewöhnung
tener arraigo	– verwurzelt sein
el fármaco	– das Arzneimittel
farmacéutico	– pharmazeutisch
el farmacéutico	– der Pharmazeut, der Apotheker
la farmacopea	– das Arzneibuch, die gesamten Arzneimittel
consumir algo	– etw. verbrauchen, verzehren
consumar algo	– etw. vollbringen, vollenden
la consumación	– die Vollendung, Erfüllung
la consumación de los siglos	– das Ende der Zeiten
la consumición	– der Verzehr
el consumidor	– der Verbraucher, der Gast
el consumo	– der Verbrauch, Verzehr
el consumo por cabeza/ persona	– der Prokopf-Verbrauch

bienes de consumo	– Verbrauchsgüter
retirar algo de X	– etw. von X abziehen, aus X herausziehen
retirar algo del mercado	– etw. vom Markt nehmen
seguir haciendo algo	– weiterhin etw. tun
pese a X	– trotz X
inadecuado, –a	– unangemessen, ungeeignet
adecuado, –a	– zweckmäßig, geeignet
la adecuación	– die Angemessenheit
adecuar algo a X	– etw. an X anpassen
tóxico, –a	– giftig
verneroso, -a	– giftig
la toxemia	– die Blutvergiftung
la toxicidad	– die Giftigkeit
la toxicología	– die Toxikologie
la toxicomanía	– die Rauschgiftsucht
el toxicómano	– der Rauschgiftsüchtige
al año	– im Jahr, pro Jahr
la receta	– die Verordnung, das Rezept
recetar un medicamento	– ein Medikament verschreiben
la proliferación	– die ungeheure Vermehrung
farmacoterápico, –a	– Arznei-
alcanzar algo	– etw. erreichen
el cenit	– der Zenit, der Höhepunkt
llevar a algo	– zu etw. führen
la configuración	– die Gestalt(ung), das Gebilde; hier: die Situation
configurar algo	– etw. bilden, formen, gestalten
decidido, –a	– entschlossen, entschieden, energisch
estar decidido a hacer algo	– entschlossen sein, etw. zu tun
decidir algo	– etw. entscheiden, beschließen
decidir de/sobre algo	– über etw. entscheiden
decidirse a hacer algo	– sich entschließen, etw. zu tun
la decisión	– die Entscheidung
tomar una decisión	– einen Entschluß/Beschluß fassen
aberrante, –ante	– irrig, irrsinnig
la aberración	– die Abweichung, die Verwirrung
la aberración mental	– die Sinnesstörung
los compuestos medicamentosos	– die Präparate
los países desarrollados	– die Industrieländer
los países en desarrollo	– die Schwellenländer, die Entwicklungsländer
los países subdesarrollados	– die unterentwickelten Länder

la Talidomida	– das Thalidomid, das Contergan (Inzwischen vom Markt genommenes Präparat, das, von Schwangeren eingenommen, zu Verstümmelungen der Kinder führte.)
a imitación de algo	– nach dem Vorbild von etw.
hacer un esfuerzo por/para lograr algo	– eine Anstrengung machen, um etw. zu erreichen
la comercialización	– die Vermarktung
la inocuidad	– die Unschädlichkeit, Harmlosigkeit
un artículo sobre un tema	– ein Artikel über (zu) ein(em) Thema
advertir de algo	– auf etw. aufmerksam machen
advertir algo a alguien	– jdn. auf etw. aufmerksam machen, jdn. vor etw. warnen
el registro	– das Verzeichnis, das Register, die Eintragung, die Aufnahme; die Durchsuchung
el registro mercantil	– das Handelsregister
el registro de propiedad (inmueble)	– das Grundbuch
el registro civil	– das Standesamt
el registro en cinta magnética	– die Magnetbandaufzeichnung
el registro domiciliario	– die Hausdurchsuchung
registrar algo	– etw. eintragen, registrieren
registrar a alguien	– jdn. durchsuchen
fiable, –ble	– zuverlässig
la fiabilidad	– die Zuverlässigkeit
el fiador	– der Bürge; die Sperrklinke, die Sicherheitsschlaufe
salir fiador por alguien	– für jdn. bürgen
fiado, –a	– geborgt, auf Pump
repartirse algo por igual	– etw. zu gleichen Teilen unter sich aufteilen
afectado, –a	– betroffen; geziert, affektiert
afectar a alguien	– jdn. betreffen, jdn. befallen
esto le afecta mucho	– das geht ihm sehr nahe
afectar algo	– etw. vorgeben, zur Schau tragen
la afección	– die Gefühlsregung, das Leiden
prescindir de algo	– von etw. absehen, auf etw. verzichten

indeseable, –ble	– unerwünscht
la víctima	– das Opfer
la réplica	– die Erwiderung, die Antwort, die Einrede
replicar algo	– etw. erwidern
replicar a alguien	– jdm. widersprechen
persistir	– fortbestehen
la disparidad	– die Ungleichheit, die Verschiedenheit
el muestreo	– die Stichprobe
gestante, -te	– schwanger, trächtig
la gestación	– die Schwangerschaft
la gestión	– die Geschäftsführung
hacer gestiones	– Verhandlungen führen
la contraindicación	– die Kontraindikation (Umstand, der eine sonst zweckmäßige Medikation verbietet)
previo, –a	– vorherig, vorhergehend
lejano, –a	– entfernt
un pariente lejano	– ein entfernter Verwandter
lejísimos (Adv.)	– sehr weit entfernt
lejos (Adv.)	– weit entfernt
a lo lejos	– in der Ferne
la lejanía	– die Entfernung
la normativa	– die Regelung, die Vorschriften
en cuanto a X	– in bezug auf X
la puesta en marcha	– die Ingangsetzung
administrar algo a alguien	– jdm. etw. verabreichen
administrar algo	– etw. verwalten
la administración	– die Verwaltung, die Verabreichung
la administración de justicia	– die Rechtspflege
la administración municipal	– die Gemeindeverwaltung
el administrador	– der Verwalter, der Geschäftsführer
el administrador de los bienes	– der Vermögensverwalter
cobrar algo	– etw. kassieren, erlangen
cobrar un cheque	– einen Scheck einlösen
cobrar altura	– Höhe gewinnen (Flugz.)
cobra mil marcos al mes	– er verdient tausend Mark im Monat

cobrar ánimo	– (neuen) Mut fassen
cobrarle afición a alguien	– jdn. liebgewinnen
a/bajo la sombra de X	– im Schutze von X
la sombra	– der Schatten; der Makel; das Gespenst
las sombras	– die Finsternis
ni sombra de X	– keine Spur von X
la sombra de ojos	– der Lidschatten
echar sombra	– Schatten werfen
estar a la sombra	– im Schatten sein
ser la sombra de alguien	– jdm. wie sein Schatten folgen
tener mala sombra	– gemein sein
no dejar a alguien ni a sol ni a sombra	– jdn. beschatten, ihn nie allein lassen
la sombrilla	– der Sonnenschirm
controvertido, –a	– umstritten
la controversia	– die Auseinandersetzung, der Streit
la asociación	– die Vereinigung, der Verband, der Verein; hier: die Zusammensetzung
el cóctel	– der Cocktail
dar un cóctel	– eine Cocktailparty geben
el cráneo	– der Schädel
ajusticiar a alguien	– jdn. hinrichten
el ajusticiamiento	– die Hinrichtung
la bilis	– die Galle
el cocodrilo	– das Krokodil
la grasa	– das Fett; die Wagenschmiere, der Schmutz, die Schlacke
las grasas animales	– die tierischen Fette
las grasas vegetales	– die pflanzlichen Fette
echar grasas	– Fett ansetzen
la víbora	– die Viper, die Kreuzotter

Grammatische Anmerkungen

1) **LOS ESPAÑOLES SOMOS**
Grundsätzlich zeigt die Verbindung *Art. + Substantiv* grammatisch die 3. Person an. Eine Ausnahme bildet das Syntagma der Textstelle, wo *Art. + Substantiv* (Plural) auf die 1. Person Plural verweist. Es handelt sich hierbei um eine typisch spanische Konstruktion, mit der zugleich eine Hervorhebung im Sinne einer Gruppenbildung verbunden ist. Das gleiche Verfahren läßt sich auch für die 2. Pers. Pl. nutzen. Man merke sich also:

los alemanes hacemos algo	– wir Deutschen tun etwas
los españoles hacéis algo	– ihr Spanier tut etwas

2) **TENEMOS ARRAIGADO**
Der Übergang zwischen Hilfs- und Vollverben ist stets fließend. Während **haber** z.B. ursprünglich auch Vollverb war im Sinne von „besitzen", ist es im heutigen Spanisch reines Funktionsverb zur Bildung der zusammengesetzten Zeiten. Nachdem der Vollverb-Charakter von **haber** verloren war, trat **tener** an seine Stelle. Aber auch hier bahnt sich eine ähnliche Entwicklung an, das heißt, **tener** wird häufig auch als Hilfsverb verwendet. Diese Entwicklung ist jedoch noch nicht abgeschlossen, so daß **tener**, so wie in der Textstelle, eine Doppelfunktion erfüllt. Als Vollverb ist es Prädikat des Subjekts (**nosotros, los españoles**), zugleich ist es Hilfsverb in bezug auf das Partizip (**arraigado**). Die Zwitterstellung ist morphologisch auch dadurch angezeigt, daß zwischen **tener** und Partizip noch Sprachelemente eingeschoben werden können und daß in Verbindung mit **tener** das Partizip mit dem Objekt in Geschlecht und Zahl übereinstimmen muß.
Bsp.:
Los vicios, los tenemos desde hace mucho tiempo arraigados.
(Diese Laster haben wir seit langem verinnerlicht.)
Die Verwendung von **tener** statt **haber** ist im übrigen nur möglich bei transitiven Verben. Man kann daher z.B. sagen: **Tenemos pensado comprarle un regalo**, nicht jedoch z.B.: **Tengo dormido**.

3) **NO PARECE QUE VAYA**
Die unpersönlichen Verben der Feststellung

parece que	– es scheint, daß
está claro que	– es ist klar, daß
es evidente que	– es ist offensichtlich, daß

etc.
stehen grundsätzlich mit Indikativ. Wird der Wirklichkeitscharakter der Feststellung jedoch auf irgendeine Weise in Frage gestellt, so steht der Subjuntivo.
Also:
Parece que desaparecerá pronto.
(Es scheint, daß er bald verschwinden wird.)

aber:

No parece que desaparezca pronto.

(Es scheint nicht, daß er so bald verschwinden wird.)

Es evidente que comparte nuestra opinión,

(Es ist offensichtlich, daß er unsere Ansicht teilt.)

aber:

¿Y sería evidente que compartiera nuestra opinión?

(Es wäre also offensichtlich, daß er unsere Meinung teilt?)

4) **LA CONFIGURACIÓN ... ABERRANTE**

Das frühe Spanisch hatte vom Latein neben dem passiven auch ein aktives Partizip übernommen. Dieses endete

* auf **-ante** für die **a**-Konjugation,
* auf **-iente** bzw.**-ente** für die **e-** und **i**-Konjugation

Bsp.:

cantar	> cantante
crecer	> creciente
salir	> saliente
equivaler	> equivalente

Die Produktivität dieses Ableitungssystems versiegte jedoch allmählich, doch sind viele der früheren Partizipien zu Adjektiven erstarrt, die zum Teil auch substantivisch verwendet werden können. So z.B.

* auf **-ante**:	el amante	- der Liebhaber,
* auf **-ente**:	el asistente	- der Assistent.

In bezug auf das Genus verhalten sich diese Adjektive nicht einheitlich. Manche sind ein-, andere zweiendig. Hier einige Beispiele:

el cantante/la cantante	- der Sänger/die Sängerin
el asistente/la asistenta	- der Assistent/die Assistentin
el estudiante/la estudiante	- der Student/die Studentin

In einigen dieser Adjektive sind auch noch Reste des ursprünglichen Verbalcharakters erhalten, was sie befähigt, eine präpositionale Ergänzung anzunehmen. Objekte lassen sich jedoch nicht mehr direkt anschließen. Einige Beispiele:

algo conveniente para nosotras	-- etw. Passendes für uns
un participante en el congreso	-- ein Kongreßteilnehmer
mercancías procedentes de Bilbao	-- Ware aus Bilbao

5) **POR RESTRINGIR/POR COMPROBAR/PARA SU COMERCIALIZACIÓN**

In bezug auf den Gebrauch der Präpositionen **por** und **para** kann es bisweilen zu Unsicherheiten kommen. Da in bestimmten Fällen sogar die eine *und* andere Form verwendet werden darf, sind solche Unsicherheiten regelrecht vorprogrammiert. Im folgenden sollen daher die wichtigsten Grundsätze zusammengefaßt werden.

para steht:

- ***Bei Empfängerangabe***
  Ha comprado los regalos para su abuela.
  (Er hat die Geschenke für seine Großmutter gekauft.)
- ***Bei Zielangabe, Zweckbestimmung, Verwendungszweck***
  Mintió para salvarse.
  (Er log, um sich zu retten.)
  Son los tomates para la comida.
  (Das sind die Tomaten für das Essen.)
- ***Im Finalsatz*** *(Finalsatz im Subjuntivo)*
  No te han dado el puesto de trabajo para que no hagas nada.
  (Man hat dir die Arbeitsstelle nicht gegeben, damit du nichts tust.)

por steht:

- ***Bei Angabe des Grundes oder der Ursache***
  Por la nieve no pudimos salir en coche.
  (Wegen des Schnees konnten wir nicht mit dem Auto wegfahren.)
- ***Bei Angaben des Beförderungsmittels***
  Les envió el paquete por correo.
  (Er schickte ihnen das Paket mit der Post.)
- ***Zur Angabe des Agens im Passivsatz***
  El gol ha sido marcado por Gordillo.
  (Das Tor ist von Gordillo erzielt worden.)
- ***Bei ungefährer Angabe eines Zeitraumes***
  Fui a España por tres meses.
  (Ich reiste für etwa drei Monate nach Spanien.)
- ***Bei Ortsangaben in Verbindung mit einer Bewegung***
  Los Reyes viajaron por la provincia.
  (Das Königspaar reiste durch die Provinz.)
- ***Zur Angabe eines Mittels***
  Ayer por la tarde Carmen me llamó por teléfono.
  (Im Verlaufe des gestrigen Abends rief mich Carmen an.)
- ***Zur Angabe des Gegenwertes bei Tausch oder Kauf***
  Compró la casa por sólo dos millones de pesetas.
  (Er kaufte das Haus für lediglich 2 Millionen Peseten.)
- ***In Ausdrücken mit der Bedeutung* en busca de, a comprar algo, a recoger algo *und ähnliche***
  Va por vino.
  (Er geht Wein einkaufen.)
  Salí por la leche.
  (Ich ging hinaus, um Milch einzukaufen.)

- ***Zur Bezeichnung des Begünstigten, für den eine Handlung geschieht***
  Toda la sección ha votado por el delegado de esta organización.
  (Die ganze Sektion hat für den Abgeordneten dieser Organisation gestimmt.)
- ***Zur Angabe einer Stellvertretung***
  He terminado el trabajo por Juan.
  (Ich habe an Juans Stelle die Arbeit beendet.)
- ***Zur Angabe einer vermuteten Qualität oder Charaktereigenschaft***
  Cervantes pasó por un hombre muy valioso.
  (Cervantes galt als tapferer Mann.)
- *Zur Angabe der „Zweckursache" (hier verbindet sich mit dem Moment der Finalität ein persönliches Interesse des Agens, das gewissermaßen als Causa vom finalen Objekt ausgeht. Hier nähert sich die Funktion von **por** jener von **para** sehr dicht an.)*
  Ha marchado varias leguas por un solo paquete de cigarillos.
  (Er ist meilenweit gelaufen wegen eines einzigen Päckchens Zigaretten.)
  Die beiden Textbeispiele mit **por** sind klare Belege für den Fall der Zweckursache, während das Beispiel mit **para** ein rein finales Gedankenverhältnis zum Ausdruck bringt.

6) **QUIENES PARECEN**

Vom lateinischen Sprachsystem sind im Spanischen die Relativpartikel **que**, **quien**, **cuyo** und **cuant**o erhalten. **Quien** hat erst seit dem ausgehenden Mittelalter die Pluralform **quienes** ausgebildet. Auch heute noch wird gelegentlich **quien** für ein Bezugswort im Plural gebraucht.

- ***que***
  Das Relativpronomen **que** ohne jede Erweiterung wird verwendet, wenn ein nichtpräpositionaler Adjektivsatz eingeleitet wird:
  La empresa que produce este artículo tiene grandes dificultades.
  (Die Firma, die diesen Artikel herstellt, befindet sich in großen Schwierigkeiten.)
- ***el que ... los que***
  El que ... los que steht bei Substantiv-, insbesondere bei Subjekt- und Objektsätzen.
  El que ha dicho esto, es tonto.
  (Wer das gesagt hat, ist dumm.)
  Le enviaré los que hasta ahora ya están terminados.
  (Ich werde Ihnen die zusenden, die bis jetzt bereits fertiggestellt sind.)
- ***quien – quienes***
  Insbesondere für Personen und in Subjektfunktion kann **el que ... las que** durch **quien/quienes** ersetzt werden.
  Quien ha dicho esto, es tonto.
  (Wer das gesagt hat, ist dumm.)
- *Präp.* + ***el que ... las que***
  Präpositionale Attribut- und Objektsätze sowie adverbiale Nebensätze werden mit *Präp.* + **el que ... las que** eingeleitet.

Carlos escribió a la chica por la que había sufrido tanto.
(Carlos schrieb dem Mädchen, um dessentwillen er so sehr gelitten hatte.)
El presidente otorgará el premio a los que encuentren la mejor solución.
(Der Präsident wird den Preis denen übergeben, welche die beste Lösung finden.)
El problema nunca se resolverá por los que sólo busquen la seguridad personal.
(Die Schwierigkeit wird niemals von denjenigen gelöst werden, die nur auf ihre persönliche Sicherheit bedacht sind.)

- *Präp. + **quien/quienes***

In Verbindung mit Präpositionen kann **quien/quienes** auch **el que .. las que** ersetzen, wenn ein Bezug auf Personen vorliegt.
Carlos escribió a la chica por quien había sufrido tanto.
(Carlos schrieb dem Mädchen, dessentwegen er so gelitten hatte.)
El presidente otorgará el premio a quienes encuentren la mejor solución.
(Der Präsident wird den Preis denen aushändigen, die die beste Lösung finden werden.)
El problema nunca se solucionará por quien sólo busque la seguridad personal.
(Das Problem wird niemals von jemandem gelöst werden, der nur auf seine persönliche Sicherheit bedacht ist.)

Übersetzungsvorschlag

Medikamentensucht: In Spanien eine nationale[1] Seuche[2]

Die Spanier[3] haben den größten Pro-Kopf-Verbrauch an Medikamenten in ganz Europa. Medikamente zu schlucken ist ein Laster, das tief in ihnen drinsteckt, und es sieht nicht danach aus, als solle es sobald verschwinden. Nicht alle Präparate jedoch, die eingenommen werden, sind in einwandfreiem Zustand: eine Reihe von Erzeugnissen[4], die in den USA und im übrigen Europa vom Markt genommen sind, werden dort weiterhin eingenommen, obgleich sie wirkungslos sind oder sogar toxische Bestandteile enthalten. Im Durchschnitt belastet jeder Spanier die Sozialversicherung mit 11,5 Rezepten pro Jahr[5]. Die[6] Arzneimittelschwemme, die ihren Höhepunkt um das Jahr 1970 mit mehr als 30.000 Präparaten erreichte, hat zu einer schlichtweg absurden Situation auf dem Arzneimittelmarkt[7] geführt. In keinem anderen Industrieland gibt es etwas, was hiermit vergleichbar wäre. Die Contergan-

Katastrophe[8] der Jahre 1962-63 zwang zahlreiche Länder, ihre Arzneilisten dem Beispiel der USA folgend zu überprüfen. Dort wurden seit 1938 gewaltige Anstrengungen unternommen, den Medikamentenverbrauch in der Bevölkerung zu verringern und als unabdingbare Vorraussetzung für die Vermarktung die Unschädlichkeit und Wirksamkeit des Präparats zu überprüfen.

In einem kürzlich[9] unter der Überschrift „Der Medikamentenverbrauch" („*El consumo de medicamentos*")[10] erschienenen Artikel haben die Doktoren Lapote und Capellá auf die Tatsache hingewiesen[11], daß „viele Medikamente, die in Spanien selbst in den allerletzten Jahren offiziell zugelassen wurden, ihre Wirksamkeit in kontrollierten klinischen Versuchen oder anderen zuverlässigen klinischen Studien nicht haben unter Beweis stellen können".

Die Verantwortlichkeit liegt zu gleichen Teilen bei den Regierungsstellen und den betreffenden Laboratorien, die in ihren Entscheidungen mögliche Nebenwirkungen beim Patienten gar nicht erst zu berücksichtigen scheinen. Dieser wird so zum schutzlosen Opfer. Es besteht nach wie vor ein Unterschied zwischen den Versuchspersonen, die für die Tests herangezogen werden und der tatsächlichen Medikamentierung, bei der bestimmte Risikogruppen, etwa ältere Menschen, Kinder, schwangere Frauen oder Patienten mit unterschiedlichen Kontraindikationen hinzukommen. Sie werden insbesondere aus ethischen Gründen bei den Voruntersuchungen nicht einbezogen, obgleich auch sie bald darauf das betreffende Medikament einnehmen werden. Der Eintritt in den Gemeinsamen Markt und die Existenz strenger und verbindlicher Vorschriften bezüglich der Qualität und Wirksamkeit von Medikamenten hat die Initiierung des PROSEREME-Programms zur pharmakologischen Revision der Medikamente in Spanien (*Programa Selectivo de Revisión Farmacoterapéiutica de los Medicamentos Españoles*)[12] beschleunigt.

Voltaires Ausspruch („Ein Arzt ist jemand, der Stoffe, die er nicht kennt, einem Organismus zuführt, den er noch weniger kennt") erfährt so vor dem Hintergrund einer umstrittenen pharmakologischen Forschungspolitik und einem Medikamenten-Angebot, in dem feste Zusammensetzungen – sogenannte Cocktails – und sinnlose Präparate vorherrschend sind, eine alarmierende Aktualität. Einige von ihnen haben nach Meinung der Experten eine ebenso große Wirksamkeit[13] wie „im Mittelalter der Gebrauch von Pulver aus den Schädeln hingerichteter Verbrecher, Krokodilsgalle oder Vipernfett ".

Übersetzungskommentare

1) Ein Zeitungsartikel, in dessen Titel ohne konkreten Bezug das Adjektiv „national" steht, wird vom Leser automatisch auf das eigene Land bezogen. Nun hat aber der Übersetzer, bevor er noch mit der eigentlichen Übertragung beginnt, grundsätzlich eine Zielgruppenbestimmung vorzunehmen. Der Ausgangstext ist zwar geschrieben für ein spanisches Publikum, nicht so jedoch die zielsprachliche Version, die ja den Inhalt dem deutschsprachigen Leser vermitteln soll. Diesem muß daher der Bezug des Adjektivs durch Angabe des Landes verdeutlicht werden.

2) In metaphorischem Ausdruck würde man im Deutschen sicher nicht von einem „nationalen Fieber" als vielmehr von einer „nationalen Seuche" sprechen.

3) Die Konstruktion *Plur.-Artikel + Subst. + 1.Pers. Plur.* (hier: *los españoles somos*) betont die Wirheit von Sprecher und Hörer (Schreiber und Leser). Durch die Veränderung der Zielgruppe ist diese Wirheit aufgehoben, so daß die Stelle durch Gebrauch der 3. Pers. Plural neutralisiert werden muß: „Die Spanier sind (haben)..." (vgl. auch 1). Das hat auch Konsequenzen für die restliche Übersetzung, in der stets der Perspektivwechsel zu beachten ist.

4) Das Gebot der Sprachüblichkeit verlangt an dieser Stelle im Deutschen eine größere Explizitheit als im Spanischen, Erfordernis, dem im Mustertext durch Voranstellung des Ausdrucks „eine Reihe von" Genüge getan ist.

5) Der ausgangssprachliche Text demonstriert sehr anschaulich die etwas laxe Art, wie der spanische Durchschnittsautor mit den Inhalten umgeht. Verbraucht werden ja nicht die Rezepte, sondern die Medikamente, und die Sozialversicherung stellt die Rezepte nicht etwa aus, sondern muß dafür aufkommen. Auch kann man keine halben Rezepte vorlegen, so daß ein Hinweis auf den statistischen Charakter der Zahl 11,5 in der zielsprachigen Version unverzichtbar ist. Die dort gewählte Formulierung soll die Satzbedeutung für das Deutsche idiomatisch wiedergeben, ohne sich allzu weit vom Original zu entfernen.

6) Die Determination von „Arzneimittelschwemme" durch das Demonstrativum „diese" wirkt im Deutschen etwas stark, weshalb als Bestimmungspartikel der etwas schwächere Artikel gewählt wurde.

7) Es genügt in diesem Zusammenhang nicht, in der deutschen Version einfach von „Arzneimitteln" zu sprechen. Die nähere Bestimmung erfolgt zweckmäßigerweise mithilfe eines Kompositums, etwa „Arzneimittelsektor", „Arzneimittelmarkt" oder eines ähnlichen Ausdrucks. In der Beispielübersetzung wurde „Arzneimittelmarkt" deshalb bevorzugt, weil im Textganzen das kommerzielle Moment stark hervortritt.

8) Die Arzneimittel-Substanz Thalidomid wurde in Deutschland unter dem Handelsnamen ‚Contergan' vertrieben. Von Schwangeren eingenommen, verursachte das Präparat bei den Kindern schwerwiegende Verstümmelungen, so daß es verboten wurde, nachdem man die Kausalität erkannt hatte. Die Passage zeigt, daß der Übersetzer über ein weitgefaßtes Weltwissen verfügen muß, da sonst eine korrekte Übersetzung nicht möglich ist. Nicht selten scheitert das Recherchieren daran, daß auch eine ungefähre Einordnung nicht möglich ist und der Übersetzer daher nicht einmal weiß, wo er suchen soll. In der vorliegenden Passage etwa ist es hilfreich, um den Zusammenhang von Thalidomid und Contergan zu wissen.

9) Während im Original **reciente** Adjektiv zu **artículo** ist, steht im deutschen Text „kürzlich" als Adverb zu „erscheinen". Die Detailstruktur einer Aussage wird sich beim Wechsel von einer Sprache zur anderen u.U. stark verändern, ohne daß darum die Information als solche verfälscht würde. Entscheidend bleibt jeweils die Adäquatheit des gewählten Ausdrucks.

10) Bei Titeln, Institutionsnamen u.dgl.m. wird der Übersetzer regelmäßig gezwungen, Original *und* zielsprachliche Entsprechung anzuführen. Dabei stellt sich die Frage, ob der ausgangs- oder zielsprachliche Ausdruck in den fortlaufenden Text aufgenommen werden sollte. Eine abschließende Antwort läßt sich hierzu nicht geben. Tendenziell jedoch sollte auf den Lesefluß geachtet werden; auch ist die Relevanz des Titels oder der Bezeichnung zu berücksichtigen. Beides legt es nahe, in der betroffenen Passage den Originaltitel des zitierten Artikels in den Klammerausdruck zu verlegen. Dem Leser wird so erlaubt, gewissermaßen darüber hinwegzulesen.

11) Es wurde hier in der deutschen Version dem Perfekt der Vorzug gegeben, weil ein deutlicher Bezug der Aussage zum Hier und Jetzt gegeben ist. Im Grunde hätte man auch im Ausgangstext dieses Tempus erwarten können. Durch die Wahl des Imperfekts wollte der Autor wohl das deskriptive Moment hervorheben. Eine solche Differenzierung ist mit den Mitteln des deutschen Konjungationssystems allerdings nicht möglich.

12) Eine andere Möglichkeit, Programm, definitorisches Syntagma und zugeordnete Sigle sinnvoll in den Text einzugliedern, besteht darin, die Sigle in den Klammerausdruck zu verlagern und die wörtliche Auflösung durch ein Gleichheitszeichen anzukündigen: (PROSEREME = **Programa selectivo...**).

13) In die lange Reihe logisch-semantischer Fehlgriffe in spanischen Texten reiht sich auch diese Passage ein, wo **tener razón de ser** auf **empleo** bezogen ist. Der Lapsus ist dadurch leicht zu korrigieren, daß man **razón de ser** durch „Wirksamkeit" ersetzt und auf eine Übersetzung von **empleo** ganz verzichtet.

Idiomatische Wendungen

Wertende Verhaltens-Charakterisierungen III

Al dar en Madrid una conferencia, Alberto pudo visitar a su madre, matando así dos pájaros de un tiro.
Als Alberto in Madrid einen Vortrag hielt, konnte er seine Mutter besuchen und schlug so zwei Fliegen mit einer Klappe.

matar dos pájaros de un tiro
≈ zwei Fliegen mit einer Klappe schlagen

Durante el servicio militar matábamos el tiempo jugando a los naipes.
Während des Militärdienstes schlugen wir die Zeit mit Kartenspielen tot.

matar el tiempo
≈ die Zeit totschlagen

Le descalificaron en la primera eliminatoria, pero hizo de tripas corazón y aprovechó el tiempo para prepararse al gran torneo de ajedrez en San Sebastián.
Schon in der Vorrunde schied er aus, aber er machte aus der Not eine Tugend und nutzte die Zeit, um sich auf das große Schachturnier in San Sebastián vorzubereiten.

hacer de tripas corazón
≈ aus der Not eine Tugend machen

No paraba de hablar de sus aventuras amorosas. Daba la lata a todo el mundo.
Er hörte nicht auf, von seinen Liebesabenteuern zu erzählen. Alle langweilte er zu Tode.

dar la lata a alguien
≈ jdn. zu Tode langweilen

Ya llevábamos un buen rato discutiendo sobre el asunto, cuando Manolo se acercó para meter baza.
Wir diskutierten schon eine Weile über die Sache, als Manolo herbeikam, um seinen Senf dazuzugeben.

meter baza
≈ seinen Senf dazugeben

Alfredo podría ahorrarse muchos disgustos si no tuviera la lengua tan larga.
Alfredo könnte sich viele Unannehmlichkeiten ersparen, wenn er das Maul nicht immer so weit aufreißen würde.

tener la lengua muy larga
≈ das Maul zu weit aufreißen

No le di un bofetón en los hocicos sólo por no dar el espectáculo.
Ich schlug ihm nur deshalb nicht auf die Schnauze, weil ich kein Theater machen wollte.

dar el espectáculo
≈ Theater machen

Como quien no quiere la cosa, este mediodía me vino otra vez Manolo con sus problemas en la empresa.
Wie beiläufig kam mir heute mittag Manolo schon wieder mit seinen Schwierigkeiten in der Firma.

como quien no quiere la cosa
≈ wie beiläufig

Para tener éxito hay que planificarlo todo con meticulosidad, que en estas circunstancias hay que darle tiempo al tiempo.
Um Erfolg zu haben, muß man alles mit großer Sorgfalt planen, weil man sich unter diesen Umständen in Geduld üben muß.

dar(le) tiempo al tiempo
≈ sich in Geduld üben

Esta chica se ha metido en la cabeza irse al Tercer Mundo y lo sostiene contra viento y marea.
Dieses Mädchen hat es sich in den Kopf gesetzt, in die Dritte Welt zu gehen und vertritt ihre Idee auf Biegen und Brechen

hacer algo contra viento y marea
≈ etw. auf Biegen und Brechen tun

Memoria del Fiscal General del Estado

La memoria del fiscal llega a señalar la violencia[1] como producto de „nuestra cultura". **Cada** treinta segundos[2] **se produce** un **delito** en España, según las estadísticas oficiales. La Policía[3] registró 726.203 delitos en 1986, y el primer semestre de 1987 ya ha conocido 398.860. Muchos delitos no son **denunciados** a la Policía, lo que significa que la situación delictiva es más grave que la que reflejan las estadísticas. Las cifras sobre la delincuencia **facilitadas** por el fiscal varían respecto a las de la Policía, pero eso no **altera** la dimensión del problema. Según la memoria del fiscal, todos los grupos de delitos **sumaron** el pasado año la cifra de 1.393.398, con un aumento del 6,94 % sobre el año anterior. Para la opinión pública, las estadísticas no dicen nada que no sea conocido por los **ciudadanos**, porque lo han sufrido directamente o porque se han visto **afectados**[4] de distinta manera.

La situación es conocida, ¿pero cuáles son los remedios?[5] ¿Dónde están las **responsabilidades**? El paro y las drogas **se señalan** como **generadores** de violencia. España **mantiene** el **índice** de desempleo en el doble (veintiuno por ciento) de la **media** de la CE. El Gobierno aprobó medidas liberalizadoras de la droga y obtuvo duras críticas en los medios europeos, especialmente desde el grupo Pompidou del Consejo de Europa. El fiscal especial para la lucha contra la droga dimitió denunciando falta de medios y de voluntades políticas.

La falta de medios y una **legislación** inadecuada son dos de las causas fundamentales del **deterioro** de la justicia, que es, por esencia, prioridad de un **Estado de derecho**. La opinión pública ha asistido **sobrecogida** a sucesos consecutivos sobre asesinatos por jóvenes delincuentes en las calles de Madrid y otras **capitales**. En el **boca a boca**, los casos que se han oído, se han contado y se han vivido forman parte de la conversación y el **sobresalto** diario. A todo eso primero se le llamó[6] „campaña **catastrofista**[7] de la derecha". Luego se dijo que había „**psicosis**". Ahora se ha llegado a la conclusión de que la inseguridad está **poniendo en riesgo** el mismo sistema de libertades. „La **apoteosis** del consumo, la alteración sustancial de los clásicos valores y la **virtualidad** de un pragmatismo materialista – vacío de solidaridad humana – van a constituir el centro del que parte la **objetivación** del hecho violento", opinan los autores del informe.

Wortschatz

la memoria	– das Gedächtnis; die Denkschrift, der Bericht
memorable, –ble	– denkwürdig
memorizar algo	– etw. auswendig lernen
el fiscal	– der Staatsanwalt, der Finanzbeamte
fiscal, –al	– fiskalisch, Finanz-, Steuer-
la fiscalía	– die Staatsanwaltschaft
la fiscalización	– die (staatliche) Kontrolle
fiscalizar algo	– etw. kontrollieren, kritisieren; etw. zugunsten der Staatskasse beschlagnahmen
el juez	– der Richter
el abogado	– der Anwalt
el defensor	– der Verteidiger
el acusador	– der Ankläger
el agente ejecutivo	– der Gerichtsvollzieher
el alguacil	– der Gerichtsdiener, der Scherge, der Gerichtsvollzieher
el notario (am.: el escribano)	– der Notar
cada X	– jeder, jede, jedes X
producirse	– sich ereignen
producir algo	– etw. erzeugen, herstellen , hervorbringen
produzco	– ich erzeuge
el producto	– das Erzeugnis
la productividad	– das Leistungsvermögen, die Produktivität
la productora	– die Filmgesellschaft
el delito	– das Delikt, das Vergehen
delictivo, –a	– Delikt-, bezogen auf Delikte
la delincuencia	– die Kriminalítät
denunciar algo	– etw. melden, anzeigen
denunciar a alguien por algo	– jdn. wegen etw. denunzieren
denunciar un contrato	– einen Vertrag kündigen
la denuncia	– die Anzeige
facilitar algo	– etw. erleichtern, ermöglichen
facilitar algo a alguien	– jdm. etw. verschaffen, zur Verfügung stellen

la facilidad	– die Leichtigkeit, die Fähigkeit, die Erleichterung
hablar con facilidad un idioma	– eine Sprache flüssig sprechen
facilidades de pago	– Zahlungserleichterungen
dar (toda clase de) facilidades a alguien	– jdm. (in jeder Hinsicht) entgegenkommen
la facilitación de inversiones	– die Bereitstellung von Investitionsmitteln
alterar algo	– etw. verändern, durcheinander bringen
alterarse por algo	– sich über etw. aufregen
alterable, –ble	– wandelbar, veränderlich
la alteración	– die Veränderung, die Entstellung
sumar algo	– etw. ausmachen, betragen; sich auf etw. belaufen
sumarse	– sich summieren
sumarse a una opinión	– sich einer Meinung anschließen
la suma	– die Summe
la sumadora	– die Rechenmaschine
sumamente	– in höchstem Grade
la sumaria	– das Protokoll (bei Gericht)
sumario, –a	– knapp, kurz gefaßt
el sumario	– die Inhaltsangabe
el ciudadano	– der Bürger, der Städter
la ciudadanía	– die Staatsbürgerschaft, das Bürgertum
el derecho de ciudadanía	– das Bürgerrecht
la ciudad	– die Stadt
la ciudad marítima	– die Hafenstadt
la ciudad satélite	– die Trabantenstadt
la ciudad universitaria	– das Universitätsviertel, die Universitätsstadt
la Ciudad Condal	– Barcelona
la Ciudad Imperial	– Toledo
la Ciudad de Dios	– der Gottesstaat
el morador	– der Bewohner (allg.)
el habitante	– der Einwohner (allg.)
el vecino	– der Einwohner (eines Ortes); der Nachbar
el inquilino	– der Mieter

afectar a alguien	– jdn. berühren, jdn. angehen, betreffen, befallen
la afección	– die Zuneigung; das Leiden
afectable, –ble	– empfindlich, leicht erregbar
la afectación	– die Gereiztheit
tener afecto a alguien	– jdm. gewogen sein
el afecto	– der Affekt, die Zuneigung;
la afectuosidad	– die Herzlichkeit, die Zärtlichkeit
afectuoso, –a	– herzlich, liebevoll
la responsabilidad	– die Verantwortlichkeit, die Verantwortung
responder algo a alguien	– jdm. etw. antworten
responder de algo	– für etw. verantwortlich sein
responder con algo de algo	– mit etw. für etw. haften
señalarse como algo	– sich als etw. auszeichnen
señalarse por algo	– sich durch etw. auszeichnen
señalar algo	– etw. kennzeichnen, zeigen; auf etw. hinweisen
la señal	– das Merkmal, das Kennzeichen, die Narbe, das Signal
la señal de la cruz	– das Kreuzzeichen (Handbewegung)
la señal de enrase	– die Eichmarkierung (Gläser)
las señales de vida	– die Lebenszeichen
en señal de X	– zum Zeichen von X
la señal de alarma	– das Alarmsignal
la señal informativa	– das Hinweisschild
la señal luminosa	– das Leuchtzeichen
la señal de llamada	– das Rufzeichen
el número de teléfono	– die Telefonnummer
la señal para marcar	– das Freizeichen
la señal de comunicando	– das Besetztzeichen
las señales morse	– die Morsezeichen
la señal obligatoria/ preceptiva	– das Gebotszeichen
la señal de partida	– das Abfahrts-, Startsignal
la señal de prohibición de estacionamiento	– das Park-, Halteverbotszeichen
la señal de tráfico	– das Verkehrsschild
señalado, –a	– ausgezeichnet, hervorragend, bemerkenswert
señaladamente	– besonders
el señalamiento	– die Kennzeichnung, die Anweisung
generador, –a	– schaffend, hervorbringend

el generador, auch: la generatriz	– der Erzeuger, der Generator
generar algo	– etw. hervorbringen, erzeugen
mantener algo	– etw. halten, unterhalten
mantener correspondencia con alguien	– mit jdm. in Briefwechsel stehen
mantener a alguien a distancia	– jdn. fernhalten
mantener la presión	– den Druck aushalten
mantenerse	– sich behaupten
mantenerse de algo	– seinen Lebensunterhalt mit etw. bestreiten
mantenerse firme	– fest bleiben
el mantenimiento	– der Unterhalt, die Aufrechterhaltung
el índice	– der Index
poner algo en el Indice	– etw. auf den Index setzen
la media	– der Durchschnitt; der Halbstrumpf (Kniestrumpf)
la mitad	– die Hälfte
el medio	– das Mittel, das Umfeld, das Milieu
el promedio	– der Durchschnitt
los medios	– die (Finanz)mittel
los medios de comunicación	– die Verkehrsmittel
los medios de comunicación de masas	– die Massenkommunikationsmittel
los medios de vida	– der Lebensunterhalt
los medios de pago	– die Zahlungsmittel
el medio ambiente	– die Umwelt
por medio de X	– mittels X
la falta de medios	– die Mittellosigkeit
medio, –a	– halb, durchschnittlich
medio dormido	– im Halbschlaf
a medias	– halb und halb, zur Hälfte, oberflächlich
a medio cocer	– halbgar
a medio hacer	– halbfertig
de medio a medio	– von A bis Z, ganz, völlig
en medio de X	– inmitten von X
la legislación	– die Gesetzgebung
legislar	– Gesetze erlassen
el legislador	– der Gesetzgeber

legislativo, –a	– gesetzgebend
la legislatura	– die Legislaturperiode
el jurista	– der Jurist
el deterioro	– die Verschlechterung, Beschädigung, Wertminderung
el empeoramiento	– die Verschlechterung, Verschlimmerung
de fácil deterioro	– leicht verderblich
deteriorado, –a	– fehlerhaft, schadhaft
deteriorar algo	– etw. beschädigen, verderben
el Estado de derecho	– der Rechtsstaat
sobrecogido, –a	– überrascht, überrumpelt
sobrecoger a alguien	– jdn. überraschen, erschrecken, überrumpeln
sobrecogerse	– erschrecken
el sobrecogimiento	– die Überraschung, der Schreck
la capital	– die Hauptstadt, die Großstadt
la capital de partido	– die Kreishaupstadt
el boca a boca	– die Mund-zu-Mund-Beatmung, hier: die Mund-zu-Mund-Propaganda, die Gerüchte, das Hörensagen
boca arriba	– rücklings
boca abajo	– bäuchlings
andar de boca en boca	– von Mund zu Mund gehen
quedarse con la boca abierta	– baß erstaunt sein
la boca se me hace agua	– das Wasser läuft mir im Mund zusammen
¡chitón y punto en boca!	– still!
en boca cerrada no entran moscas	– Reden ist Silber, Schweigen ist Gold
mantener muchas bocas	– viele Mäuler stopfen müssen
la boca de alcantarilla	– der Gully
la boca de buzón	– der Briefeinwurf
la boca de horno	– das Ofenloch
el sobresalto	– die Bestürzung, der Schreck
de sobresalto	– völlig unerwartet
le dio un sobresalto	– er fuhr zusammen
sobresaltar a alguien	– jdn. erschrecken
sobresaltarse	– zusammenfahren

catastrofista, –a	– katastrophistisch (im Sinne des Herbeiredens einer Katastrophe)
la psicosis	– die Psychose
poner en riesgo algo	– etw. in Gefahr bringen
la apoteosis	– die Vergötterung, der Höhepunkt
apoteósico, –a	– grandios
la virtualidad	– die innewohnende Kraft, die Möglichkeit
virtual, –al	– wirkungsfähig
la objetivación	– die Objektivierung, hier: die Erklärung

Grammatische Anmerkungen

1) **LLEGA A SEÑALAR LA VIOLENCIA**

Die Verbalperiphrase **llegar a** + *Inf.* deckt ein breites Bedeutungsspektrum ab.

a) Verneint zeigt die Form eine Handlung an, die *nicht ganz* vollendet wird.

Bsp.:

Esta fruta se cae sin llegar a madurar.

(Diese Früchte fallen vom Baum, noch bevor sie ganz reif sind.)

b) In bejahter Form kann die Verbalperiphrase eine Handlung anzeigen, die in extremer Weise ausgeführt wird.

Bsp.:

Es tan aficionado a la lectura que llega a pasarse muchas noches en vela.

(Er ist ein regelrechter Bücherwurm; das geht so weit, daß er Nächte hindurch liest.)

c) In manchen Kontexten zeigt **llegar a** + *Inf.* an, daß eine Handlung erst nach vorausgehender Bemühung vollzogen werden kann.

Bsp.:

Finalmente llegué a convencerle.

(Schließlich gelang es mir, ihn zu überzeugen.)

Anmerkung

Die Verbalperiphrase **acabar por** + *Inf.* bzw. **acabar** + *Gerundio* kehrt diesen letzten Aspekt gewissermaßen um, indem sie das Geschehen aus der Sicht desjenigen darstellt, der die Handlung schließlich zuläßt.

Bsp.:

Después de tres horas de discusión acabó por convencerme/acabó convenciéndome.

(Nach drei Stunden Diskussion überzeugte er mich schließlich doch.)

2) **CADA TREINTA SEGUNDOS**

Das Pronominaladjektiv **cada** ist einendig. Es steht nur vor Substantiven, die abzählbare Sachen bezeichnen. Das Substantiv steht nur dann im Plural, wenn unmittelbar davor ein Zahlwort steht:

Cada siete años, el holandés errante vuelve a la tierra.

(Alle sieben Jahre kehrt der Fliegende Holländer an Land zurück.)

In Verbindung mit dem Singular bewirkt **cada** eine hervorhebende Individuierung:

Cada funcionario debe cumplir con su deber.

(Jeder (einzelne) Beamte muß seine Pflicht erfüllen.)

*Merke folgende Ausdrücke und Wendungen mit **cada**:*

cada uno	– jeder (einzelne)
cada cual (lit.)	– jeder
cada hora	– stündlich
cada día	– täglich
cada vez	– jedesmal
todos y cada uno	– ein jeder
cada vez más	– immer mehr
cada cosa	– alles Mögliche
a cada paso	– auf Schritt und Tritt
cada vez que pasa algo	– immer (dann) wenn etw. geschieht

3) **LA POLICÍA**

Großgeschrieben werden im Spanischen:

1. Eigennamen;

Bsp.: **María, Madrid, Dios, Rocinante** etc.

2. Wörter am Anfang eines Textes oder nach einem satzschließenden Punkt;

3. Substantive oder Adjektive, die eine göttliche Eigenschaft bezeichnen;

Bsp.: **Cristo Redentor**

4. Substantive, die eine staatliche oder kirchliche Würde bezeichnen;

Bsp.: **el Duque de Alba, el Obispo de Tarragona** etc.

5. Beinamen historischer Persönlichkeiten;

Bsp.: **Alfonso el Sabio, Sancho el Bravo** etc.

6. Substantive, die bestimmte Personen als Träger höchster Ämter kennzeichnen;

Bsp.: **el Papa, el Rey** etc.

Anm.: Ist mit der Bezeichnung jedoch keine bestimmte Person gemeint, so wird kleingeschrieben: **El papa, el rey y el duque están sujetos a morir como todo hombre.** (Papst, König und Herzog müssen sterben wie jeder Mensch.)

7. die Abkürzungen der Anredeformen;

Bsp.: **Vd., Vds., D.**

Anm.: Die Langformen der Anredewörter (**usted, ustedes, señor, don**) werden jedoch kleingeschrieben.

8. Kollektiva, die gleichsam als Individuen agieren;

Bsp.: **El Clero pedía más privilegios.** (Der Klerus verlangte mehr Privilegien.)

9. Adjektive oder Substantive als Teil des Namens einer Organisation, Körperschaft o.ä.;

Bsp.: **el Museo de Bellas Artes**

10. Adjektive oder Substantive als Teil von Werkstiteln;

Bsp.: **Esbozo de una Nueva Gramática de la Lengua Española**

Anm.: Die Regel ist jedoch aufgehoben, wenn der Titel des Werks sehr lang ist: (**Del rey abajo, ninguno, y labrador más horado, García Castañar**)

11. Wörter am Beginn von Versen im traditionellen Gedicht;

Bsp.: **Yo sueño que estoy aquí**
De estas prisiones cargado
...

12. Siglen, wobei üblicherweise das gesamte Wort in Majuskeln zu schreiben ist;

Bsp.: **La ETA rechaza la tregua.** (Die ETA lehnt einen Waffenstillstand ab.)

Anm.: Bei einigen Siglen, etwa **radar** ist der Kunstwort-Charakter so weit verblaßt, daß sie als solche nicht mehr erkannt und daher kleingeschrieben werden.

Merke: Die Academia Real empfiehlt, die Tilde auch bei der Großschreibung beizubehalten, um Fehlinterpretationen zu vermeiden. Dies erweist sich als bedeutsam insbesondere bei Eigennamen, geographischen Bezeichnungen wie **África** etc.

4) **PORQUE LO HAN SUFRIDO... O PORQUE SE HAN VISTO AFECTADOS**

Kausalsätze stehen im Spanischen grundsätzlich im Modus Indikativ. Es steht jedoch der *Subjuntivo*,

- wenn ein konzessiver Nebensinn erkennbar ist;

Bsp.:
Porque seas tan guapa no tienes derecho a portarte así.
(Daß du so hübsch bist, gibt dir noch nicht das Recht, dich so zu benehmen.)

- wenn der Kausalsatz verneint ist;

Bsp.:
No porque tú lo digas va a ser verdad.
(Davon, daß du es sagst, wird es noch lange nicht wahr.)

- wenn ein finaler Nebensinn erkennbar ist;

Bsp.:
Se vistió porque no le vieran en pijama.
(Er zog sich an, damit man ihn nicht im Schlafanzug sah.)

- wenn eine Disjunktivformel die Begründung hypothetisch macht;

Bsp.:
O porque estuviera cansado o porque no tuviera ganas, el caso es que no se le podía mover del sillón.
(Sei es, daß er müde war, sei es, daß er keine Lust hatte, Tatsache war, daß man ihn nicht aus dem Sessel bekam.)

5) **¿CUÁLES SON LOS REMEDIOS?**
Anders als das Deutsche verwendet das Spanische in adjektivischer bzw. substantivischer Funktion zwei unterschiedliche Fragewörter:
- *adjektivisches Fragewort:* ***¿qué?***
¿Qué remedio es el mejor?
(Welches Heilmittel ist das beste?)
- *substantivisches Fragewort:* ***¿cuál?***
¿Cuál es el remedio mejor?
(Welches ist das beste Heilmittel?)

6) **A TODO ESO PRIMERO SE LE LLAMO ...**
In bestimmten Regionen Spaniens werden die verbundenen Personalpronomen der 3. Person (**lo, la, le** sowie die Plurale **los, las, les**) zum Teil verwechselt.
Man bezeichnet als *Loísmo* den fälschlichen Gebrauch von **lo** für das Dativpronomen **le** (m.). Als *Laísmo* bezeichnet man den fälschlichen Gebrauch von **la** für das Dativpronomen **le** (w.). Umgekehrt heißt der fälschliche Gebrauch des verbundenen Personalpronomens **le** für **la** oder **lo** *Leísmo*.
Demgemäß ist die Textstelle im Sinne einer präskriptiven Grammatik fehlerhaft, da statt **le** das Pronomen **lo** hätte verwendet werden müssen.

7) **CATASTROFISTA**
Ein im Deutschen sehr produktives, im Spanischen jedoch weniger gebräuchliches Verfahren der Wortschöpfung ist das mittels Suffixation. Ausgenommen sind hier die produktiven Suffixe **-ismo** und **-ista**, die es erlauben, ein substantivisches Grundwort semantisch abzuwandeln. Mit **-ismo** wird ein politisches, philosophisches, wissenschaftliches oder weltanschauliches Denksystem gekennzeichnet (**el marxismo, el panafricanismo, el ateísmo** etc.).
Vertreter der jeweiligen Denkrichtung werden mit dem Suffix **-ista** gekennzeichnet, das sowohl substantivisch als auch adjektivisch verwendbar ist: **(el) marxista, (el) panafricanista, (el) ateísta**.
Die ideologische Ladung der „-ismen" und „-isten" bedingt, daß die entsprechenden Wörter häufig pejorativen Charakter haben. Das klingt deutlich auch im Textbeispiel **catastrofista** an. Der Autor hebt hier einen Aspekt des Zeitgeistes hervor, in allem eine Katastrophe zu wittern. Das pejorative Moment kommt dadurch zur Geltung, daß der Ausdruck von der Regierung zur Abwehr der von der Opposition vorgebrachten Kritik an der zunehmenden Kriminalität im Lande verwendet wird.

Übersetzungsvorschlag

Denkschrift des Generalstaatsanwalts

In der Denkschrift[1] des Generalstaatsanwalts wird die Gewalt als Ergebnis „unserer Kultur" entlarvt[2]. Wie sich aus den offiziellen Statistiken ergibt[3], wird in Spanien alle dreißig Sekunden eine Straftat verübt. 1986 registrierte die Polizei 726.203 Delikte, dagegen[4] waren es im ersten Halbjahr 1987 bereits 398.860 Fälle[5]. Zahlreiche Vergehen werden der Polizei gar nicht erst gemeldet[6], so daß[7] das Ausmaß der Kriminalität[8] noch größer ist, als es die Statistiken widerspiegeln. Die vom Staatsanwalt angegebenen Zahlen weichen von denen der Polizei ab, doch ändert dies nichts an der Tragweite des Problems. Gemäß der Denkschrift des Staatsanwalts ergibt sich für die Addition aller Typen von Straftaten für das vergangene Jahr eine Zahl von 1.393.398, was einen Anstieg von 6,94 % gegenüber dem Vorjahr bedeutet. Für den Mann auf der Straße[9] ergibt sich aus den Statistiken nichts, was ihm fremd wäre, hat er es[10] doch unmittelbar erlebt oder war er doch mittelbar oder unmittelbar davon betroffen[11].

Die Lage ist klar, wie aber ist Abhilfe zu schaffen? Wo liegt die Verantwortlichkeit[12/13]? Arbeitslosigkeit und Drogen drängen sich als Verursacher[14] der Gewalt auf. Spanien hat eine Arbeitslosenquote, die doppelt so hoch liegt wie der EG-Durchschnitt (21 Prozent). Die Regierung verabschiedete Maßnahmen zur Liberalisierung der Drogen[15] und erntete hierauf harsche Kritik aus den europäischen Gremien, insbesondere von der Pompidou-Fraktion[16] im Europarat. Der eigens zur Bekämpfung der Droge eingesetzte[17] Staatsanwalt reichte seinen Rücktritt ein. Er kritisierte öffentlich[18] das Fehlen von Voraussetzungen und die mangelnde Bereitschaft zu politischem Handeln.

Das Fehlen materieller Voraussetzungen[19] und eine unzulängliche Gesetzgebung sind zwei der grundlegendsten Ursachen für das Versagen[20] der Justiz, die in einem Rechtsstaat ja *per definitionem*[21] Vorrang haben muß. Mit Entsetzen wurde die Öffentlichkeit Zeuge einer Reihe von Morden[22] durch jugendliche Täter in den Straßen von Madrid und anderen großen Städten. In Alltagsgesprächen bilden Fälle, die man gehört oder erlebt hat, Teil der Konversation. Sie rufen täglich aufs neue Bestürzung hervor[23]. All das wurde zunächst als „Panikmache der Rechten" abgetan[24]. Später sprach man von einer „Psychose". Nunmehr aber[25] ist man zu der Schlußfolgerung gelangt, daß die Unsicherheit sogar das freiheitliche System selbst in Frage zu stellen droht. „Die Verabsolutierung des Konsums[26], die radikale Auflösung der klassischen Werte sowie die Auswirkungen eines materialistischen Pragmatismus – bar jeglicher menschlicher Solidarität – bilden wohl[27] den Ausgangspunkt, von dem aus das Phänomen Gewalt zu erklären ist", meinen die Verfasser des Berichts.

Übersetzungskommentare

1) Unter den Wörterbuchalternativen „Bericht", „Bulletin" und „Denkschrift" verdient letztere hier deshalb den Vorzug, weil sie die Finalität des vom Staatsanwalt vorgelegten Papiers am ehesten trifft: Es soll nicht nur Information vermittelt werden, diese soll vielmehr zugleich zu denken geben und in der Folge politisches Handeln auslösen (Appellative Funktion).

2) Es rechtfertigt sich, „señalar" mit „entlarven" zu übersetzen, weil a) die Verbal-Periphrase *llegar a ...* ein resultatives Moment enthält, b) die ursprüngliche Bedeutung von „Zeichen setzen" ein Öffentlichmachen beinhaltet und c) gerade dadurch der appellative Charakter des Ausgangstextes getroffen werden kann.

3) Es wäre grundsätzlich falsch, die im Ausgangstext verwendeten Wortkategorien sklavisch zu übernehmen. Der Übersetzer lasse sich vielmehr davon leiten, wie der vorgegebene Inhalt unter Berücksichtigung von Stilhöhe und Zielgruppe in der Zielsprache normalerweise wiedergegeben würde. Der präpositionale span. Ausdruck *según + Substantiv* ist daher im Deutschen durch das kategorial völlig verschiedene „ergibt sich" aufgefangen.

4) Die spanische Konjunktion **y** entspricht im Deutschen nicht immer einem einfachen „und". Je nach Kontext fließen zugleich logische Momente mit ein, so daß an der Textstelle adversativ mit „dagegen" übersetzt wurde.

5) Im Deutschen wirkt die nackte Wiedergabe einer Ziffer unvollständig; es ist daher unverzichtbar, ein entsprechendes Bezugswort anzugeben. Hier eignet sich das Substantiv „Fälle" vor allem deshalb, weil es die Leerstelle semantisch sehr neutral ausfüllt.

6) Das span. *denunciar* hat wohl im dt. „anzeigen" inhaltlich seine engste Entsprechung. Eigenartigerweise nimmt dieses „anzeigen" jedoch nur unwillig ein Dativobjekt an: In der Regel steht es nur mit persönlichem („jdn. anzeigen") oder sachlichem („etw. anzeigen") Akkusativ. Diese – eher leichte – morphosyntaktische Unverträglichkeit läßt sich vermeiden, wenn man „anzeigen" durch „melden" ersetzt. – Eine zweite Lösung bestünde darin, statt des Dativs eine präpositionale Ergänzung („bei der Polizei") zu verwenden.

7) Der relativische Anschluß *lo que* verbindet zwei Hauptsätze miteinander. In der deutschen Übersetzung wurde jedoch dafür optiert, mit einem Nebensatz fortzufahren, weil dieser das in den Aussagen enthaltene konsekutive Moment deutlicher hervorhebt.

8) Eine unmittelbare Entsprechung zu *situación delictiva* bietet das Deutsche nicht.

Da nun *situación* eine relativ große Extension (Extension = Verweisreichtum, großer Bedeutungsumfang) besitzt, bietet es sich an, schlicht mit „Kriminalität" zu übersetzen; mit dieser Vokabel läßt sich der Gesamtbereich recht gut abdecken.

9) *Opinión pública* läßt sich hier kaum mit „öffentliche Meinung" übersetzen, weil sich nur schwer eine Kollokation zu „sagen" (*decir*) finden läßt. In jedem Falle verlangt der Kontext nach einem konkreten Bewußtseinsträger. Es bietet sich daher an, mit „der Mann auf der Straße" zu übersetzen, weil dieser Ausdruck auf ein Individuum verweist, er dieses aber zugleich als Durchschnittsmenschen und Träger einer allgemeinen Auffassung kennzeichnet.

10) Das spanische *porque* bietet ein morphologisches Verfahren, kausale Gedankenverhältnisse zu kennzeichnen. Hier bietet sich neben den analogen „da" und „weil" für die Übersetzung auch das syntaktische Verfahren der Inversion an („hat er es doch ..."), welches stilistisch etwas höherwertig ist.

11) Die im Spanischen *de distinta manera* enthaltene Abstufung ließe sich deutsch wohl auch mit der wörtlichen Entsprechung „auf unterschiedliche Weise" befriedigend wiedergeben. Der hier gewählte Ausdruck „mittelbar oder unmittelbar" weicht semantisch leicht ab, hat aber den Vorteil besserer idiomatischer Stimmigkeit.

12) Das Spanische verwendet den Plural sehr häufig, um den Abstraktionsgrad von Substantiven zu erhöhen. Zwar wird dieses Verfahren auch im Deutschen gelegentlich genutzt (z.B. „die Menschen" in der Bedeutung „das Menschengeschlecht"), doch überwiegt hier die Abstraktionssteigerung durch Suffixation. Im vorliegenden Fall hätte man daher die Entsprechungen *la responsabilidad* = „die Verantwortung" und *las responsabilidades* = „die Verantwortlichkeit" zu unterscheiden.

13) Diese Passage des Ausgangstextes enthält ein gewisses Maß semantischer Unverträglichkeit. Wenn nämlich nach der Verantwortlichkeit gefragt wird, so ist es nicht ganz folgerichtig, diese bestimmten Sachverhalten zuzuweisen, da eine solche ja nur bei Personen, allenfalls Institutionen zu suchen wäre. Eine einfache Lösung des Übersetzungsproblems besteht darin, zu fragen „Wo liegen die Ursachen?". Damit ginge jedoch die entlarvende Tendenz des Textes etwas verloren. Im Übersetzungsvorschlag wurde daher die personifizierende Formulierung des Ausgangstextes übernommen.

14) Das substantivierte Adjektiv *generador* mit der Grundbedeutung „hervorbringend" hat im Deutschen keine kontextverträgliche Entsprechung. Eine akzeptable Vokabel wäre sicherlich „Ursache", doch erscheint das Nomen agentis „Verursacher" noch besser geeignet, das Moment des Eigenantriebs in *generador* aufzufangen.

15) Während im Kommentar 12) auf die abstrahierende Funktion des Plurals

aufmerksam gemacht wurde, ist hier auf ein gegenläufiges Phänomen hinzuweisen: Klassenbildung erfolgt – wie im Deutschen – nicht selten gerade durch Verwendung des Singulars. Das Problem besteht jedoch darin, daß sich Ausgangs- und Zielsprache im Einzelfall nicht gleich verhalten. Hier ist der Singular *la droga* mit dem Plural „die Drogen" wiederzugeben.

16) Der frühere französische Staatspräsident Georges Pompidou setzte in seiner Amtszeit in modifizierter Form die Politik seines Vorgängers Charles de Gaulles fort. Die auf Wahrung der Staatsautorität zielende konservative Politik wird bis heute von einer Gruppe von Abgeordneten im Europarat fortgesetzt. Um den politischen Aspekt dieser Gruppierung hervorzuheben, wurde im Übersetzungsvorschlag für den Ausdruck Pompidou-Fraktion optiert.

17) Im zielsprachigen Text ist es in solchen Fällen unverzichtbar, durch ein Partizip – eventuell auch durch einen Nebensatz – ein verbales Element einzufügen „der ... eingesetzte Staatsanwalt", „der Staatsanwalt, der ... eingesetzt worden war".

18) Das in *denunciar* enthaltene semantische Potential kann im Deutschen nicht in einem Lexem aufgenommen werden, weil weder „denunzieren" noch „anzeigen" mit dem Kontext verträglich sind. Die entscheidenden Komponenten ‚Anklage' und ‚Öffentlichkeit' können, wie im Übersetzungsvorschlag, z.B. durch „er kritisierte öffentlich ..." mit Hilfe der Kombination zweier Lexeme sinnfällig gemacht werden.

19) Das Substantiv *medios* besitzt eine große Extension. Gemeint sind hier wirtschaftliche, technische, materielle etc. Mittel, die dem politischen Handeln bzw. der Gesetzgebung entgegengestellt sind. Solche nicht selten vorkommende „Großraumwörter" werden im Spanischen oft durch den Kontext spezifiziert. Im Deutschen geschieht dies üblicherweise durch ein Adjektiv. Hier könnte man z.B. mit „Fehlen materieller Voraussetzungen" übersetzen.

20) *Deterioro* mit „Verschlechterung", „Niedergang" o.ä. zu übersetzen wäre mit Bezug auf „Justiz" unangemessen. Durch Verwendung des substantivierten Verbs „versagen" läßt sich jedoch das dynamische Moment der ausgangstextlichen Vokabel recht gut wiedergeben: „das Versagen der Justiz".

21) Da *por esencia* sich hier auf eine begriffliche Größe (*estado de derecho*) bezieht, erscheint es sinnvoll, mit „per definitionem" zu übersetzen.

22) Gemäß dem Wörterbuch der Real Academia werden mit *consecutivo* Sachverhalte beschrieben, *que se siguen o suceden sin interrupción*. Eine solche Ereignisfolge würde zwar im Deutschen grundsätzlich mit „aufeinanderfolgend" o.ä. gekennzeichnet, idiomatischer scheint hier jedoch die Wiedergabe mit „eine Reihe von".

23) Bei Übernahme der ausgangssprachigen Syntax wäre der Satz in der Zielsprache nicht ganz stimmig. Die vorangestellte adverbiale Bestimmung (**en el boca a boca**) bezieht sich eigentlich nur auf den ersten Teil des Hauptsatzes. Es ist daher logischer, in der Übersetzung den zweiten Teil abzutrennen und einen neuen Hauptsatz zu bilden („Sie rufen täglich ...").

24) Zwar ist das deutsche „abtun" erheblich stärker als das spanische *llamar*, doch rechtfertigt sich diese lexikalische Abweichung durchaus, weil sie dem Geist der Textstelle ebenso Rechnung trägt wie dem Sprach-Usus im Deutschen.

25) Die Hinzufügung eines „aber" entspricht der Vorliebe des Deutschen für Abtönungspartikel. Darüber hinaus wird durch den konjunktionalen Charakter der Gedankenverlauf stärker konturiert.

26) Wörtlich wäre zu übersetzen mit „Vergöttlichung des Konsums", doch widersetzt sich einer solchen Lösung der Umstand, daß man hierzulande aus kritischer Distanz den Konsum eher als einen Götzen betrachtet. Da ein Ausdruck wie „Vergötzlichung" nicht existiert, wurde – nüchterner als im Ausgangstext – „Verabsolutierung" gewählt.

27) Die Verbalperiphrase *ir a hacer algo* enthält neben dem futurischen Aspekt auch eine modale Komponente, die hier mit der Abtönungspartikel „wohl" aufgefangen wurde.

Idiomatische Wendungen

Interaktions-Charakterisierungen

¡Qué suerte! Julio le ha caído en gracia a mi padre. Nuestro noviazgo no va a tener problemas.
Was für ein Glück! Julio hat bei meinem Vater einen guten Eindruck gemacht. Unserer Verlobung wird nichts im Wege stehen.

caerle a alguien en gracia
≈ bei jdm. einen guten Eindruck machen

He dicho a la chavala que, si no la pagan como se debe, proteste: todo menos hacer el primo.
Ich habe dem Mädchen gesagt, daß es, wenn man es nicht ordentlich bezahlt, protestieren soll. Alles, nur nicht sich hereinlegen lassen.

hacer el primo
≈ sich hereinlegen lassen

Eduardo no hacía más que tonterías y le dije que si aguaba la fiesta era la última vez que le había invitado.
Eduardo machte nur Dummheiten, und ich sagte ihm, daß, wenn er den Spaß verderben wolle, es das letzt Mal sei, daß ich ihn eingeladen hätte.

aguar la fiesta
≈ den Spaß verderben

Él no hacía más que reír, así que yo me di media vuelta dejándole con la palabra en la boca.
Er lachte nur, und so wandte ich mich ab und ließ ihn mit offenem Mund stehen.

dejar a alguien con la palabra en la boca
≈ jdn. mit offenem Mund stehen lassen

La patrona se mosqueó y para quitar hierro le dije que al día siguiente vendría a arreglarlo todo.
Die Hauswirtin regte sich auf, und, um die Wogen zu glätten, sagte ich, daß ich am nächsten Tag kommen würde, um alles in Ordnung zu bringen.

quitar hierro a algo
≈ die Wogen glätten

¡No podía más! Después de tantas humillaciones le puse un buen día las peras a cuarto.
Ich konnte nicht mehr. Nach so vielen Demütigungen sagte ich ihm eines Tages die Meinung.

poner a alguien las peras a cuarto
≈ jdm. die Meinung sagen

A pesar de todos sus intentos, Carmen nunca logró meter en cintura a su marido, que siempre hacía lo que quería.
Trotz aller Bemühungen gelang es Carmen nicht, ihren Mann an die Kandare zu nehmen. Er machte stets, was er wollte.

meter en cintura a alguien
≈ jdn. an die Kandare nehmen

Siempre hay que responder a sus deberes para que mañana no puedan echarle a uno en cara no haber hecho esto y lo otro.
Man muß seinen Pflichten immer nachkommen, damit einem morgen nicht unter die Nase gerieben werden kann, man habe dieses oder jenes versäumt.

echar en cara algo a alguien
≈ jdm. etw. unter die Nase reiben

Su comportamiento me fastidiaba. Y ya iba a soltarle cuatro frescas cuando Anita me dijo que lo dejara.
Sein Verhalten ärgerte mich, und ich war drauf und dran, ihm die Meinung zu sagen, als Anita mir sagte, ich solle es lassen.

soltarle a alguien cuatro frescas
≈ jdm. die Meinung sagen

Le dije que la paciencia tiene un límite y no respondía que un día no se me soltara la mano y le pusiera al tío la cara del revés.
Ich sagte ihr, daß die Geduld Grenzen hat und daß ich nicht dafür bürgen könne, daß mir nicht eines Tages die Hand ausrutscht und ich dem Kerl die Fresse poliere.

poner a alguien la cara del revés
≈ jdm. die Fresse polieren

Un día después de nuestra discusión, el director recogió velas y trató de arreglar el asunto por las buenas.
Einen Tag nach unserer Diskussion machte der Direktor einen Rückzieher und versuchte, die Sache gütlich beizulegen.

recoger velas
≈ einen Rückzieher machen

Ha cambiado su bicicleta nueva por una máquina de escribir malísima. No se dio cuenta, pero le han dado gato por liebre.
Er hat sein Fahrrad gegen eine schrecklich schlechte Schreibmaschine eingetauscht. Er merkte es gar nicht, aber man hatte ihn hereingelegt.

dar gato por liebre a alguien
≈ jdn. hereinlegen

Si tú no estás despellejando a alguien parece como que no estuvieras a gusto, qué manía tuya, que me sacas de quicio.
Wenn du nicht jemanden schlechtmachen kannst, hat man den Eindruck, daß du dich nicht wohl fühlst, was für eine Manie, das bringt mich auf die Palme.

algo saca a alguien de quicio
≈ etw. bringt jdn. auf die Palme

Cuando mi hermana Luisa volvió ayer a casa muy tarde, mamá le armó una polca.
Als meine Schwester Luisa gestern erst spät in der Nacht heimkam, hielt ihr Mutter eine Gardinenpredigt.

armar una polca a alguien
≈ jdm. eine Gardinenpredigt halten

Menos mal que hice caso a Manolo, me libré de una catástrofe. Como siempre, tenía más razón que un santo.
Zum Glück hörte ich auf Manolo, das bewahrte mich vor einer Katastrophe. Wie immer hatte er verdammt recht.

tener más razón que un santo
≈ verdammt recht haben

Las pinturas de Altamira

Uno de los problemas más interesantes de Altamira es, **sin duda**, la **cronología** de sus **pinturas**. ¿Cúantos años, cuántos **siglos llevan** ahí, **pegadas** a la **roca**, las **siluetas enrojecidas** de sus **bisontes**? Antes de conocerse la **técnica** moderna **del carbono 14**, **capaz de** fijar muy aproximadamente la edad de una materia orgánica, y únicamente **a través de** los estudios arqueológicos y geológicos fue **fijada la fecha** de estas pinturas, por el P. Carballo, primer Director del Museo de **Prehistoria** de Santander, en 13.000 años. Posteriormente, el análisis de materias halladas en las **excavaciones** del **vestíbulo** de la cueva, **merced** al **susodicho** método, **proporcionó** una **datación** muy semejante: 15.000 ± 700 años. Si el turista, como es natural, suele ver solamente la gran sala de los bisontes, otras **manifestaciones** de pintura y **grabado** se extienden **a lo largo de** las restantes paredes de la cueva, desde los simples **rasguños** en la **arcilla**, hasta los animales perfectamente acabados, realizados con **incisiones** en la roca. Todos ellos **valoran**, desde el punto de vista científico, el conjunto del arte de Altamira y complementan ese gran **milagro paleolítico** del gran salón de los **polícromos**.

Los primeros excavadores no determinan[1] claramente los **niveles de ocupación** de Altamira por el hombre. Fue Hermilio Alcalde del Río, quien, en **subsiguientes** exploraciones realizadas con más **detenimiento**[2] (1906) pudo señalar ya los dos **estratos** arqueológicos más **diferenciados**: el inferior, **magdaleniense** inferior y medio, muy **carbonoso**, con **agujas**, **huesos** trabajados, dientes **perforados**, etc., y el inferior, con arcilla, de época **solutrense** y con útiles característicos de este período.

El problema de la interpretación y **finalidad** de las pinturas de Altamira es el mismo que existe para todo el arte paleolítico. ¿Por qué y para qué pintó el hombre prehistórico la imagen de los animales que con él **convivían**? Las teorías que quieren explicar esto[3] han sido varias. Para las más de ellas[4] el arte paleolítico sería[5] una consecuencia de los **ritos de aprobación** de la caza, y, **por lo tanto**, **cabe la suposición de** un arte en cierta manera provocado por creencias mágicas o religiosas más o menos concretas. Recientemente el Prof. Leroi-Gourhan **va más lejos** en su teoría y **propugna** la tesis de que el arte paleolítico de las cuevas prehistóricas representa una verdadera organización perfectamente pensada en función de un simbolismo metafísico, lo que equivale[7] a considerar las cuevas como verdaderos „santuarios“ que recogen la explanación de todo un sistema o dogma religioso.

Wortschatz

sin duda	– wahrscheinlich, wohl, gewiß, zweifellos
sin duda alguna	– zweifelsohne
albergar dudas	– Zweifel hegen
no admitir duda	– keinem Zweifel unterliegen
no cabe la menor duda	– ganz zweifellos
sin lugar a dudas	– ohne den geringsten Zweifel
no cabe duda que pasa algo	– es besteht kein Zweifel, daß etw. geschieht
¿qué duda cabe (am.: tiene)?	– das ist nicht anzuzweifeln
estar en duda	– im Zweifel sein, unschlüssig sein
estar fuera de toda duda	– über jeden Zweifel erhaben sein
poner en duda algo	– etw. in Zweifel ziehen
sacar de dudas a alguien	– jdm. Gewißheit geben
salir de dudas	– Gewißheit erlangen
tener sus dudas	– nicht sicher sein
indudable, –able	– ganz sicher
dudar	– zweifeln
dudar en hacer algo	– zögern, etw. zu tun
dudar (de) que pase algo	– daran zweifeln, daß etw. geschieht
no dudo que pase algo, pero ...	– ich zweifle nicht daran, daß etw. geschieht, aber ...
lo dudo	– ich glaube nicht daran
dudar de alguien	– jdn. in Verdacht haben
la cronología	– die Chronologie, der Zeitablauf
la pintura	– die Malerei, der Anstrich, das Gemälde
la pintura rupestre	– die Höhlenmalerei
la pintura de acuarela	– die Aquarell-Malerei
la pintura sobre cristal	– die Glasmalerei
la pintura al esmalte	– die Emailmalerei
la pintura al óleo	– die Ölmalerei
la pintura al aceite (!)	– die Ölfarbe
el pintor	– der Maler
el pintor artista	– der Kunstmaler
pintar algo	– etw. malen, ausmalen, schildern
pintarse	– sich schminken

el siglo	– das Jahrhundert
el decenio	– das Jahrzehnt
el milenio	– das Jahrtausend
milenario, -ia	– tausendjährig
llevar un tiempo en un lugar	– sich eine Zeitlang an einem Ort befinden, aufhalten
llevar algo	– etw. tragen, anhaben, mit sich führen
llevar los costes	– die Kosten tragen
llevar hecho algo	– etw. insgesamt getan haben
llevar tres días enfermo	– seit drei Tagen krank sein
llevarse algo	– etw. mit sich nehmen
pegar algo a algo	– etw. an etw. festkleben
pegar en algo	– an etw. haften, kleben
pegar a alguien	– jdn. verprügeln
pegar una bofetada a alguien	– jdm. eine Ohrfeige geben
la roca	– der Fels
la silueta	– die Silhouette, der Schattenriß, der Umriß
enrojecer algo	– etw. rot färben; etw. rotglühend machen
enrojecerse	– rot werden, erröten
el enrojecimiento	– das Erröten, die Röte
el bisonte	– der Bison, das Wisent
la técnica del carbono 14	– die C_{14}-Methode (In der Atmosphäre herrscht ein konst. Anteil des Kohlenstoff-Isotops C_{14}. In organischen Substanzen zerfällt dieses mit einer Halbwertzeit von 5760 Jahren, so daß mittels geeigneter Messungen eine Altersbestimmung möglich wird.)
ser capaz de hacer algo	– fähig sein, etw. zu tun
a través de algo	– durch etw., quer über etw. hinweg
el través	– die Schräge
de través	– schräg, von der Seite
el travesaño	– der Querbalken, das lange Keilkissen
la travesía	– die Querstraße, die Durchfahrt

la travesía de placer	– die Kreuzfahrt
a campo traviesa	– querfeldein
fijar la fecha en X años	– den Zeitpunkt auf X Jahre festlegen
la prehistoria	– die Vorgeschichte
la excavación	– die Ausgrabung, Ausschachtung; die Vertiefung, Aushöhlung
la excavadora, la draga	– der Bagger
excavar algo	– etw. ausschachten, ausgraben
el vestíbulo	– die Vorhalle, Diele
el vestíbulo de la cueva	– der Höhleneingang
merced a X	– dank X
la merced	– die Gnade, der Gefallen, die Gefälligkeit
estar a merced de alguien	– jdm. preisgegeben sein
el mercenario	– der Söldner
el susodicho X	– der obengenannte X
proporcionar algo	– etw. anpassen, etw. beschaffen, etw. verursachen
la proporción	– das Verhältnis
una buena proporción	– eine gute Partie
la proporción de transmisión	– das Übersetzungsverhältnis
en proporción a X	– im Verhältnis zu X
proporcionado, –a	– angemessen, ebenmäßig
proporcional, –al	– anteilmäßig
la elección proporcional	– die Verhältniswahl
la datación	– die Datierung
datar algo	– etw. mit einem Datum versehen
datar de un tiempo	– auf eine Zeit zurückgehen, aus einer Zeit herrühren
la data	– das Datum (i. Schriftstücken)
la manifestación	– die Erklärung, die Kundgebung, Manifestation
el manifestante	– der Demonstrant
manifestar	– demonstrieren, eine Kundgebung veranstalten
manifestar algo	– etw. offenbaren, bekunden
manifestarse (en algo)	– sich (in etw.) äußern, offenbaren
el grabado	– der Stich, die Gravur, die Illustration
el grabado en madera	– der Holzstich

el grabado en acero	– der Stahlstich
el grabado en cobre	– der Kupferstich
el grabado al agua fuerte	– die Radierung
el grabador	– der Graveur
grabar algo en cinta (en discos)	– etw. auf Band (auf Platte) aufnehmen
grabarse en la memoria	– sich im Gedächtnis festsetzen
a lo largo de X	– X entlang
el rasguño	– der Kratzer
el rasguño de bala	– der Streifschuß
rascar algo	– etw. auf-, ab-, zerkratzen
la arcilla	– der Ton, der Lehm
la arcilla cocida	– der gebrannte Ton
la arcilla de porcelana	– die Porzellanerde
arcilloso, –a	– lehmig, tonhaltig
el suelo arcilloso	– der Lehmboden
la incisión	– der Schnitt, Einschnitt, die Zäsur
incisivo, –a	– schneidend, bissig, scharf
el diente incisivo	– der Schneidezahn
el diente columelar	– der Eckzahn
el diente molar	– der Backenzahn
el diente de leche	– der Milchzahn
me duelen los dientes/ las muelas	– ich habe Zahnschmerzen
valorar algo	– etw. bewerten, schätzen, beurteilen; hier: einer Sache zusätzlichen Wert verleihen
el milagro	– das Wunder
hacer milagros	– wahre Wunder tun
de milagro	– wie durch ein Wunder
vivir de milagro	– um ein Haar nicht verunglückt sein
milagroso, –a	– wunderbar
la imagen milagrosa	– das Gnadenbild
paleolítico, –a	– altsteinzeitlich
el paleolítico	– die Altsteinzeit
polícromo, –a	– mehrfarbig, bunt
la policromía	– die Vielfarbigkeit, der Mehrfarbendruck
el nivel de ocupación	– hier etwa: die Bewohnungsperiode
subsiguiente, –te	– nach-, aufeinanderfolgend

hacer algo con detenimiento	– etw. sorgfältig verrichten
el estrato	– die Schicht, der Stratus
la estratificación	– die Schichtung, Ablagerung
estratificarse	– Schichten bilden
diferenciado, –a	– differenziert, unterschiedlich
magdaleniense, –se	– magdalénien
el magdaleniense	– das Magdalénien
solutrense, –se	– solutréen
el solutrense	– das Solutréen (15.000 v.Chr.)
carbonoso, –a	– kohlehaltig, kohlenartig
el carbón	– die Kohle
el carbono	– der Kohlenstoff
carbonífero, –a	– kohleführend
la capa carbonífera	– der Kohlenflöz
carbónico, –a	– kohlensauer, Kohlenstoff -
el ácido carbónico	– die Kohlensäure
el carbonero	– der Kohlenhändler
la aguja	– die Nadel, der Zeiger, die Turmspitze
la aguja de coser	– die Nähnadel
la aguja de flotador	– die Schwimmernadel (Motor)
la aguja de ganchillo	– die Häkelnadel
la aguja del grabador	– die Ätznadel
la aguja de punto	– die Stricknadel
la aguja de zurcir	– die Stopfnadel
el agujero	– das Loch
agujerear	– ein Loch bohren
agujereado, –a	– löchrig
buscar una aguja en un pajar	– eine Nadel im Heuhaufen suchen
el hueso	– der Knochen, der (Obst)stein, der harte Kern
tener los huesos duros	– morsche Knochen haben
dar a alg. un duro hueso que roer	– jdm. eine harte Nuß zu knacken geben
huesudo, –a	– knöchern, knochig
perforar algo	– etw. durchbohren, durchlöchern
la finalidad	– die Zielsetzung
convivir con alguien	– mit jdm. zusammenleben
el rito de aprobación	– der Initiationsritus
por lo tanto	– daher, deshalb
cabe la suposición de X	– die Annahme von X ist erlaubt

quepo, cabes, cabe ...	– Präsens von „caber"
cupe, cupiste, cupo ...	– Pretérito Indefinido von „caber"
quepa, quepas, quepa ...	– Präs. Subjuntivo von „caber"
cabido, –a	– Partizip von „caber"
ir más lejos	– weiter gehen
propugnar algo	– etw. verfechten

Grammatische Anmerkungen

1) **LOS EXCAVADORES ... DETERMINAN**
Das Präsens gehört zur Klasse der sogenannten imperfektiven Zeiten. Die Handlung wird hier noch als im Gange befindlich gesehen. Dagegen ist eine Form wie „sie legten fest" ein *perfektives* Tempus, das heißt, es handelt sich um eine Handlung, die aus der Sicht des Sprechers bereits zum Abschluß gekommen ist. Von der Sache her ist in der Textpassage klar, daß die Handlung an sich abgeschlossen ist, da sie ja vor dem Jahre 1906 erfolgt sein muß. Als stilistisches Mittel tritt nun allerdings das historische Präsens nicht selten an die Stelle eines Präteritums. Dem Schreiber kommt es hierbei darauf an, seinen Bericht zu dynamisieren. Vor allem bei der Schilderung historischer Geschehnisse würde der durchgängige Gebrauch eines Vergangenheitstempus ermüdend wirken. Die Vergegenwärtigung durch das historische Präsens schafft hier willkommene Abwechslung.
Da das historische Präsens im Spanischen und Deutschen gleichermaßen vorkommt, kann der Übersetzer in der Regel die vorgegebene Form übernehmen. Die Struktur des Ausgangstextes muß hierbei durchaus nicht immer übernommen werden; m.a.W.: auf den Gebrauch des historischen Präsens kann verzichtet werden, es kann aber auch in Sätzen verwendet werden, die im Ausgangstext in einer perfektiven Zeit stehen.

2) **EXPLORACIONES REALIZADAS CON MÁS DETENIMIENTO**
Das Partizip ist der Herkunft nach eine verbale, der syntaktischen Funktion nach eine adjektivische Form. Diese Doppelnatur spiegelt sich in den tieferen Zusammenhängen der Satzstruktur wider. Als Adjektiv nämlich paßt sich das Partizip in Genus und Numerus dem dominierenden Substantiv an. Als Verb kann es ein logisches Subjekt (eingeleitet mit **por**), ein Dativobjekt oder auch adverbiale Bestimmungen an sich binden.
Bsp.:
El capitán hablaba de las armas entregadas por él en la campaña de Teruel a su comandante.
(Der Hauptmann sprach von den Waffen, die er während der Offensive von Teruel seinem Befehlshaber übergeben hatte.)

In dieser Funktion bezeichnet die spanische Grammatik die partizipiale Konstruktion als **participio conjunto**. Das **participio conjunto** kann stets zu einem Relativsatz aufgelöst werden. Im Beispielsatz wäre dies **... que había entregado en la campaña de Teruel a su comandante**. Welchen Aktant (Subjekt, Objekt) bzw. Zirkumstant (Adverbiale) das Partizip dominieren kann, hängt naturgemäß von der Verbklasse ab (intransitive, transitive Verben). Im vorliegenden Falle handelt es sich um ein einfach transitives Verb (**realizar**), dessen Objekt (**exploraciones**) zum Beziehungswort in der Partizipialkonstruktion geworden ist.

3) **ESTO**

Die Demonstrativa **este, esta, esto; ese, esa, eso; aquel, aquella, aquello** finden als Adjektive oder als Substantive Verwendung. Im ersten Falle stehen sie ohne, im zweiten Falle mit Akzent.

Bsp.: **Este/ese/aquel hombre no nos ayuda nunca.** (Das Demonstrativum ist Adjektiv zu hombre).

Da **esto** sich niemals auf ein einzelnes Substantiv, sondern immer nur auf einen komplexeren Zusammenhang beziehen kann, fungiert es stets als Substantiv. Eine orthographische Differenzierung erübrigt sich somit, d.h. **esto** steht ausschließlich ***ohne*** Akzent.

Bsp.:

Eres un gran optimista. Esto me encanta.

(Du bist ein großer Optimist. Das freut mich sehr.)

4) **PARA LAS MÁS DE ELLAS**

Der Ausdruck **los/las más de X** ist stilistisch minderwertig. Einem gehobeneren Register gehört die Parallelform **la mayoría de X** an. Eigenartigerweise ist der konträre Ausdruck **los menos** stilistisch nicht markiert.

Während die deutschen Formen „die meisten/die wenigsten" auch adjektivisch verwendet werden können, verfügt das Spanische hierfür über eigene Ausdrücke.

Bsp.:

El mayor (menor) número de los estudiantes ya se encuentra en la sala.

(Die meisten/wenigsten Studenten befinden sich bereits im Saal.)

Die gleiche Bedeutung haben auch die folgenden Ausdrücke

- **la mayor/menor cantidad de X**
- **la mayor/menor parte de X**
- **la mayoría de X**

Den deutschen adverbialen Ausdrücken „am meisten" und „am wenigsten" entsprechen im Spanischen die einfachen Formen **más** und **menos**.

Bsp.:

María es la que más (menos) estudia de todas mis alumnas.

(Von allen meinen Schülerinnen ist es María, die am meisten/am wenigsten studiert.)

Merke auch den Ausdruck
tener sus más y sus menos – seine guten und schlechten Seiten haben

5) **EL ARTE PALEOLÍTICO SERÍA**
Ursprünglich Futur der Vergangenheit, hat das **condicional** (**potencial**) die mit allem Zukünftigen verbundene Ungewißheit übernommen. Da es sich bei der Textstelle um die Beschreibung von Theorien handelt, nutzt der Autor die Form des **potencial**, um deren hypothetischen Charakter hervorzuheben.

6) **LO QUE EQUIVALE**
Die Fügung **lo que ...** leitet nicht, wie in den meisten Grammatiken beschrieben, einen Relativsatz ein. Sie bildet vielmehr einen sog. relativischen Anschluß, d.h. **lo que** ist als konjunktionale Wendung mit illativer Funktion aufzufassen, die einen Hauptsatz einleitet. Übersetzungstechnisch ist dieser Unterschied im allgemeinen unerheblich, da sowohl mit einem Haupt- als auch einem Nebensatz fortgesetzt werden kann.

Übersetzungsvorschlag

Die Höhlenbilder von Altamira

Zweifellos ist die Altersbestimmung eines der interessantesten Probleme der Bilder von Altamira. Seit wievielen Jahrhunderten schon haften dort am Fels die rot ausgemalten Silhouetten seiner Wisente[1]? Bereits bevor man die moderne C14-Methode kannte, die es ermöglicht[2], das Alter einer organischen Substanz mit großer Annäherung zu bestimmen, wurden die Bilder, und zwar allein auf Grund archäologischer und geologischer Studien durch den Padre Carballo[3], den ersten Direktor des vorgeschichtlichen Museums von Santander (Museo Prehistórico de Santander)[4] auf 13.000 Jahre datiert. Später ergab die Analyse von Substanzen, die bei den Ausgrabungen am Höhleneingang gefunden wurden, dank obengenannter Methode einen ganz ähnlichen Befund: 15.000 ±700 Jahre. Während der Tourist üblicherweise nur die große Höhle der Wisente besichtigt[5], befinden sich doch entlang der übrigen Höhlenwände weitere Zeugnisse – Bilder und Ritzzeichnungen –, angefangen bei einfachen Kritzeleien in Lehm bis hin zu vollendeten in den Fels geritzten Tierdarstellungen[6]. Sie alle verleihen dem Komplex von Altamira aus wissenschaftlicher Sicht zusätzlichen Wert und ergänzen jenes altsteinzeitliche Wunder der Halle der farbigen Bilder.

In bezug auf die Besiedlung von Altamira nehmen die ersten Ausgräber keine exakte

Schichtenbestimmung vor[7]. In einer gründlicheren Ausgrabungs-Kampagne konnte Hermilio Alcalde del Río bereits 1906 die am deutlichsten voneinander verschiedenen Straten bestimmen: die obere Schicht (im Original *inferior*[9]) – frühes und mittleres Magdalénien –, sehr kohlenhaltig, mit Nadeln, bearbeiteten Knochen, durchbohrten Zähnen usw., und die tiefere Schicht – Solutréen – mit Tongegenständen[10] und den typischen Werkzeugen dieser Epoche.

Bedeutung und Zielsetzung der Höhlenbilder von Altamira zu verstehen ist das gleiche Problem, das sich für die steinzeitliche Kunst allgemein stellt. Warum und zu welchem Zweck zeichnete der frühzeitliche Mensch das Bild der Tiere, die in derselben Welt lebten wie er selbst[11]? Es gab ganz unterschiedliche Theorien, die das zu erklären versuchten, wobei die meisten davon ausgehen, daß die paläolitische Kunst aus den Initiationsriten zur Jagd erwachsen sei, so daß man von einer Kunst ausgehen kann, die gewissermaßen durch magische und religiöse Vorstellungen bestimmt wurde. Noch weiter geht in letzter Zeit Prof. Leroi-Gourhan. Er vertritt[12] die These, daß die steinzeitliche Höhlenkunst eine sorgsam durchdachtes System widerspiegelt, die im Dienste eines metaphysischen Symbolismus steht. Das aber heißt, die Höhlen als regelrechte Heiligtümer aufzufassen, in denen sich die Erläuterung eines komplexen weltanschaulichen Systems[13] oder Dogmas verbirgt.

Übersetzungskommentare

1) Die Übersetzung des Possessiv-Adjektivs im Syntagma *sus bisontes* ist schon deshalb problematisch, weil *Altamira* einmal als Ortsnamen, zum andern aber auch als Name der Höhlen aufgefaßt werden kann. Damit wäre unklar, ob nun im Deutschen „ihrer" oder „seiner Wisente" zu setzen wäre. Da aber auch das Ortsadverbiale „dort" die Eindeutigkeit des Bezugs gewährleistet, kann ohne inhaltlichen Verlust auf das Possessivum verzichtet werden. Das determinative Moment schließlich ist dadurch gewahrt, daß der bestimmte Artikel verwendet wird, es sollte also nicht mit „von Wisenten" übersetzt werden.

2) Eines der charakteristischsten Merkmale spanischer Texte sind die vielen Pseudo-Personifikationen. Auch im System des Spanischen ist *capaz* ein Adjektiv, das eigentlich nur mit Personen kollokiert, doch wird im üblichen Sprachgebrauch auf solche semantischen Feinheiten nicht immer Rücksicht genommen. Das Deutsche ist in dieser Hinsicht erheblich strenger. Es gilt daher den Ausdruck *ser capaz* auf den Kontext hin zu normalisieren, was im Mustertext durch den sachbezogenen Ausdruck „es ermöglicht" erreicht wurde.

3) Eine große Anzahl von herausragenden Gestalten der spanischen Kultur und

Politik waren Ordensangehörige, die in der Literatur jeweils mit *Artikel + Abkürzung für padre* (*el P. X*) zitiert werden. In der Übersetzung ist die Abkürzung, gemäß den Gepflogenheiten des Deutschen, aufzulösen, wobei die Form „der Padre X" am angemessensten erscheint.

4) Da es sich bei der Benennung des Museums um einen Eigennamen handelt, sollte, wie in der Beispielübersetzung geschehen, die Originalbezeichnung mit angegeben werden.

5) Der mit *si* eingeleitete Nebensatz des Originaltextes deutet einen logischen Bezug an, der in der Konstruktion inhaltlich nicht gegeben ist. Es handelt sich hier offenbar um eine Unzulänglichkeit, die der Autor gerne vermieden hätte, wäre er ihrer gewahr geworden. Es ist nicht nur das Recht, sondern sogar die Pflicht des Übersetzers, solche Lapsus auszuräumen.

6) Die durch *otras* eingeleitete Unbestimmtheit, muß in der deutschen Version – abweichend vom Original – durchgehalten werden, so daß der bestimmte Artikel in *los simples rasguños* und *los animales...acabados* nicht übersetzt werden darf, sondern durch den unbestimmten Artikel (im Plural Nullmorphem) substituiert werden muß.

7) Der mit *Los primeros...* beginnende Satz muß in der Übersetzung strukturell umgestaltet werden, wobei fachspezifische Ausdrucksweisen der Archäologie zu übernehmen sind. Bei einer großen Zahl standardsprachlicher Texte finden sich solche Einschübe fachsprachlicher Art, so daß einige Linguisten sogar behaupten, es gebe überhaupt nur Fachtexte. Fachsprachlichkeit sollte in jedem Falle nicht als etwas behandelt werden, das dem Prinzip des „alles oder nichts" folgt: Texte sind stets mehr oder weniger fachlich, entsprechend mehr oder weniger am Normalsprachlichen orientiert.

8) In einem ersten Entwurf wird der Übersetzer fast zwangsläufig die Formulierung wählen „Hermilio Alcalde del Río war es, der...". Eine solche syntaktische Fügung läßt das Deutsche durchaus auch zu. Dennoch muß man sich klarmachen, daß hiermit allzu stark die Vorlage in die Übersetzung hineinwirkt und daß dies eine Form ist, die man in guter Prosa auf Deutsch kaum verwenden würde. Idiomatischer jedenfalls ist die schlichtere Formulierung, wie sie in der Musterübersetzung gewählt wurde.

9) Eine weitere Fehlleistung des Autors! Es wird sowohl für die obere als auch für die untere Ausgrabungsschicht das Adjektiv *inferior* verwendet. Der Übersetzer muß in solchen Fällen in der einschlägigen Literatur recherchieren. Dabei ergibt sich in bezug auf die Textstelle, daß die historisch jüngere Periode das Magdalénien ist, so daß es sich hierbei um die obere Ausgrabungsschicht handelt, *estrato inferior* ist also mit „obere Schicht" wiederzugeben.

10) *Con arcilla* könnte sehr leicht mißdeutet werden, indem man davon ausgeht, daß von einer lehmhaltigen Schicht die Rede ist. Gemeint sind aber Gegenstände aus Ton (Scherben, Vasen etc.). Dies ergibt sich aus der Analyse des Kontextes (*con arcilla...y con útiles característicos*), der anzeigt, daß *arcilla* mit *útiles* auf gleicher Ebene verknüpft ist.

11) Das Verb *convivir* hat einen größeren Bedeutungsumfang als seine deutsche Entsprechung „zusammenleben". Letzteres ist begrenzt auf die räumliche Dimension, während das spanische *convivir* auch ein zeitliches Moment enthält. Dem ist in der Musterübersetzung durch Verwendung des Ausdrucks „die in derselben Welt lebten wie er" Rechnung getragen.

12) Die Verben „weitergehen" und „vertreten" stehen inhaltlich so weit auseinander, daß ein konjunktionaler Anschluß mit „und" merkwürdig klingt. Es ist daher aus stilistischer Sicht günstiger, neu anzusetzen und das Subjekt pronominal wieder aufzunehmen: „Er vertritt...".

13) Man hüte sich an dieser Stelle, der Versuchung des *faux ami ‚organización'* zu erliegen und mit „Organisation" zu übersetzen. Dies würde zwar in nahezu allen Fällen zu einer brauchbaren inhaltlichen Wiedergabe führen, nicht so jedoch im vorliegenden Falle, wo „Organisation" eine völlig nichtssagende Vokabel wäre. Strukturierte geistige Konzepte bezeichnet man – wie in der Musterübersetzung geschehen – eher als „System".

Idiomatische Wendungen

Bewertung von Objekten und Sachverhalten

Había algo sospechoso en su mirada. Sus ojos no me gustaban un pelo.
Es lag etwas Verdächtiges in seinem Blick. Seine Augen gefielen mir überhaupt nicht.

algo no le gusta a alguien un pelo
≈ etw. gefällt jdm. überhaupt nicht

A mí me ofrecieron acompañarles al casino y esa aventura me iba a salir más cara que un hijo tonto.
Sie boten mir an, sie ins Kasino zu begleiten, und dieses Abenteuer sollte mich ein Vermögen kosten.

(ser) más caro que un hijo tonto
≈ ein Vermögen kosten

Aunque el problema era muy serio, ellos no hicieron ni caso. Me pone negro la tranquilidad de esta gente.
Obwohl es sich um ein sehr ernstes Problem handelte, nahmen sie von dem Vorfall nicht einmal Notiz. Die Ruhe dieser Leute macht mich wahnsinnig.

algo pone negro a alguien
≈ etwas macht jemanden wahnsinnig

Hablaba y hablaba; su ponencia era más larga que un día sin pan.
Er redete und redete; sein Vortrag nahm überhaupt kein Ende mehr.

ser más largo que un día sin pan
≈ überhaupt kein Ende mehr nehmen

Me propuso su plan en el mejor momento. Me vino como pedrada en ojo de boticario.
Er legte mir seinen Plan im richtigen Augenblick dar. Es paßte mir wie die Faust aufs Auge.

venir como pedrada en ojo de boticario
≈ passen wie die Faust aufs Auge

Venía lloviendo sin parar desde la madrugada y todo el grupo andaba calado hasta los huesos.
Es regnete ununterbrochen seit dem frühen Morgen, und die ganze Gruppe war bis auf die Haut durchnäßt.

calado hasta los huesos
≈ naß bis auf die Haut

No puedo comprar este nuevo modelo de automóvil, me cuesta un ojo de la cara.
Dieses neue Automodell zu kaufen, würde mich ein Heidengeld kosten.

costar un ojo de la cara
≈ ein Heidengeld kosten

Sin decir nada, y este es el chiste, un buen día María se fue a Barcelona para siempre.
Und ohne etwas zu sagen, und darin liegt die Pointe, ging María eines Tages für immer nach Barcelona.

éste es el chiste
≈ darin liegt die Pointe

El noviazgo es una baza muy importante, un paso para toda la vida. Pero estos jóvenes, nada, incluso lo toman a broma.
Die Verlobung ist eine sehr wichtige Entscheidung, ein Schritt fürs ganze Leben. Diese Jugend aber, nichts , sie fassen sie sogar als Scherz auf.

tomar algo a broma
≈ etwas als Scherz auffassen

No me entra en la cabeza ese tonto afán tuyo para conservarte en forma, andar en bicicleta cincuenta kilómetros a lo bobo, sin ir a ninguna parte.
Mir geht nicht in den Kopf, wieso du so verrückt darauf aus bist, dich in Form zu halten, wie ein Idiot fünfzig Kilometer mit dem Rad durch die Gegend zu fahren, ohne ein Ziel zu haben.

algo no entra la cabeza de alguien
≈ etw. geht jdm. nicht in den Kopf

Físicamente tenías muy mal aspecto, con lo larguirucho que estabas no valías dos reales.
Körperlich sahst du nicht gut aus, schlacksig wie du warst, hattest du nichts zu bieten.

no valer dos reales
≈ keine müde Mark wert sein

Sólo se vive una vez, en esta frase hay mucha filosofía, tiene mucha miga.
Man lebt nur einmal, dieser Satz ist sehr philosophisch, er ist sehr tiefgründig.

tener mucha miga
≈ Tiefgang haben

Se enteraron hasta las ratas, porque esas cosas por mucho que se quiera no se pueden ocultar.
Die Spatzen pfiffen es bereits von den Dächern, denn so sehr man es auch möchte, diese Dinge können nicht verheimlicht werden.

se enteraron hasta las ratas
≈ die Spatzen pfiffen es bereits von den Dächern

Enrique me ha regalado una cocina con todas las de la ley: lavaplatos, microondas, horno electrónico etc. etc.
Enrique hat mir eine Küche mit allem drum und dran geschenkt: Geschirrspülmaschine, Mikrowellenherd, Elektroherd usw. usw.

con todas las de la ley
≈ mit allem drum und dran

Antonio no tiene ni idea de cómo hacer una tarta, pero Carmen las sabe hacer como mandan los cánones.
Antonio hat keinen blassen Schimmer, wie man einen Kuchen backt, Carmen hingegen weiß sie zu backen, wie es im Buche steht.

como mandan los cánones
≈ wie es im Buche steht

El arte románico

A partir del[1] siglo XI[2], **al compás del crecimiento** demográfico y del desarrollo económico, progresan y **evolucionan** también las **artes** y técnicas **de la construcción** y las artes menores. Los edificios públicos, **en concreto**, adquieren cada vez mayor amplitud en sus proporciones y más riqueza en su **decoración**.

De los siglos XI y XII se nos han conservado construcciones de carácter **bélico**: **recintos** amurallados como el de Ávila, **castillos**, torres, etc. Muy pocos edificios civiles, pero muchas iglesias rurales y bastantes conjuntos **monásticos**, con sus **templos**, sus **claustros porticados** y **dependencias** comunitarias. Y, ya desde el XII, se construyen las catedrales de algunas ciudades que comenzaban a tener importancia, como la de *Compostela*, centro de peregrinación internacional, y otras iglesias en las ciudades del Camino de Santiago (*Jaca, San Pedro y San Miguel de Estella, San Isidoro de León* y otras más).

Todas estas construcciones son ya realizadas[3] en estilo románico. Para cubrir sus **naves**, y **en contraste** con las pobres **cubiertas** en madera de **antaño**, se adopta la **bóveda** en piedra **de forma de medio cañón**, con **sección de media circunferencia**, y más tarde, la **bóveda de aristas**, cuyo **empuje** descarga más equilibradamente sobre los **pilares**. En el **crucero** se llegaron[4] a elevar **cúpulas**, **rematadas**[5] a veces con elegantes **cimborrios**, en los que se refleja la influencia del arte bizantino. Se adornan profusamente **tímpanos** y **capiteles** con abundantes **relieves** de decoración **vegetal**, geométrica y **figurada**, representando animadas composiciones de carácter **profano** o religioso.

Se ornamentan[4] además con pinturas de vivos colores que **recubren ábsides**, muros y aun estatuas. Desaparecida esta pintura[6] con el tiempo, los templos románicos nos ofrecen hoy un aspecto de desnuda **austeridad** pétrea[7] que no tuvieron en su tiempo. La **cripta** de San Isidoro de León, que conserva en cambio la **viveza** de su decoración, o las pinturas de las iglesias rurales del Pirineo catalán (*Santa María y San Clemente de Tahull*, entre otras) evocan magistralmente la decoración románica, derivada de la bizantina.

Wortschatz

al compás de X	– im Takt von X, hier: im Zuge von X
el compás	– der Zirkel, der Takt, der Rhythmus, die Richtschnur
el compás de tres por cuatro	– der Dreivierteltakt
llevar el compás	– den Takt halten
marcar el compás	– den Takt angeben
perder el compás	– aus dem Takt kommen
el crecimiento	– das Anwachsen, die Zunahme
crecer	– (an)wachsen
crezco	– ich wachse (an)
evolucionar	– sich entwickeln
la evolución	– die Entwicklung, der Verlauf, die Evolution
el evolucionismo	– die Evolutionstheorie
las artes de la construcción	– die Architektur
el arte	– die Kunst, die Gewandtheit, der Trick
el arte decorativo	– die Ausstattungskunst
las artes liberales	– die Freien Künste (Trivium + Quadrivium)
las artes industriales	– das Kunstgewerbe
las malas artes	– die Ränke
las artes menores	– die minderen Künste des mittelalterlichen Quadrivium (Arithmetik, Geometrie, Musik, Astronomie)
las artes mayores	– die höheren Künste des mittelalterlichen Trivium (Grammatik, Rhetorik, Dialektik)
en concreto	– kurz, konkret, hier: insbesondere
nada en concreto	– nichts Bestimmtes
la decoración	– die Dekoration, die Ausstattung, das Bühnenbild
la decoración interior	– die Innenausstattung
decorar algo	– etw. ausstatten, schmücken;
el decorado	– die Ausschmückung, die Fensterdekoration
bélico, –a	– kriegerisch, Kriegs-

belicoso, –a	– kriegslüstern, streitbar
la belicosidad	– die Kriegslust, die Angriffslust
los países beligerantes	– die kriegführenden Länder
el recinto	– der umgrenzte Platz
amurallar un recinto	– einen Platz mit Mauern umgeben
el castillo	– die Burg
la fortaleza	– die Festung
el fuerte	– die Feste, das Werk
el fuerte avanzado	– das Außenwerk
monástico, –a	– klösterlich, Kloster-
monacal, –al	– klösterlich, Kloster-, Mönchs-
la regla monacal/monástica	– die Klosterregel
el monasterio	– das Kloster
el templo	– der Tempel, die Kirche
el claustro	– der Klostergang, das Kloster
porticado, –a	– mit Säulen versehen
el pórtico	– der Säulengang
la dependencia	– die Abhängigkeit, der Anhang, die Belegschaft, das Nebengebäude
la nave	– das Schiff, das Kirchenschiff
la nave espacial	– das Raumschiff
la nave de guerra	– das Kriegsschiff
la nave principal	– das Hauptschiff
la nave lateral	– das Seitenschiff
en contraste con X	– im Gegensatz zu X
la cubierta	– die Bedeckung, die Hülle, der Buchumschlag, das Schiffsdeck, das Dach
la cubierta superior	– das Oberdeck
la cubierta media	– das Zwischendeck
la cubierta de pizarra	– das Schieferdach
antaño (lit.)	– früher, einst
la bóveda	– das Gewölbe
el cañón	– das Rohr, der Flinten- oder Geschützlauf, das Geschütz
el cañón antiaéreo	– das Flakgeschütz
el cañón (tubo) de órgano	– die Orgelpfeife
la bóveda de forma de medio cañon	– das Tonnengewölbe
la sección	– der Abschnitt, der Querschnitt
la circunferencia	– die Kreislinie, der Umfang, der Umkreis

la sección de media circunferencia	– der halbkreisförmige Schnitt
la bóveda de aristas	– das Kreuzgratgewölbe
la arista	– die Kante, der Grat, math.: die Schnittlinie zweier Ebenen
la arista de bóveda	– das Gewölbeprofil
el empuje	– der Stoß, der Druck, die Wucht
una persona de empuje	– eine tatkäftige Person
el empujón	– der heftige Stoß
empujar algo	– etw. stoßen, drücken
el pilar	– der Pfeiler
la columna	– die Säule
el crucero	– der Kreuzbogen, das Querschiff, die Vierung
la cúpula	– die Kuppel
rematar algo	– etw. abschließen, vollenden
rematar a alguien	– jdm. den Gnadenstoß geben
rematar	– enden, ins Tor treffen
rematar en punta	– spitz zulaufen
el remate	– der Abschluß, der Giebelabschluß; das Höchstgebot, der Zuschlag bei einer Versteigerung
loco de remate	– hoffnungslos verrückt
el cimbor(r)io	– das Kuppelgewölbe
el tímpano	– das Hackbrett (Musikinstrument), die Zimbel, arch.: das Tympanon (Bogenfeld über mittelalterlichem Portal)
el capitel	– das Kapitell (Kopfstück einer Säule oder eines Pfeilers)
el relieve	– das Relief (aus Fläche erhaben ausgearbeitete Darstellung)
vegetal, –al	– pflanzlich
animal, –al	– tierisch
figurado, –a	– figürlich, bildlich
profano, –a	– weltlich, profan
recubrir algo de algo	– etw. mit etw. bedecken, überziehen
el recubrimiento	– die Verkleidung, der Überzug
el ábside	– die Apsis (halbrunder Anbau zu einem Hauptraum)
la absidiola	– die Apsidiole (kleine Apsis an einer größeren oder am Chorumgang)

la austeridad	– die Strenge, die Schmucklosigkeit
austero, –a	– streng, hart, schmucklos
la cripta	– die Krypta (unterirdischer Raum unter der Kirche, seit dem MA Bestattungsraum von Heiligen und Würdenträgern)
la viveza	– die Lebhaftigkeit

Grammatische Anmerkungen

1) **A PARTIR DE**

Da das Spanische nur eine vergleichsweise geringe Zahl eigentlicher Präpositionen besitzt, ist es, um differenzierte lokale, temporale, modale etc. Bezüge anzeigen zu können, gezwungen, entsprechende präpositionale Ausdrücke zu konstruieren. Man merke sich in diesem Zusammenhang die folgenden Wendungen:

• *mit der Präposition **a***

pese a X	– trotz X
frente a X	– angesichts X, gegenüber X
en torno a X	– um X herum, in bezug auf X

• mit der Präposition ***en***

en memoria de X	– zum Gedenken an X
en consecuencia de X	– X zufolge
en lugar de X	– anstelle von X
en cuanto a X	– bezüglich X

• *mit anderen Präpositionen*

de acuerdo con X	– gemäß X, in Übereinstimmung mit X
junto con X	– zusammen mit X
alrededor de X	– um X herum
por debajo de X	– unter X hindurch
desde hace X días	– seit X Tagen

2) **EL SIGLO XI**

Die spanischen Ordnungszahlen (**números ordinales**) sind unmittelbar aus dem Lateinischen übernommene Buchwörter. Das ist der Grund, weshalb der Normalsprecher zwischen der Grundzahl (**número cardinal**) und der Ordnungszahl kaum eine Beziehung zu erkennen vermag. (Vgl. z.B. **sesenta y uno** *vs* **sexagésimo primero**.) Da diese häufig gebraucht werden, verwendet der Spanier die Ordnungszahlen bis „Zehnter" regelmäßig, alle höheren meidet er und verwendet statt dessen die entsprechende Kardinalzahl. Das schließt nicht aus, daß auch höhere Ordnungszahlen gelegentlich Verwendung finden.

1° primero, –a
2° segundo, –a
3° tercero, –a

4° cuarto, –a
5° quinto, –a
6° sexto, –a
7° séptimo, –a
8° octavo, –a
9° noveno, –a (nono, –a)

10° décimo, –a

11° undécimo, a
12° duodécimo, –a
13° décimotercero, –a (décimotercio, –a)
14° décimocuarto, –a
15° décimoquinto, –a
16° décimosexto, –a
17° décimoséptimo, –a
18° décimooctavo, –a
19° décimonoveno, –a (décimonono,-a)
20° vigésimo,-a
21° vigésimo primero
22° vigésimo segundo

etc.

30° trigésimo, –a
40° cuadragésimo, –a
50° quincuagésimo, –a
60° sexagésimo, –a
70° septuagésimo, –a
80° octogésimo, –a
600° sexcentésimo, –a
700° septingentésimo, –a
800° octingentésimo, –a
1000° milésimo

90° nonagésimo, –a
100° centésimo, –a
200° ducentésimo, –a
300° tricentésimo, –a
400° cuadrigentésimo, –a
500° quingentésimo, –a
3.000° tres milésimo, –a
500.000° quinientos milésimo, –a
1.000.000° millonésimo
2.000.000° dos millonésimo

Anmerkung:

Ab **200°** werden die Ordnungszahlen in der Praxis nie benutzt. Die Systematik wurde jedoch der Vollständigkeit wegen ganz wiedergegeben.

3) **SON REALIZADAS**

Je nachdem, ob das Partizip mit dem Hilfsverb **ser** oder **estar** verknüpft wird, unterscheidet das Spanische ein *Verlaufspassiv* und ein *Resultatspassiv* (*Zustandspassiv*).

Das *Verlaufspassiv* erfaßt eine Handlung im Augenblick ihres Vollzugs. Also:

El árbol fue talado.

(Der Baum wurde gefällt.)

Demgegenüber kennzeichnet das *Resultatspassiv* den Patiens einer Handlung im Zustand nach deren Vollzug.

El árbol estaba talado.

(Der Baum war gefällt.)

In der Textstelle ist der Gebrauch des Verlaufspassivs als Stilistikum zu werten. Der Beschreibung soll hiermit eine größere Dynamik verliehen werden.

4) **SE LLEGARON/SE ORNAMENTAN ...**
Wenn das erleidende Subjekt eine Sache und der Urheber der Handlung nicht angegeben ist, wird im Spanischen das eigentliche Passiv (vgl. Anm. 3) meist durch die sogenannte **pasiva refleja** ersetzt. Also wird man statt **el árbol fue talado** normalerweise schreiben **se taló el árbol**. Die **pasiva refleja** läßt sich allerdings nicht verwenden, wenn der Täter angegeben werden muß. Es wäre in unserem Beispiel demnach nicht zulässig zu schreiben: ***el árbol se tala por el talador**. Für die Übersetzung ins Deutsche ergibt sich mit dem unpersönlichen Ausdruck „man" eine Alternative zum eigentlichen Passiv.
Bsp.:
se construyeron iglesias – a) es wurden Kirchen gebaut
b) man baute Kirchen
In wenigen Fällen findet sich im Deutschen eine Entsprechung zur spanischen **pasiva refleja**.
Bsp.:
Se dio una situación favorable.
(Es ergab sich eine günstige Situation.)

5) **CÚPULAS, REMATADAS... /DECORACIÓN ROMÁNICA DERIVADA...**
Wie Relativsätze können Partizipien in verbundener Stellung erklärende (**función explicativa**) und definierende Funktion (**función especificativa**) haben. In erklärender Funktion werden Partizipien ebenso wie Relativsätze – vgl. die Textbeispiele – durch Kommata abgetrennt, während bei definierender Funktion kein Komma steht. Vergleiche hierzu folgende Beispiele:

a) *función explicativa*
- **esta cúpula, erigida en el siglo XIX,...**
(diese Kuppel, die im 14. Jahrhundert errichtet wurde,...)

b) *funcion especificativa*
- **esta cúpula erigida en el siglo XIX...**
(diese im 14. Jahrhundert errichtete Kuppel...)

6) **DESAPARECIDA ESTA PINTURA**
Das **participio en frase absoluta** ist zwar formal nicht mit dem übergeordneten Hauptsatz verknüpft, erfüllt jedoch in Bezug zu diesem die Funktion einer adverbialen Bestimmung, zumeist als Ersatz für einen temporalen Nebensatz.
Bsp.:
Pasado el mes de junio, viajamos a España.
(Nach Ablauf des Monats Juni reisten wir nach Spanien.)

Das temporale Moment wird häufig durch adverbiale oder präpositionale Zusätze verstärkt:

Antes de terminado el trabajo, no te darán el sueldo.

(Bevor du nicht die Arbeit beendet hast, wird man dir den Lohn nicht auszahlen.)

In Verbindung mit **si bien** erhält das **participio en frase absoluta** einen konzessiven Nebensinn (Einräumung):

El gol, si bien marcado con la mano, fue declarado válido por el árbitro.

(Obgleich das Tor mit der Hand erzielt wurde, wurde es vom Schiedsrichter anerkannt.)

7) **DESNUDA AUSTERIDAD PÉTREA**

Während im Deutschen Adjektive dem Substantiv durchweg vorangestellt werden, kann das spanische Beiwort vor- oder nachgestellt sein. Grundsätzlich gelten hierbei folgende Regeln:

a) Wenn das Adjektiv definierende Funktion hat, wird es nachgestellt.
Bsp.:

una austeridad pétrea	– eine steinerne Strenge
la decoración vegetal	– das Pflanzenmuster
el crecimiento demográfico	– das Bevölkerungswachstum
el arte bizantino	– die byzantinische Kunst
	etc.

b) Wenn das Adjektiv schmückende Funktion hat, wird es vorangestellt.
Bsp.:

la desnuda austeridad	– die karge Strenge
los elegantes cimborrios	– die eleganten Kuppelgewölbe

c) Gelegentlich ist die Voranstellung des Adjektivs Zeichen eines gewählten Stils oder auch Ausdruck einer spontan-affektiven Sprechweise, welche dazu neigt, die Eigenschaft vor der Sache selbst zu verbalisieren:
Bsp.:

¡maldito dinero!	– verfluchtes Geld
abundantes relieves	– üppige Reliefs
animadas composiciones	– bewegte Szenen
	etc.

Übersetzungsvorschlag

Die Romanik[1]

Beginnend mit dem 11. Jahrhundert gibt es im Zuge des Bevölkerungswachstums und der ökonomischen Verbesserungen auch Fortschritte im Bauwesen sowie in Arithmetik, Geometrie, Musik und Astronomie, den vier Künsten des Quadriviums[2]. Die öffentlichen Bauten in Sonderheit werden immer imposanter und entfalten stets größere dekorative Pracht.

Aus dem 11. und 12. Jahrhundert sind uns militärische Anlagen erhalten: ummauerte Plätze wie in Avila, Burgen, Türme u.a.m.; nur sehr wenige Zivilbauten, hingegen viele ländliche Kirchen und eine ganze Reihe von Klosteranlagen mit ihren Kirchen, säulenumrankten Kreuzgängen und Gemeinschaftsräumen. Schon vom 12. Jahrhundert an werden die Kathedralen einiger aufblühender[3] Städte errichtet, etwa die von Compostela, Mittelpunkt europäischer[4] Pilgerfahrten, sowie die weiterer Städte auf dem Jakobsweg (Jaca, San Pedro und San Miguel de Estella, San Isidoro von León und andere).

All diese Bauwerke werden bereits im romanischen Stil erbaut. Über ihren Schiffen errichtet[5] man – ganz anders als die schlichten Holzdächer zuvor – als Bedachung steinerne Tonnengewölbe[6] mit halbkreisförmigem Längsschnitt, und später Kreuzgewölbe, bei denen der Druck sich gleichmäßiger auf die Pfeiler verteilt. Es gelingt, über der Vierung Kuppeln zu errichten, denen unter dem Einfluß der byzantinischen Kunst gelegentlich elegante Laternen aufgesetzt sind. Tympane und Kapitelle werden überreichlich mit pflanzlichem, geometrischem oder figürlichem Zierrat versehen, in dem bewegte Szenen profanen oder religiösen Charakters zur Darstellung gelangen.

Ein farbkräftiger Anstrich ziert die Apsiden, die Mauern und sogar die Statuen. Nachdem die Farbe mit der Zeit verblaßt ist, erwecken die romanischen Kirchen heute den Eindruck kalter steinerner Nacktheit[7], die ihnen in ihrer Zeit durchaus nicht eignete. Ganz anders[8] die Krypta von San Isidoro in León: sie hat die Lebendigkeit ihrer Ausschmückung bewahrt, ebenso sind die Ausmalungen in ländlichen Kirchen der katalonischen Pyrenäen erhalten (etwa Santa María und San Clemente in Tahull); sie sind meisterhafte Beispiele für die aus der byzantischen hervorgegangene romanische Kirchenmalerei.[9]

Übersetzungskommentare

1) Die Substantivierung von Adjektiven im Spanischen führt mit dem genusmarkierenden Artikel *el/la* sowie dessen Pluralformen zu konkreten Einheiten, wobei ein bestimmtes Objekt mitgedacht werden muß. So hat man sich bei *el sabio* einen Mann vorzustellen, dem eben die Eigenschaft, weise zu sein, eignet. Anders bei der abstraktiven Substantivierung mit *lo*. Hier wird die nackte Eigenschaft ohne Bezug auf ein konkretes Objekt verdinglicht. *Lo sabio* rückt daher nichts anderes als die Qualität, weise zu sein, ins Bewußtsein. Die abstraktive Substantivierung *románico* > *lo románico* würde demgemäß den Bezug zur Kunst nicht zum Ausdruck bringen, und der Titel bedarf des Substantivs *arte*, um „sprechend" zu sein. Anders die Verhältnisse im Deutschen. Hier ist mit „Romanik" ein von „romanisch" abgeleitetes Substantiv verfügbar, welches das Semem „Kunst" bereits beinhaltet. Der Übersetzer wird daher zu Gunsten des einfachen „Die Romanik" auf die theoretisch mögliche Fügung „Die romanische Kunst" verzichten.

2) Der Begriff *artes menores* ist je nach Kontext verschieden zu übersetzen. Inhaltlich umgreift er den Teil der sieben Freien Künste (*artes liberales*), den man als Quadrivium (= „Vierweg") bezeichnet. Im Deutschen ist der Ausdruck „mindere Künste" aufgrund des pejorativen Beiklangs nicht durchweg akzeptiert. „Quadrivium" wiederum ist für Nichtfachleute zu wenig durchsichtig. Im Mustertext wurde versucht, dieses Problem dadurch zu lösen, daß die einzelnen *artes* explizit gemacht und durch das verallgemeinernde „Quadrivium" begrifflich wieder zusammengefaßt wurden.

3) Nicht empfehlenswert ist es, den Ausdruck *comenzar a tener importancia* wörtlich zu übersetzen. Idiomatischer wird der zugrunde liegende Sachverhalt zweifellos mit dem Partizip des Verbs „aufblühen" wiedergegeben.

4) Das spanische Adjektiv *internacional* ist semantisch undifferenzierter als sein deutsches Gegenstück. Es im vorliegenden Kontext mit „international" zu übersetzen würde zu einem Anachronismus führen, weil „international" sich auf die moderne Art der Überstaatlichkeit bezieht, die gerade auch das nichteuropäische Ausland umfaßt. Die Verengung auf den Begriff „europäisch" bügelt diese Unebenheit glatt.

5) Da für *se adopta* deutsch „nimmt man an" nur sehr bedingt der adäquate Ausdruck wäre, wurde in der Musterübersetzung das Verb „errichten" verwendet.

6) Die generalisierende Funktion des bestimmten Artikels + Singular für die Nominalphrasen *la bóveda en piedra de forma de medio cañon* und *la bóveda de aristas* übernimmt in der deutschen Übersetzung der Plural: „steinerne Tonnengewölbe" bzw. „Kreuzganggewölbe".

7) *Desnuda austeridad pétrea* ist ein metaphorischer Ausdruck, bei dem das denotative

Moment recht stark zurücktritt. Nicht der eigentliche Inhalt steht im Vordergrund, sondern der stilistische Effekt des Ausdrucks, wie dies für formbetonte Texte typisch ist. Für die Übersetzung bedeutet dies, daß ein Ausdruck mit vergleichbarer konnotativer Kraft zu setzen ist, ohne daß sich dieser mit der ausgangssprachlichen Wendung inhaltlich decken müßte. Wenn, wie im kommentierten Fall, ein Ausdruck gefunden werden kann, der auch hinsichtlich des Denotats dem Original nahekommt, so ist das natürlich besonders zu begrüßen.

8) Das kontrastierende Moment zum Vorausgehenden wirkt im Ausgangstext deshalb etwas schwach, weil der logische Ausdruck *en cambio* sich im Nebensatz versteckt. Es ist aufgrund der semantischen Struktur des Gesamttextes sicherlich angemessen, den Gegensatz in der zielsprachigen Version dadurch hervorzuheben, daß der adverbiale Ausdruck „ganz anders" Adverb im Hauptsatz wird, wobei der Effekt dadurch verstärkt wird, daß dieser ohne Verb steht.

9) Statistische Vergleiche fachlicher Prosa decken hinsichtlich der Syntax typische Verschiedenheiten zwischen dem Spanischen und Deutschen auf. In Sonderheit gilt dies für die Satzlänge. Die Satzbaupläne sind im Spanischen durchweg komplexer, die Gesamtwortzahl der Konstruktionen entsprechend umfangreicher. Übersetzung im Sinne der Sprachüblichkeit bedeutet daher, daß – in der Tendenz – bei der Spanisch-Deutschen Übersetzung Vereinfachungen und damit Verkürzungen angestrebt werden sollten. (Umgekehrtes gilt naturgemäß für die Übersetzung ins Spanische.) Das Verfahren wird demonstriert in der mit *La cripta de San Isidoro...* beginnenden Konstruktion, die in der Übersetzung in mehrere kurze Hauptsätze aufgelöst und so dem deutschen Sprachduktus für derlei Sachtexte angepaßt wurde.

Idiomatische Wendungen

Charakterisierung von Personen

Se jugaba todo su capital en una empresa muy insegura y todos pensábamos que estaba loco de atar.
Er brachte sein ganzes Vermögen in ein hochriskantes Unternehmen ein, und wir alle dachten, daß er total übergeschnappt sei.

estar loco de atar
≈ total übergeschnappt sein

Para mí, mi tío Juan siempre fue una persona de gran dignidad, bondadoso, bueno como el pan.
Für mich war Onkel Juan immer eine würdevolle Persönlichkeit, herzlich, die Güte in Person.

ser bueno como el pan
≈ die Güte in Person sein

Es una mujer que siempre dice lo que piensa. No tiene pelos en la lengua.
Sie ist eine Frau, die immer sagt, was sie denkt. Sie nimmt kein Blatt vor den Mund.

no tener pelos en la lengua
≈ kein Blatt vor den Mund nehmen

Con todas las tonterías que está haciendo puede uno pensar que le falta un tornillo.
Bei dem ganzen Unsinn, den er so macht, könnte man denken, daß er nicht alle Tassen im Schrank hat.

le falta a uno un tornillo
≈ jd. hat nicht alle Tassen im Schrank

Era muy optimista, lo veía todo de color rosa, aun en situaciones al parecer sin salida.
Er war ein unverbesserlicher Optimist, alles sah er durch die rosarote Brille, selbst in scheinbar ausweglosen Situationen.

verlo todo de color rosa
≈ alles durch die rosarote Brille sehen

Todo lo que hace tiene un gran éxito. Debe de ser que ha nacido de pie.
Alle seine Unternehmungen haben Erfolg, er ist wohl ganz einfach ein Glückskind.

haber nacido de pie
≈ ein Glückskind sein

Como tenía mal perder, cada vez que jugaban al ajedrez se ponía a discutir.
Da er nur schlecht verlieren konnte, fing er jedesmal, wenn sie Schach spielten, zu diskutieren an.

tener mal perder

≈ schlecht verlieren können

Nunca se emborracha aunque suele beber como una esponja.
Er wird nie betrunken, obwohl er säuft wie ein Loch.

beber como una esponja

≈ wie ein Loch saufen

Paco, en estos años en Alemania, ha cambiado de raíz, a la legua se ve que tiene mundo.
In diesen Jahren in Deutschland hat sich Paco völlig verändert, man sieht von weitem, daß er ein Mann von Welt ist.

tener mundo

≈ ein Mann von Welt sein

Tenían muy pocos amigos, porque su mal genio era de abrigo.
Sie hatten nur wenige Freunde, denn ihr übler Charakter war mit Vorsicht zu genießen.

ser de abrigo

≈ mit Vorsicht zu genießen sein

Conmigo no puedes hacer esos negocios en los que sólo ganas tú, porque yo de tonto no tengo ni un pelo.
Mit mir kannst du jene Geschäfte, bei denen nur du verdienst, nicht machen; ich bin ja nicht auf den Kopf gefallen.

no tener ni un pelo de tonto

≈ bestimmt nicht auf den Kopf gefallen sein

Queréis arreglar el mundo y no sabéis de la misa la media.
Ihr wollt die ganze Welt in Ordnung bringen und habt von Tuten und Blasen keine Ahnung.

no saber de la misa la media

≈ von Tuten und Blasen keine Ahnung haben

Los hombres sois todos egoístas, todos estáis cortados por el mismo patrón.
Ihr Männer seid alle Egoisten, ihr seid alle aus dem gleichen Holz geschnitzt.

estar cortado por el mismo patrón

≈ aus dem gleichen Holz geschnitzt sein

Yo sé que tu hermana es un pan bendito, pero de atractivos, nada.
Ich weiß ja, daß deine Schwester eine Seele von Mensch ist, aber sie hat nunmal nichts Attraktives an sich.

ser un pan bendito

≈ eine Seele von Mensch sein

Alberto no puede trabajar dos meses seguidos en el mismo sitio. Es un culillo de mal asiento y tiene que cambiar constantemente de actividad.
Alberto kann nicht zwei Monate am gleichen Ort arbeiten. Er hat kein Sitzfleisch und muß ständig etwas anderes tun.

ser un culillo de mal asiento

≈ kein Sitzfleisch haben

Miseria y Esplendor de la traducción (Ortega y Gasset)

En una **reunión a que asisten profesores** del Colegio de Francia, universitarios y personas **afines**, alguien habla de que es imposible traducir ciertos pensadores alemanes y propone que, generalizando el tema[1], se **haga un estudio sobre** qué **filósofos** se pueden traducir y cuáles no[2].

Parece esto suponer, con excesiva convicción, que hay filósofos, y **más en general**, **escritores** que se pueden, **en efecto**, traducir. ¿No es esto ilusorio? – me permití insinuar –. ¿No es traducir, **sin remedio**, un **afán** utópico? Verdad es que cada día **me acuesto** más a la opinión de que todo lo que el hombre hace es utópico. **Se ocupa** en conocer sin conseguir conocer plenamente nada[3]. Cuando **hace justicia acaba indefectiblemente haciendo** alguna **bellaquería**. Cree que ama y luego **advierte** que **se quedó** en la promesa de hacerlo.

Escribir bien **consiste en hacer** continuamente pequeñas **erosiones** a la gramática, al uso establecido, a la norma vigente de la lengua. Es un acto de rebeldía permanente contra el **contorno social**, una **subversión**. Escribir bien implica cierto radical **denuedo**. **Ahora bien**: el traductor suele ser un personaje **apocado**. Por timidez ha escogido tal ocupación, la mínima[4]. Se encuentra ante el enorme **aparato policíaco** que son la gramática y el uso **mostrenco**. ¿Que hará con el texto rebelde? ¿No es pedirle demasiado que lo sea él también y **por cuenta ajena**? Vencerá en él la **pusilanimidad** y **en vez de contravenir** los **bandos** gramaticales hará todo lo contrario: meterá al escritor traducido en la prisión del lenguaje normal, es decir, que le traicionará. *Traduttore, traditore*. – Y[5], sin embargo, los libros de **ciencias exactas** y naturales se pueden traducir – responde mi interlocutor. – No niego que la dificultad es menor, pero sí que no exista[6]. La **rama** de la matemática que más **en boga** ha estado durante el último cuarto de siglo ha sido la „**Teoría de los Conjuntos**". Pues bien: su creador, Cantor, la bautizó con un término que **no hay modo de** traducir en nuestras lenguas. Lo que hemos tenido que llamar „conjunto" lo llamaba él „Menge", vocablo cuya significación no **se cubre** con la de conjunto. No exageremos[7], pues, la traductibilidad de las ciencias matemáticas y **físicas**.

Wortschatz

asistir a una reunión	– an einem Treffen teilnehmen
asistir a alguien	– jdm. helfen, beistehen, jdn. betreuen
asistir	– anwesend sein
la asistencia	– der Beistand, die Hilfe
una asistenta	– eine Zugehfrau
la asistenta social	– die Fürsorgerin
el/la asistente	– der/die Anwesende, der/die Assistent(in)
la lista de asistentes	– die Anwesenheitsliste
el profesor	– der Lehrer
la profesora	– die Lehrerin
el profesor de Universidad	– der Hochschuldozent
el profesor numerario, el catedrático (de Universidad)	– der ordentliche Professor
el catedrático de instituto	– der Studienrat
el maestro	– der (Grundschul)lehrer
afín, –ín	– angrenzend, verwandt
hacer un estudio sobre algo	– eine Untersuchung über etw. machen
el filósofo	– der Denker, der Philosoph
el naturalista	– der Naturwissenschaftler
el filólogo	– der Philologe
el historiador de la literatura	– der Literaturwissenschaftler
el lingüista	– der Sprachwissenschaftler
el sociólogo	– der Gesellschaftswissenschaftler
el historiador	– der Historiker
más en general	– allgemeiner, in umfassenderem Sinne
el escritor	– der Schriftsteller
el autor	– der Autor
el novelista	– der Romanschriftsteller
el escritor de cuentos	– der Novellist
el ensayista	– der Essayist
el poeta	– der Dichter
el pintor	– der Maler
el escultor	– der Bildhauer
el músico	– der Musiker

el compositor	– der Komponist
en efecto	– tatsächlich
sin remedio	– rettungslos, hoffnungslos, unheilbar
remediar algo	– einer Sache abhelfen
el remedio	– das Heilmittel
un remedio casero	– ein Hausmittel
la cosa no tiene remedio	– daran kann man nichts ändern
el afán	– das Trachten, Streben
el afán de aprender	– das Bildungsstreben
el afán de lucro	– die Gewinnsucht
el afán de notoriedad	– die Ruhmsucht, das Geltungsbedürfnis
el afán de viajar	– die Reiselust
poner todo su afán en algo	– alle seine Mühe auf etw. verwenden
acostarse	– sich schlafen legen, sich hinlegen
me acuesto	– ich lege mich nieder
acostarse a algo	– hier: zu etw. neigen
acostado, –a	– liegend
acostar a los niños	– die Kinder zu Bett bringen
ocuparse con algo	– sich mit etw. beschäftigen
ocuparse de algo	– sich um etw. kümmern
hacer justicia	– Gerechtigkeit üben, gerecht sein
hacer justicia a alguien	– jdm. Gerechtigkeit widerfahren lassen
de justicia	– von Rechts wegen
algo es de justicia	– etwas ist gerecht
en justicia	– gerecht(erweise)
pedir justicia	– Gerechtigkeit fordern, sein Recht fordern
justiciero, –a	– streng rechtlich, gerechtigkeitsliebend
acabar haciendo algo	– schließlich doch etw. tun
indefectible, –ble	– unausbleiblich, unfehlbar
la bellaquería	– die Schurkerei
bellaco, –a	– gemein, verschlagen
advertir algo	– etw. bemerken
advertir algo a alguien	– jdn. auf etw. aufmerksam machen, jdn. vor etw. warnen
te advierto que lo debes hacer	– ich mache dich darauf aufmerksam, daß du es tun sollst

quedarse	– verharren, bleiben, zurückbleiben
quedarse con algo	– etw. behalten, mit etw. zurückbleiben
quedarse entre Pinto y Valdemoro	– zwischen zwei Stühlen sitzen
algo consiste en hacer algo	– etw. besteht darin, etw. zu tun
la erosión	– die Bodenerosion
el contorno social	– das soziale Umfeld
la subversión	– die Subversion, der Umsturz, die Untergrundbewegung, die Wühlarbeit
la revuelta, el motín	– die Revolte
la rebelión	– die Rebellion
la revolución	– die Revolution
la sublevación	– der Aufstand
el pronunciamiento	– der Putsch
la conjuración	– die Verschwörung
el golpe de Estado	– der Staatsstreich
el complot	– das Komplott
el motín	– die Meuterei
el tumulto	– die Unruhen
la insubordinación	– die Insubordination
la conspiración	– die Konspiration
el pogrom	– der Pogrom
el denuedo	– der Mut, die Kühnheit
ahora bien	– somit, demnach, also
apocado, –a	– kleinmütig, verzagt
el apocamiento	– der Kleinmut, die Verzagtheit
apocar a alguien	– jdn. herabsetzen
apocarse	– verzagen, sich demütigen
el aparato policíaco	– der Polizeiapparat
mostrenco, –a	– herrenlos, fig: schwerfällig
bienes mostrencos	– herrenloses Gut
la cuenta	– das Rechnen, die Rechnung, das Zählen
por cuenta ajena	– auf fremde Rechnung
la cuenta atrás	– das Count Down
a cuenta de alguien	– auf Kosten von jdm.
por cuenta propia	– auf eigene Rechnung
no le sale la cuenta	– seine Rechnung geht nicht auf
tener una cuenta pendiente con alguien	– mit jdm. ein Hühnchen zu rupfen haben

tomar en cuenta algo	– etw. in Betracht ziehen, berücksichtigen
dar cuenta de algo	– über etw. Rechenschaft ablegen
darse cuenta de algo	– sich über etw. klarwerden, etw. bemerken
pedir cuentas a alguien	– von jdm. Rechenschaft fordern
la pusilanimidad	– der Kleinmut, die Verzagtheit
pusilánime, –me	– kleinmütig, verzagt
en vez de hacer algo	– anstatt etw. zu tun
contravenir algo	– etw. verletzen, etw. übertreten
contravenir a algo	– gegen etw. verstoßen
el bando	– der Erlaß; die Partei
las ciencias exactas	– die Mathematik, die Relationswissenschaften
la rama	– der (graphische) Zweig, der Ast, die Branche
el ramo	– der Zweig, der Ast, der Strauß, das Fach, die Branche
andarse por las ramas	– abschweifen
el remo	– das Ruder
estar en boga	– beliebt, in Mode sein, hoch im Kurs stehen
bogar	– rudern
la teoría de los conjuntos	– die Mengenlehre
el conjunto	– die Gesamtheit, der Komplex
en conjunto	– im ganzen (gesehen)
un conjunto de problemas	– ein Fragekomplex
la visión de conjunto	– die Übersicht
la aritmética	– die Arithmetik
la geometría	– die Geometrie
el cálculo diferencial	– die Differentialrechnung
el cálculo integral	– die Integralrechnung
el cálculo vectorial	– das Vektorrechnen
el cálculo de probabilidades	– die Wahrscheinlichkeitsrechnung
la teoría de las funciones	– die Funktionentheorie
la axiomática	– die Axiomatik
la teoría de los números	– die Zahlentheorie
el álgebra (moderna)	– die (moderne) Algebra
el análisis	– die Analysis
no hay modo de hacer algo	– es gibt keine Möglichkeit, etw. zu tun

cubrirse con algo	– sich mit etw. (be)decken, sich mit etw. überlappen
la física	– die Physik
la mecánica	– die Mechanik
la acústica	– die Akustik
la termodinámica	– die Thermodynamik
la óptica	– die Optik
la teoría de la relatividad	– die Relativitätstheorie
la teoría de los cuantos	– die Quantentheorie
la física nuclear	– die Kernphysik
la cinética	– die Kinetik
la termología	– die Wärmelehre

Grammatische Anmerkungen

1) **GENERALIZANDO EL TEMA**

Das **gerundio** eröffnet zum einen die Möglichkeit textueller Verknüpfung (illative Funktion), kann andererseits aber auch als Äquivalent zu einem adverbialen Nebensatz fungieren. Im ersten Falle ersetzt das **gerundio** einen Hauptsatz, im zweiten einen kausalen, modalen, temporalen, konditionalen oder konzessiven Nebensatz. Im Textbeispiel überwiegt der modale Aspekt.

G E R U N D I O

Ersatz eines Hauptsatzes	Ersatz eines Nebensatzes
ILLATIVE FUNKTION	ADVERBIALE FUNKTION
	kausal: weil ... *modal:* indem ... *temporal:* während ... *konditional*: falls ... *konzessiv*: obwohl ...

2) **QUÉ FILÓSOFOS ... Y CUÁLES NO**

a) In einer Reihe von phonetisch gleich betonten Wörtern signalisiert die Setzung bzw. Nichtsetzung des Akzents (**tilde**) die Zugehörigkeit zu unterschiedlichen Wortklassen. Unterscheide daher:

OHNE AKZENT	MIT AKZENT
este, ese, aquel DEMONSTRATIV-ADJEKTIV	**éste, ése, aquél** DEMONSTRATIVPRONOMEN

Anmerkung: Da die Neutrum-Formen dieser Demonstrativa (**esto, eso, aquello**) ausschließlich substantivischen Charakter haben, erübrigt sich eine unterscheidende Markierung, so daß die Akzentsetzung unterbleibt.

OHNE AKZENT	MIT AKZENT
solo AKJEKTIV	**sólo** ADVERB

b) Daneben gibt es eine Reihe gleichlautender Wörter, bei denen der Akzent neben der unterschiedlichen grammatischen Funktion auch eine verschiedenartige Betonung anzeigt:

OHNE AKZENT (schwach betont)	MIT AKZENT (stark betont)
como VERGLEICH-PARTIKEL/ RELATIV-PRONOMEN	**cómo** INTERROGATIV-PRONOMEN
cual RELATIV-PRONOMEN	**cuál(es)** INTERROGATIV-PRONOMEN
cuan (lit.) ADJEKTIV/ADVERB-ADVERB **(cayó cuan largo era)**	**cuán** (lit.) VERB-ADVERB **(cuán gritan esos malditos...)**
cuando TEMPORAL-KONJUNKTION/ RELATIV-PRONOMEN	**cuándo** INTERROGATIV-PRONOMEN
cuanto RELATIV-PRONOMEN	**cuánto** INTERROGATIV-PRONOMEN
donde RELATIV-PRONOMEN	**dónde** INTERROGATIV-PRONOMEN

que RELATIV-PRONOMEN	**qué** INTERROGATIV-PRONOMEN
quien(es) RELATIV-PRONOMEN	**quién(es)** INTERROGATIV-PRONOMEN
se REFLEXIV-PRONOMEN	**sé** VERB (1. Pers. Sing. Präs. v. **saber**)
de PRÄPOSITION	**dé** VERB (1. + 3. Pers. Sing. Subj. v. *dar*)
el ARTIKEL	**él** PERSONALPRONOMEN
mas (=aber) KONJUNKTION	**más** (=mehr) ADVERB
mi, tu POSSESSIV-ADJEKTIV	**mí, tú** PERSONALPRONOMEN
si (wenn, ob) KONJUNKTION	**sí** (ja,doch / sich) AFFIRMATIONS-ADVERB/ REFLEXIVPRONOMEN (nach Präposition)
te PERSONALPRONOMEN	**té** (= Tee) SUBSTANTIV

Anmerkung: Im Falle **aun/aún** unterscheidet der Akzent nicht die Wortkategorie – beide sind Adverb – sondern die spezifische Bedeutung: **aun** = „sogar“, **aún** = „noch“.

3) **SIN ... NADA**
Zu den Indefinita **alguno/alguna** und **algo** bestehen die Negativformen **ninguno/ninguna** und **nada**, die in verneinten Zusammenhängen zu verwenden sind. Also:
Vamos a comprar alguna cosa.
aber: **No compraré ningún libro.**
Voy a decirte todo.
aber: **No te diré nada.**

4) **LA MÍNIMA**

Die lateinische Steigerung nach dem Muster

POSITIV:	**nobilis**
KOMPARATIV:	**nobilior**
SUPERLATIV:	**nobilissimus**

ist vom Spanischen in dieser Form nicht übernommen worden. Grundsätzlich steigert das Kastilische prädeterminierend durch Voranstellung des Adverbs **más**, bzw. des *Artikels + **más***:

POSITIV:	**noble**
KOMPARATIV:	**más noble**
SUPERLATIV:	**el/la más noble**.

Eine Ausnahme bilden u.a. die folgenden Adjektive:

bueno	**– mejor**	**– óptimo (el mejor)**
malo	**– peor**	**– pésimo (el peor)**
grande	**– mayor**	**– máximo (el mayor)**
pequeño	**– menor**	**– mínimo (el menor)**.

Anzumerken ist freilich, daß die lateinischen Superlative in dieser Liste weitgehend nur als *Elativ* verwendet werden. Für den eigentlichen Superlativ benütze man deshalb die Formen des Komparativs mit vorangestelltem Artikel, die in den Klammern angegeben sind.

5) **Y**

Neben seiner ureigensten Funktion als logischer Junktor kann **y** unter besonderen Umständen auch eine adversative, kausale, konsekutive usw. Nebenbedeutung annehmen. Wenn, wie im Textbeispiel, eine erste Aussage negativ, die hierauf folgende jedoch positiv ist, ergibt sich nämlich ein adversatives Gedankenverhältnis. **Y** ist daher mit „jedoch", „dennoch", „aber" o. ä. zu übersetzen. Ein klassisches Beispiel findet sich im QUIJOTE (II, 3): **Muchos teólogos hay que no son buenos para el púlpito, y son bonísimos para conocer las faltas o sobras de los que predican.** (Es gibt nicht wenige Theologen, die sich für die Kanzel nicht eignen und die doch großes Talent haben, die Mängel und Unarten derjenigen zu erkennen, die predigen.)

6) **QUE NO EXISTA**

Nach verneinten Verben des Sagens und Denkens steht im **que**-Satz üblicherweise der **subjuntivo**. Da nun im Falle von **negar** die Verneinung bereits im Verb semantisiert ist, zieht dieses bei *affirmativem* Gebrauch den **subjuntivo**, bei verneintem Gebrauch (***no*** **negar**) den **indicativo** nach sich.

Bsp.:

No niego que la dificultad es (*indicativo*) **menor, pero sí que no exista** (*subjuntivo*).

(Ich stelle nicht in Abrede, daß die Schwierigkeit geringer ist, wohl aber, daß sie etwa nicht existiert.)

7) **NO EXAGEREMOS**
Der Imperativ hat eigene Formen im Spanischen nur für die 2. Person (Singular und Plural).
Bsp.:
¡ven! (komm!); **¡venid!** (kommt!); **¡toma!** (nimm!); **¡tomad!** (nehmt!); **¡bebe!** (trink!); **¡bebed!** (trinkt!); **¡sal!** (geh' hinaus!); **¡salid!** (geht hinaus!)
Für die übrigen Personen sowie für den verneinten Imperativ insgesamt verwendet der Spanier die Formen des **presente de subjuntivo**.
Bsp.:

exagerar	>	**¡(no) exageremos!**
perder	>	**¡(no) pierdan!**
subir	>	**¡(no) subamos!**

Übersetzungsvorschlag

Glanz und Elend der Übersetzung[1]

Bei einer Zusammenkunft, an der Professoren des Collège de France[2] teilnehmen – Akademiker und Leute vergleichbaren Standes[3] –, spricht jemand davon, daß es unmöglich sei, bestimmte deutsche Denker zu übersetzen und schlägt verallgemeinernd vor, eine Studie anzufertigen, um herauszufinden, welche Philosophen sich übersetzen lassen und welche nicht.

Es will scheinen, als spiegele dieser Vorschlag[4] die wenig gerechtfertigte Überzeugung, daß es Philosophen und, allgemeiner, Schriftsteller gebe, die man tatsächlich übersetzen könne. „Ist das nicht illusorisch?“[5], erlaubte ich mir anzudeuten. „Ist Übersetzen nicht ein absolut hoffnungsloses Unterfangen?[6]“ In der Tat neige ich jeden Tag mehr zur Auffassung, daß alles, was der Mensch unternimmt, vergeblich ist. Er strebt nach Erkenntnis, ohne doch je irgend etwas voll zu begreifen. Wenn er gerecht sein will, begeht er am Ende unausweichlich doch eine Schurkerei. Er glaubt zu lieben, um sich hernach bewußt zu werden, daß er nicht über das Versprechen hinauskam, es zu tun.

Gut zu schreiben besteht darin, die Grammatik, den üblichen Gebrauch, die geltende Sprachnorm ständig etwas anzutasten[7]. Gut zu schreiben bedeutet einen Akt permanenter Rebellion gegen das gesellschaftliche Umfeld, eine Subversion. Gut zu schreiben setzt rückhaltlose Zivilcourage voraus. Nun ist aber der Übersetzer in aller Regel eine eher schwächliche Persönlichkeit. Aus Schüchternheit schließlich hat er sich einer solchen Tätigkeit zugewandt: der geringsten von allen. Und nun trifft er auf den ungeheuren Polizeiapparat der Grammatik und des starren Usage[8]. Wie wird er also mit dem störrischen Text verfahren? Heißt es nicht, ihm zuviel abzuverlangen, ebenso rebellisch zu sein, und das noch auf fremde Rechnung? Zuletzt wird doch der Kleinmut in ihm obsiegen, und statt den grammatikalischen Vorschriften zuwiderzuhandeln, wird er das genaue Gegenteil tun, den übersetzten Autor nämlich in den Kerker der Normalsprache zwängen und ihn, mit anderen Worten, verraten: *Traduttore, traditore*[9].

„Dennoch", erwidert mein Gesprächspartner, „lassen sich aber mathematische und naturwissenschaftliche Bücher sehr wohl übersetzen". – Ich will keineswegs leugnen, daß hier die Probleme geringer sind, stelle jedoch in Abrede, daß sie etwa nicht vorhanden wären. In den letzten fünfundzwanzig Jahren[10] war die Mengenlehre derjenige Zweig der Mathematik, der am intensivsten betrieben wurde. Und nun aufgemerkt: ihr Schöpfer, Cantor, gab ihr einen Taufnamen mit auf den Weg, den ins Französische oder Spanische[11] zu übersetzen schlechterdings nicht möglich ist. Was wir „conjunto", will sagen „Gesamtheit", haben nennen müssen, hieß er „Menge", eine Vokabel, deren Bedeutung mit der von „conjunto"[12] keinesfalls übereinstimmt. Versprechen wir uns also nicht allzu viel, was die Übersetzbarkeit von Mathematik und Naturwissenschaft betrifft[13].

Übersetzungskommentare

1) Die Überschrift imitiert den Titel des Romans „Splendeurs et misères des courtisanes" von Honoré de Balzac, der im deutschen Sprachraum als „Glanz und Elend der Kurtisanen" bekannt ist. Damit ist der Übersetzer in bezug auf die Formulierung der Überschrift festgelegt. Eine Übersetzung „Elend und Glanz..." kommt somit nicht in Betracht.

2) Das *Collège de France* ist ein wissenschaftliches Institut in Paris, das seinen Ursprung als eine Art königliche Akademie im 16. Jahrhundert findet. Bis 1774 lag die organisatorische Struktur fest, wie sie heute noch existiert. Die Mitglieder des *Collège de France* sind nicht zu regelmäßigen Vorlesungen verpflichtet. Die Ernennung der Dozenten erfolgt allein auf Grund von Leistung, nicht durch Ablegung von Prüfungen oder den Erwerb von akademischen Titeln. – Die strukturelle Ähnlichkeit des Spanischen mit dem Französischen gestattet Ortega y Gasset, den Namen der Institution ins Spanische zu übertragen. Das Deutsche läßt dies jedoch nicht zu. Es bleibt als einzige brauchbare Lösung, in der deutschen Übersetzung den französichen Originalnamen zu verwenden: das *Collège de France*.

3) Es ist nicht ganz einfach, hier die Vokabel *universitarios* zu übersetzen. Zwar steht für das *Collège de France* die Lehre im Vordergrund – sein Wahlspruch lautet *Docet omnia* (=„Alles soll gelehrt werden"), doch ist es aufgrund der besonderen Struktur

und des Eliteanspruchs der Einrichtung unwahrscheinlich, daß auch Studierende an der von Ortega berichteten Zusammenkunft teilnahmen. Es bietet sich daher an, zunächst *universitarios* mit „Akademiker" zu übersetzen. Die Tatsache, daß die übrigen Teilnehmer lediglich *personas afines* sind, ist wohl darauf zurückzuführen, daß auch Nichtakademikern Zugang haben. Diese erlangen jedoch durch ihre Aufnahme in die Eliteeinrichtung einen gleichberechtigten Status. In der Musterübersetzung ist diesem Umstand durch den Ausdruck „Leute vergleichbaren Standes" Rechnung getragen.

4) Die ausgangstextliche Prophrase *esto* wird semantisch gefüllt mit dem Vorschlag, eine Studie anfertigen zu lassen. Semantische Bezüge dieser Art sollten im Deutschen nicht über Kapitel- oder Abschnittgrenzen hinausgehen. In der zielsprachlichen Version wurde daher der Inhalt aktualisiert, indem der Vorgang durch das zusammenfassende Substantiv „Vorschlag" wieder aufgenommen wurde.

5) Eine Alternative zu „Ist das nicht illusorisch?" könnte „Wäre das nicht eine Illusion?" sein. Interessanterweise müßte hier allerdings der Konjunktiv stehen. Dies liegt daran, daß im ersten Falle das Unterfangen als solches, im zweiten aber das hypothetische Resultat bewertet wird.

6) Im zielsprachlichen Text sind die syntaktischen Bezüge gegenüber dem Ausgangstext modifiziert. Während *sin remedio* im Original Adverbiale zum Prädikat ist, fungiert „absolut" als Adjektiv-Adverb zu „hoffnungslos". Solche strukturellen Verschiebungen gehören zum Einmaleins der Übersetzungspraxis. Vor allem dem noch unerfahrenen Sprachmittler sei anempfohlen, immer dann der Vorgabe des Ausgangstextes zu widerstehen, wenn nur so Authentizität und Sprachüblichkeit des Zieltextes erreicht werden können.

7) *Hacer erosiones* ist nicht leicht zu übersetzen. Obwohl „antasten" nicht ganz dem stilistischen Niveau des Ausgangstextes entspricht, bietet es sich als Lösung an, insbesondere deshalb, weil es den verhaltenen Mut wiedergibt, der im Umgang mit den grammatischen Regeln erforderlich ist.

8) Der Begriff *Usage* gehört der linguistischen Fachterminologie an. Der Übersetzer wird hier eine andere Lösung suchen müssen, wenn er weiß, daß die Zielgruppe durch Nichtfachlichkeit gekennzeichnet ist. Als Alternative bietet sich hier der Ausdruck „Sprachüblichkeit" an, der zwar ebenfalls fachsprachlich markiert ist, sich aber durch hinreichende Selbstdeutigkeit auszeichnet.

9) Fremdsprachige Zitate wie hier aus dem Italienischen sollten in der Regel unverändert übernommen und gegebenenfalls in Klammern übersetzt werden. Im vorliegenden Fall gerät jedoch der Übersetzer in ein gewisses Dilemma: Während der Ausspruch nämlich aufgrund der nahen Verwandtschaft des Italienischen mit

dem Spanischen für den Hispanophonen ohne weiteres verständlich ist und sich eine Übersetzung im Ausgangstext von daher erübrigt, liegen die Dinge im Deutschen anders. Dennoch kann in diesem besonderen Falle auf eine Erläuterung verzichtet werden, weil nämlich das Vorhergehende den Inhalt abdeckt und ein Doppelpunkt den Resümee-Charakter des *Traduttore, traditore* ankündigt.

10) Der durch *cuarto de siglo* angezeigte Zeitraum wird im Deutschen eher durch die Angabe der ihn ausfüllenden Zahl von Jahren wiedergegeben. „Vierteljahrhundert" wird eher zur Einteilung ganzer Jahrhunderte verwendet (z.B. „im ersten Viertel dieses Jahrhunderts"). Es wurde daher in der Musterübersetzung der Ausdruck „in den letzten fünfundzwanzig Jahren" verwendet.

11) An der Textstelle ist zu berücksichtigen, daß Ortega y Gasset hier mit einem Franzosen spricht. *Nuestras lenguas* bezieht sich daher auf die jeweilige Sprache der Gesprächspartner. Es empfiehlt sich, diesen Sachverhalt für den deutschsprachigen Leser in der Übersetzung explizit zu machen. Eine brauchbare Alternative zur Lösung im Mustertext wäre der Ausdruck „romanische Sprachen", wenngleich damit eine Ausweitung der angedeuteten Sprachen impliziert wäre. Faktisch jedenfalls besteht das Übersetzungsproblem für alle Angehörigen dieser Sprachenfamilie.

12) Es ist unverzichtbar, an dieser Stelle sowohl das spanische Wort *conjunto* anzugeben als auch dessen Bedeutung anzuzeigen, weil sonst das zugrunde liegende Problem dem deutschen Leser nicht deutlich würde.

13) Auch hier wiederum ist es angezeigt, die lexikalische Vorgabe des Ausgangstextes zu mißachten. Es wäre nämlich unidiomatisch, im Deutschen zu sagen „übertreiben wir also nicht die Übersetzbarkeit...". Es muß daher eine andere Wendung gesucht werden, durch die die Redeabsicht deutlich gemacht werden kann. Die im Mustertext gewählte Lösung ist hierbei nur eine unter vielen möglichen. Der Studierende stelle sich die Aufgabe, zehn weitere Möglichkeiten ausfindig zu machen.

Idiomatische Wendungen

Charakterisierung individueller Zuständlichkeiten I

Mi nuevo juego de computadora es interesantísimo. Me divierto con él como un enano.
Mein neues Computerspiel ist hochinteressant. Ich habe einen wahnsinnigen Spaß daran.

divertirse como un enano con algo
≈ einen wahnsinnigen Spaß an etw. haben

Me importa un bledo que la chavala hoy no tenga ganas de ir al cine. Ya tengo compradas las entradas e iremos.
Es ist mir wurscht, daß die Kleine nicht ins Kino gehen will. Ich habe schon die Eintrittskarten gekauft, und wir gehen.

algo importa un bledo a alguien
≈ etw. ist jdm. völlig wurscht

Oswaldo seguía pensando que su tío se cagaba en el salario que le pagaban.
Oswaldo war weiterhin der Meinung, daß seinem Onkel das Gehalt, das sie ihm zahlten, scheißegal war.

cagarse en algo
≈ etw. ist einem scheißegal

Cuando me dijo que no me quería, me hizo polvo.
Als er mir sagte, daß er mich nicht liebe, war ich am Boden zerstört.

hacer polvo a alguien
≈ jdn. am Boden zerstören

Por aquel entonces toda la familia estaba en la inopia de que Manolo tomaba drogas.
Damals ahnte niemand in der Familie, daß Manolo Drogen nahm.

estar en la inopia
≈ von etwas keine Ahnung haben

Los encontré abrazados, revolcándose en la alfombra, y casi me dio un patatús.
Ich fand sie sich umschlungen auf dem Teppich wälzend, und es blieb mir fast das Herz stehen.

dar un patatús a alguien
≈ jdm. das Herz zum Stocken bringen

Se me saltan las lágrimas sólo de pensar lo mal que lo pasé en aquellos años desgraciados.
Mir kommen die Tränen, wenn ich nur daran denke, wie schlecht es mir in jenen bösen Jahren ging.

saltársele a uno las lágrimas
≈ es kommen einem die Tränen

Debería andar con más ojo, cuando más a la vista de su familia, en la que muchos han sido anarquistas.
Er sollte mehr auf der Hut sein, umso mehr angesichts seiner Familie, in der viele Anarchisten gewesen sind.

andar con ojo
≈ auf der Hut sein

Estuve en un tris de decirle que Carmen le engañaba, pero me aguanté las ganas.
Um ein Haar hätte ich ihm gesagt, daß ihn Carmen betrog, aber ich hielt mich doch zurück.

estar en un tris de hacer algo
≈ um ein Haar etwas tun

Cuando empezó a contarnos esa historia, nosotros ya nos moríamos de risa, porque sabíamos que todo era inventado.
Als er begann, uns diese Geschichte zu erzählen, schüttelten wir uns vor Lachen, weil wir wußten, daß alles erfunden war.

morirse de risa
≈ sich totlachen

Si hay algo que me haga perder los estribos es notar que la sangre me sube a la cara y no poder remediarlo.
Wenn es etwas gibt, was mich aus der Fassung bringt, dann ist es, wenn ich merke, daß ich rot werde und nichts daran ändern kann.

algo hace perder los estribos a alguien
≈ etw. bringt jdn. aus der Fassung

¿Y si un día no me da la real gana de hacer lo que debo hacer?
Und wenn ich eines Tages darauf pfeife zu tun, was ich tun soll?

no dar a uno la real gana de hacer algo
≈ darauf pfeifen, etw. zu tun

Un amante de los animales se siente en este zoo como pez en el agua.
Ein Tierliebhaber fühlt sich in diesem Zoo wie ein Fisch im Wasser.

sentirse como pez en el agua

≈ sich wie ein Fisch im Wasser fühlen

En los primeros meses de su matrimonio Paco y Luisita estaban en el séptimo cielo.
In den ersten Monaten ihrer Ehe waren Paco und Luisita im siebenten Himmel.

estar en el séptimo cielo

≈ im siebenten Himmel sein

La reunión no llegaba a su fin y como el tren salía a las siete y media yo estaba sobre ascuas.
Die Sitzung ging nicht zuende. Und da mein Zug um halb acht fuhr, saß ich wie auf heißen Kohlen.

estar sobre ascuas

≈ wie auf heißen Kohlen sitzen

A pesar de todos los problemas, que se le venían encima, Andrés nunca perdía la cabeza.
Trotz all der Dinge, die ihn bedrängten, verlor Andrés niemals den Kopf.

perder la cabeza

≈ den Kopf verlieren

La vida sin esperanza

Entre los **derechos civiles** nunca **se da por reconocido**[1] el derecho a la propia muerte. El **suicidio** se ha considerado siempre como un mensaje demasiado **descorazonador** para el **conjunto de los hombres como para que pueda ser**[2] incluido en la categoría de los derechos humanos, los cuales, por el contrario, **se consideran**[3] una afirmación de vida. Cuando un hombre muere voluntariamente, es toda la sociedad la que[4] pierde en él las razones de vivir. Por eso, el **gesto** de quien se quita la vida se ha visto siempre como gesto de **ruptura** también respecto a la sociedad.

¿Puede la ciencia, en la objetividad de sus criterios, determinar el punto en el que[4] la vida ya no merece la pena ser vivida, el punto en el que vida y razón de vivir se separan irremediablemente? ¿Puede la ciencia **asumir**, en nombre de su verdad, las responsabilidades que la conciencia humana se siente incapaz de asumir[5] sólo con sus propias fuerzas? – El tema de la **eutanasia**, tal como se plantea hoy, y el tema del suicidio tienen entre sí una diferencia fundamental. El problema de la eutanasia **toca** el tema del suicidio no cuando[6] se interrumpe algo, sino cuando se hace algo para **poner fin a la vida**. En un contexto religioso podemos **contestar** que sólo Dios tiene el derecho de quitar la vida, puesto que fue él quien nos la dio. ¡Pero cuántas veces los hombres, en nombre del bien humano, exigen de los demás hombres el sacrificio de la vida! Nada está más **involucrado** en la vida cotidiana que el acto de morir de **muerte vulgar**.

Por esto también la eutanasia positiva debería ser considerada **a la luz de** un derecho supremo de la conciencia de la persona. Efectivamente, si en el caso del suicidio sólo se ve involucrada la persona, en el caso de la eutanasia se ve implicada la actuación de otro. Aquí precisamente se plantea el problema de las garantías del individuo **frente a** la ciencia y a las instituciones. La **legitimidad** de la eutanasia sólo es posible si se basa en un derecho de la conciencia. Pero, ¿cómo garantizar la **permanencia** de la voluntad individual en un proceso – el de **determinación** o **verificación** –, que es un procedimiento jurídico y médico al mismo tiempo?

Wortschatz

los derechos civiles	– die Bürgerlichen Rechte
el derecho a algo	– das Recht auf etw.
el derecho	– das Recht, der Anspruch, das Rechtsgebiet, die Rechtswissenschaft
el derecho administrativo	– das Verwaltungsrecht
el derecho de cosas	– das Sachrecht
el derecho de familia	– das Familienrecht
el derecho penal	– das Strafrecht
el derecho internacional público	– das Völkerrecht
el derecho privado	– das Privatrecht
el derecho laboral	– das Arbeitsrecht
el derecho procesal	– das Prozeßrecht
los derechos del hombre	– die Menschenrechte
el derecho de explotación	– das Schürfrecht
el derecho a la huelga	– das Streikrecht
el derecho matrimonial	– das Eherecht
el derecho mercantil	– das Handelsrecht
el derecho de voto	– das Stimmrecht
el derecho sucesorio	– das Erbrecht
con todo derecho	– mit Fug und Recht
conforme a derecho, según derecho	– von Rechts wegen, rechtlich
un Estado de derecho	– ein Rechtsstaat
de derecho	– rechtlich
según el derecho vigente	– nach geltendem Recht
sin derecho	– rechtlos
dar derecho a alguien a hacer algo	– jdn. bevollmächtigen, etw. zu tun
estar en su derecho	– recht haben, im Recht sein
ejercitar un derecho	– ein Recht ausüben
darse por reconocido	– als akzeptiert gelten
el suicidio	– der Selbstmord
el suicida	– der Selbstmörder
la suicida	– die Selbstmörderin
suicida, –a	– selbstmörderisch
suicidarse	– Selbstmord begehen
el asesinato	– der Mord

el parricidio	– der Vatermord, der Verwandtenmord
el matricidio	– der Muttermord
el fratricidio	– der Brudermord
el asesinato de un niño	– der Kindesmord
el infanticidio	– der Kindestötung (insbes. eines Neugeborenen)
descorazonador, –ra	– entmutigend
descorazonado, –a	– entmutigt
desanimar a alguien	– jdn. entmutigen
desanimarse	– den Mut verlieren
el conjunto de los hombres	– die menschliche Gesellschaft, Gemeinschaft
el conjunto	– die Gesamtheit, der Komplex
la teoría de los conjuntos	– die Mengenlehre
... como para que pueda ser	– ... als daß er ... sein könnte
algo se considera algo	– etw. wird als etw. aufgefaßt
el gesto	– der Gesichtsausdruck, die Geste, die Tat
el lenguaje por gestos	– die Gebärdensprache
hacer gestos	– Grimassen schneiden
tener un buen gesto con alguien	– jdm. gegenüber großzügig handeln
la ruptura	– der Bruch, Abbruch, Durchbruch
romper algo	– etw. durch-, zerbrechen
roto, –a	– zer-, gebrochen
asumir algo	– etw. ergreifen, auf sich nehmen, übernehmen
la Asunción	– Mariä Himmelfahrt
la asunción de deudas	– die Schuldenübernahme
asumir la responsabilidad	– die Verantwortung übernehmen
la eutanasia	– die Euthanasie (grch.: „der gute Tod"), die Sterbehilfe (durch Narkotika)
tocar algo	– etw. berühren, anrühren
tocar la campana	– die Glocke läuten
tocar un instrumento	– ein Instrument spielen
le toca a Vd.	– jetzt sind Sie dran
por lo que toca a X	– was X betrifft
tocar tierra	– an Land gehen
poner fin a la vida	– das Leben beenden
matar a alguien	– jdn. töten, umbringen
asesinar a alguien	– jdn. ermorden

envenenar a alguien	– jdn. vergiften
matar a golpes a alguien	– jdn. erschlagen
fusilar a alguien, matar de un tiro (a tiros) a alguien	– jdn. erschießen
apuñalar a alguien	– jdn. erdolchen
ahorcar a alguien	– jdn. hängen
ejecutar, ajusticiar a alguien	– jdn. hinrichten
ahogar a alguien (en el agua)	– jdn. ertränken
estrangular, ahogar a alguien	– jdn. erwürgen, erdrosseln
decapitar a alguien	– jdn. enthaupten
electrocutar a alguien	– jdn. auf dem elektrischen Stuhl hinrichten
agarrotar a alguien	– jdn. mit der Garrotte (Würgeschraube) hinrichten
asfixiar a alguien	– jdn. ersticken
matar con gas a alguien	– jdn. vergasen
contestar algo	– etw. antworten, erwidern, jdm. widersprechen
¡Vd. a mí no me conteste!	– Sie haben mir nicht zu widersprechen!/Keine Widerrede!
la contestación	– die Erwiderung, der Wortwechsel
el contestador (automático) de llamadas	– der automatische Anrufbeantworter
involucrado, –a	– vermengt, verwickelt
involucrar a alguien en algo	– jdn. in etw. verwickeln
la muerte vulgar	– der gewöhnliche Tod
a la luz de X	– im Lichte von X
la luz de advertencia	– das Warnlicht
la luz antiniebla	– der Nebelscheinwerfer
la luz larga	– das Fernlicht, Aufblendlicht
la luz de cruce	– das Abblendlicht
la luz difusa	– das Flutlicht
la luz de freno	– das Bremslicht
la luz de población	– das Standlicht
una persona de pocas luces	– eine beschränkte Person
el Siglo de las Luces	– die Aufklärung
a media luz	– im Zwielicht

a todas luces	– in jeder Hinsicht, allem Anschein nach
dar la luz de cruce	– abblenden
dar a luz a un niño	– ein Kind zur Welt bringen
encender la luz	– das Licht einschalten
apagar la luz	– das Licht ausschalten
frente a X	– gegenüber X
la legitimidad	– die Rechtmäßigkeit, die Ehelichkeit (eheliche Geburt)
la legitimación	– der Rechtmäßigkeitsbeweis, die Legitimation
legitimar algo	– etw. für rechtmäßig erklären
legitimarse	– sich ausweisen
legítimo, –a	– legitim, rechtmäßig, ehelich, echt
la permanencia	– das Verbleiben, die Fortdauer, der Aufenthalt
permanente, –e	– bleibend, dauernd
permanecer	– bleiben, verweilen, verharren
la permanencia en cama	– die Bettlägerigkeit
el servicio permanente	– der Tag- und Nachtdienst
la determinación	– die Bestimmung, Festlegung
determinado, -a	– entschlossen, bestimmt
determinar algo	– etw. festlegen, bestimmen, verursachen
determinar hacer algo	– beschließen, etw. zu tun
la verificación	– die Überprüfung, die Kontrolle
la verificación al azar	– die Stichprobe
verificar algo	– etw. bestätigen, feststellen; etw. überprüfen, kontrollieren

Grammatische Anmerkungen

1) **NUNCA SE DA POR RECONOCIDO**
Die Negation folgt im Spanischen anderen Regeln als im Deutschen. So muß bei der Verneinung eines Satzes vor dem Verb immer ein Negationsadverb stehen. Im einfachsten Falle ist dies **no**.
Bsp.:
Alberto no quiere prestarnos este servicio.
(Alberto will uns diese Gefälligkeit nicht erweisen.)
Wenn andere Negationsadverbien (**nunca, tampoco** etc.) verwendet werden, ist

zu berücksichtigen, ob diese dem Verb voran- oder nachgestellt sind. Bei der Nachstellung muß dann vor dem Verb mit **no** zusätzlich verneint werden, ohne daß – wie im Deutschen – durch diese doppelte Verneinung die Geltung der Aussage ins Positive verkehrt würde.

Bsp.:

Nunca quiere prestarnos este servicio.

= ***No*** **quiere prestarnos nunca este servicio.**

Ni siquiera nos presta este servicio.

= ***No*** **nos presta (ni) siquiera este servicio.**

etc.

Es gibt eine Reihe von Ausdrücken, die implizit eine Verneinung enthalten und daher wie Negationsadverbien zu verwenden sind.

Bsp.:

En mi vida **he visto una cosa** ***igual.***

= **No he visto una cosa igual** ***en mi vida.***

(Mein Lebtag habe ich sowas noch nicht gesehen.)

En todo el día he tenido un minuto para comer.

= **No he tenido un minuto para comer en todo el día.**

(Den ganzen Tag habe ich nicht eine Minute Zeit gehabt, um zu essen.)

In bestimmten Fällen stehen im Spanischen negative, im Deutschen positive Ausdrücke.

Bsp.:

Hay ***nadie*** **más trabajador que Juan?**

(Gibt es *jemand* Fleißigeres als Juan?)

Esto lo sabes tú mejor que ***nadie.***

(Das weißt du besser als *sonst jemand.*)

Se marchó sin despedirse de ***nadie.***

(Er ging weg, ohne sich von *irgendwem* zu verabschieden.)

Das Adverb **jamás** bedeutet im verneinten Satz „niemals", im bejahten Satz „je(mals)".

No he visto jamás una cosa semejante.

(Ich habe noch nie so etwas gesehen.)

aber:

¿Has visto jamás una cosa igual?

(Hast du je(mals) so etwas gesehen?)

2) **COMO PARA QUE PUEDA**

Der Modus Subjuntivo steht ***immer*** nach folgenden Konjunktionen und konjunktionalen Ausdrücken:

- ***sin que***

  Siempre se van sin que nosotros podamos darles las gracias.

  (Immer gehen sie weg, ohne daß wir uns bei ihnen bedanken können.)

- *antes (de) que*
  Antes que venga Boni no es posible comenzar la reunión.
  (Bevor (nicht) Boni kommt, ist es nicht möglich, die Sitzung zu eröffnen.)
- *caso que/en el caso de que*
  Caso que/En el caso de que tengamos suficiente dinero, podremos comprar el último modelo.
  (Falls das Geld reicht, können wir uns das neueste Modell kaufen.)
- *con tal que/con tal de que*
  Con tal que/Con tal de que venza hoy el Madrid, ya estoy contento.
  (Falls die Madrider heute gewinnen, bin ich schon zufrieden.)
- *a no ser que*
  A no ser que pidan demasiado, compraré esta casa.
  (Falls man nicht zuviel verlangt, werde ich dieses Haus erwerben.)
- *por (muy)* **+ Adjektiv/Adverb +** *que*
  Por (muy) guapa que sea no llegará a seducir a José.
  (So hübsch sie auch ist, wird es ihr nicht gelingen, José zu verführen.)
- *para que*
  Te lo digo para que te enteres.
  (Das sage ich dir, damit du es endlich begreifst.)

In der konjunktionalen Wendung **como para que ...** tritt eine semantische Verschiebung ein. Die Konjunktion ist hier mit „als daß ..." zu übersetzen. Während in **para que** die Finalität, d.h. die Ziel- und Zweckbestimmung vorherrschend ist, steht in **como para que** das Moment der Potentialität im Vordergrund. *Also*: **El suicido es un gesto demasiado descorazonador como para que pueda ser incluido en los derechos humanos.**
(Der Selbstmord ist ein zu entmutigender Akt, als daß er unter die Menschenrechte gezählt werden könnte.)

3) **LOS CUALES, POR EL CONTRARIO, SE CONSIDERAN**
Während die Kommasetzung im Deutschen in erster Linie nach syntaktischen Gesichtspunkten erfolgt, wird der Beistrich im Spanischen grundsätzlich auf Grund sprachrhythmischer Vorgaben gesetzt; d.h.: das Komma signalisiert in aller Regel eine Pause, die an der betreffenden Stelle beim Sprechen auftreten würde. Insbesondere setze man ein Komma in folgenden Fällen:
- *bei – zumeist adverbialen – Einschüben*
  Estos, por el contrario, se consideran absolutamente necesarios.
  (Diese werden im Gegenteil als absolut notwendig erachtet.)
  Con esta regulación, sin embargo, nadie puede estar de acuerdo.
  (Mit dieser Regelung kann jedoch niemand einverstanden sein.)
- *bei Erläuterungen, die den Redefluß unterbrechen*
  ¿Puede la ciencia, en la objetividad de sus criterios, determinar este punto?
  (Kann die Wissenschaft mit ihren objektiven Kriterien diesen Punkt festlegen?)

¿Puede la ciencia asumir, en nombre de su verdad, las responsabilidades?
(Kann die Wissenschaft im Namen ihrer Wahrheit die Verantwortlichkeit übernehmen?)

- *wenn adverbiale Angaben den Satz eröffnen und – anders als im Deutschen, wo hierauf eine Inversion erfolgt – das Subjekt als nächstes folgt*

Por eso, el gesto de quien se quita la vida, es un gesto de ruptura con la sociedad.
(Daher ist der Suizid ein Zeichen eines Bruchs mit der Gesellschaft.)

4) **ES LA SOCIEDAD LA QUE/EL PUNTO EN EL QUE**

Nebensätze vertreten im Satz ganz bestimmte Vollwörter. Wie diese erfüllen sie auch jeweils eine bestimmte Satzfunktion. Demnach lassen sie sich bestimmen nach

WORTARTEN	oder	**SATZFUNKTIONEN**
Substantivsätze		*a) Subjektsätze* *b) Objektsätze* *c) Prädikatsnomen-Sätze*
Adjektivsätze		*Attributivsätze* *(= Relativsätze)*
Adverbsätze		*Adverbialsätze*

Die Urform des Nebensatzes ist der Relativsatz. In **Vamos a ver al maestro que ha escrito esta maravillosa partitura** (Wir werden den Meister treffen, der diese wunderbaren Noten geschrieben hat) etwa vertritt der Nebensatz (**que ha escrito ...**) die Stelle eines Adjektivs. Das subordinierende Relativpronomen **que** ist dasjenige Element, welches die attributive Funktion anzeigt. Wie man nun Adjektive jederzeit substantivieren kann, so läßt sich auch ein Adjektivsatz zum Substantivsatz erheben. Das ist der Fall, wenn wir den Nebensatz wie folgt einbetten:
El que ha escrito esta partitura es un maestro.
(Wer diese Noten geschrieben hat, ist ein Meister.)
Ebenso wie im Falle **sabio > el sabio** ist es hier der Artikel **el**, der die Substantivierung anzeigt. Selbstverständlich kann der so gebildete Substantivsatz auch in Objektfunktion oder als Prädikatsnomen auftreten:
Objektfunktion:
Encontramos al que ha escrito esta maravillosa partitura.
(Wir treffen den, der diese wunderbaren Noten geschrieben hat.)

Prädikatsnomen:

Mozart es el que ha escrito esta maravillosa partitura.

(Mozart ist derjenige, der diese wunderbare Partitur verfaßt hat.)

Präpositionen sind Partikeln, die, einem Substantiv vorangestellt, diesem einen besonderen grammatischen Stellenwert zuordnen. Sie legen einerseits den Objekt-Charakter eines Syntagmas fest (z.B. **añadir X a Y** – hier zeigt **a** das Dativobjekt an). Zum zweiten erlauben sie es, Substantive attributiv, d.h. adjektivisch zu verwenden (**el metro *de Madrid*** = **el metro *madrileño***). Schließlich aber, und das ist es, worauf es in diesem Zusammenhang ankommt, können sie einen Substantivsatz (analog zum Substantiv) in einen Adverbialsatz umwandeln:

Lo he hecho por el que ha escrito esta maravillosa partitura.

(Ich habe es für den getan, der diese wundervolle Partitur geschrieben hat.)

Bezüglich der Textbeispiele entspricht **la que pierde** der Verwendung als Prädikatsnomen.

Aus den Erklärungen ergibt sich, daß der Artikel in jedem Fall zu verwenden ist, wenn der Nebensatz – wenigstens im Kern – als Substantiv fungiert, auch wenn dieser Substantivsatz durch eine entsprechende Präposition später noch in einen Adverbialsatz „umfunktioniert" wird.

5) **RESPONSABILIDADES QUE LA CONCIENCIA HUMANA SE SIENTE INCAPAZ DE ASUMIR**

Im Hinblick auf den sprachlogischen Bezug zum Beziehungswort sind im Spanischen zwei Arten von Relativsätzen zu unterscheiden.

a) ***oraciones de relativo especificativas***

Mit Hilfe dieses Relativsatztypus wird das Bezugswort definiert. Die Zusatzinformation ist unentbehrlich zur deutlichen Bestimmung des vom übergeordneten Substantiv Bezeichneten. Die **oración de relativo especificativa** darf nicht durch Kommata abgetrennt werden.

Bsp.:

Se trata de responsabilidades que la conciencia humana se siente incapaz de asumir.

(Es handelt sich um eine Verantwortlichkeit, die zu übernehmen das menschliche Gewissen außerstande ist.)

b) ***oraciones de relativo explicativas***

Mit Hilfe dieses Relativsatztyps werden einem bereits hinreichend spezifizierten Substantiv zusätzliche Informationen beigegeben. Die **oración de relativo explicativa** wird durch Kommata vom Hauptsatz getrennt.

Bsp.:
La responsabilidad del médico, que es muy grande, le obliga a actuar con prudencia.
(Die Verantwortung des Mediziners, die ja sehr groß ist, verpflichtet ihn, mit Vorsicht zu handeln.)

6) **CUANDO**
Hinter der Konjunktion **cuando** können sich drei unterschiedliche Bedeutungen verbergen. Diese Unterschiede sind sowohl für die Übersetzung als auch für den Modusgebrauch bestimmend.

- ***cuando*** *= als*
  Cuando salimos de la discoteca, nos asaltaron.
  (Als wir die Diskothek verließen, wurden wir überfallen.)
- ***cuando*** *= (immer) wenn*
  Cuando íbamos a la iglesia, solíamos encontrar a Esteban con su perro.
  (Wenn wir in die Kirche gingen, pflegten wir Esteban mit seinem Hund zu treffen.)
- ***cuando*** *= wenn (= sobald)*
  Cuando hayas recogido tus cosas, podremos salir para Benavente.
  (Sobald du deine Sachen zusammengerafft hast, können wir nach Benavente aufbrechen.)
  Nur im Sinne von „sobald" also regiert **cuando** den **modo subjuntivo**.

Übersetzungsvorschlag

Leben ohne Hoffnung

Niemals findet das Recht auf Freitod[1] Aufnahme ins Zivilrecht. Immer schon wurde Selbstmord als ein für die menschliche Gesellschaft allzu entmutigendes Zeichen erachtet, als daß er den Rang eines Menschenrechtes erlangen könnte, gelten doch die Menschenrechte gerade[2] als eine Bestätigung des Lebens. Mit dem Freitod eines ihrer Glieder verliert die Gesellschaft insgesamt ihren Lebenssinn.[3] Aus diesem Grunde wurde der Suizid von jeher als Bruch auch mit der Gesellschaft aufgefaßt.

Kann nun[4] die Wissenschaft mit ihren objektiven Kriterien den Moment festlegen, an dem Leben aufhört lebenswert zu sein, den Punkt, an dem Leben und Lebenssinn unüberbrückbar auseinanderklaffen?[5] Kann die Wissenschaft mit der Autorität ihrer Wahrheit die Verantwortlichkeit übernehmen,[6] welche das menschliche Gewissen allein zu tragen nicht imstande ist? Zwischen dem Problem[7] der Euthanasie, wie es sich heute darstellt, und dem des Selbstmords besteht ein fundamentaler Unterschied. Die Euthanasie-Problematik[7] berührt die des Suizids noch nicht, wenn lebenserhaltende Maßnahmen eingestellt werden,[8] sondern erst, wenn konkret etwas unternommen wird, ein Leben[9] zu beenden. Aus religiöser Sicht mag man einwenden, daß Gott allein das Recht hat, Leben[9] zu nehmen, ist er es doch, der es uns gab. Wie oft jedoch verlangen nicht Menschen im Namen des Wohls der Menschheit von anderen, ihr Leben zu opfern! Nichts ist im Alltagsbewußtsein[10] tiefer verankert als die Vorstellung eines natürlichen Todes.

Aus diesem Grunde auch sollte eine Euthanasie, die diesen Namen verdient[11], im Lichte eines Grundrechtes auf Gewissensfreiheit des einzelnen betrachtet werden. Tatsache ist, daß im Falle des Selbstmords allein die betreffende Person handelt[12], während bei der Euthanasie das Eingreifen eines anderen erforderlich ist. Genau da aber taucht das Problem auf, wie der einzelne gegenüber Wissenschaft und Institutionen geschützt werden kann. Legale Euthanasie[13] ist nur dann möglich, wenn sie auf einem Recht des Gewissens gründet. Inwieweit aber kann man der Unabänderlichkeit des Entschlusses eines Menschen in einem Entscheidungs- und Überprüfungsverfahren sicher sein,[14] dem zugleich ein juristisches und medizinisches Procedere zugrunde liegt?

Übersetzungskommentare

1) **El derecho a la propia muerte** wörtlich mit „das Recht auf den eigenen Tod" übersetzen zu wollen, ergäbe wenig Sinn. Das Adjektiv „propio" hat im vorliegenden Kontext einen eher dynamischen, handlungsbetonten Charakter im Sinne von „den Tod selbst herbeiführen". Die übliche Vokabel für den solchermaßen beschriebenen Sachverhalt ist „Freitod".

2) Es ist nicht klar erkennbar, welches die mit „por el contrario" verglichenen Tatsachen eigentlich sein sollten. Den eher vagen Gegensatz bringt daher im Deutschen besser als „im Gegenteil" das in der Musterübersetzung gewählte „gerade" zum Ausdruck.

3) Die verschiedenen Einstellungen des Spanischen und Deutschen zu dem hier behandelten Problem werden bei Vergleich des ausgangs- und zielsprachlichen Satzes deutlich. Der Neigung des Spanischen zu Umschreibung und Handlungsbezug steht im Deutschen die nüchterne, substantivisch fixierte Bestandsaufnahme gegenüber. Natürlich sind an solchen Stellen auch wörtliche Übersetzungen möglich, doch hat ein Sprachduktus, wie er in der Beispielübersetzung gewählt wurde, eine erheblich höhere Auftretenswahrscheinlichkeit.

4) Abtönungspartikel dienen nicht nur dazu, die Einstellung des Sprechers/Schreibers zu seiner Aussage zu modalisieren. Sie haben darüber hinaus auch eine textuelle Funktion, indem sie die Bezüge der einzelnen Aussagen zueinander harmonisieren. Das ist besonders deutlich an der markierten Stelle, wo das eingefügte „nun" den Bezug zum Vorhergehenden andeutet und damit zum Aufbau von Textkohärenz beiträgt. Diese ist zwar auch im spanischen Ausgangstext – durch die Semantik – gegeben. Im Deutschen herrscht jedoch die Tendenz vor, solche Bezüge auch formal sinnfällig zu machen.

5) Nur selten entsprechen bei metaphorischen Ausdrucksweisen die Bildquellen in Ausgangs- und Zielsprache einander. Im vorliegenden Falle personifiziert das Spanische über das Verb *separarse*, eine Personifikation, die im Deutschen in derlei Texten eher selten vorgenommen würde. Hier gäbe man wohl einer mechanistisch-objektiven Bildlichkeit den Vorzug, weshalb das Verb „auseinanderklaffen" verwendet wurde. Solche bildlichen „Versetzungen" sind allerdings meist kontextsensitiv, das heißt, daß die Wahl des übrigen Sprachmaterials sich der geänderten Bildlichkeit anpassen muß, so daß hier *irremediablemente* mit „unüberbrückbar" übersetzt wurde.

6) Auch an dieser Stelle tritt der Hang des Spanischen zur Personifikation deutlich hervor, und auch hier kann das Deutsche dies nur bedingt mitvollziehen. Die Neutralisierung erfolgt hier dadurch, daß nicht mit „Verantwortung" – diese ist konkret und individuenbezogen – sondern mit dem abstrakteren „Verantwortlichkeit" übersetzt wurde.

7) Es wäre verfehlt, weil unüblich, wenn auch semantisch nicht falsch, *tema* hier mit „Thema" zu übersetzen. Auch im Spanischen kollokiert mit *plantear* (=„aufwerfen") eher das Substantiv *problema* (=„Problem"). Vermutlich hat der Autor zunächst **tema** verwendet, um *problema* für die Fortsetzung freizuhalten. Bei idiomatischer Wiedergabe mit „Problem der Euthanasie" gerät der Übersetzer in der deutschen Version in das nämliche Dilemma. In der Musterübersetzung wurde versucht, die stilistische Unebenheit dadurch zu glätten, daß mit Hilfe des Kompositums „Euthanasie-Problematik" übersetzt wurde.

8) Das ausgangstextliche *cuando se interrumpe algo* ist semantisch außerordentlich unbestimmt. Gemeint ist natürlich die Unterbrechung lebenserhaltender (apparativer) Maßnahmen, und nichts spricht dagegen, den zielsprachigen Text diesbezüglich zu vereindeutigen.

9) Zwar steht im Ausgangstext *vida* jeweils mit dem bestimmten Artikel, doch zielt der Begriff hier offensichtlich nicht auf Leben als solches, sondern auf den Einzelfall. Die Wiedergabe im Deutschen könnte eventuell durch Hinzufügen eines personalen Elements (z.B. „jemandem das Leben nehmen") erfolgen, in der Musterübersetzung

wurde jedoch einer Individuierung durch die Verwendung des unbestimmten Artikels der Vorzug gegeben.

10) Die scheinbare semantische Abweichung, die sich aus der Übersetzung von *vida cotidiana* mit Alltags*bewußtsein* ergibt, rechtfertigt sich durch die zielsprachliche Üblichkeit, die eine spezifischere Bestimmung verlangt.

11) An dieser Stelle zeigt sich, daß die Verwendung von Sprache letzlich auch vom kulturellen und historischen Hintergrund bestimmt wird. Der Begriff „Euthanasie“ ist durch die Ereignisse während der nationalsozialistischen Periode außerordentlich negativ konnotiert. Dies betrifft insbesondere die Verhältnisse im deutschen Sprachraum, gilt aber – wenngleich in abgeschwächter Form – auch für das übrige Europa. Jedenfalls hat der Autor es für nötig erachtet, dieser Konnotation durch Verwendung des Adjektivs *positiva* entgegenzuwirken. In bezug auf den deutschen Leser muß allerdings dieser Aspekt noch deutlicher herausgearbeitet werden, was in der Musterübersetzung mit Hilfe eines Relativsatzes geschieht, „...eine Euthanasie, die diesen Namen verdient,...“.

12) Es bringt keinerlei Gewinn, die komplizierte Wendung *se ve involucrada la persona* übersetzen zu wollen. Das einfache „die betreffende Person handelt“ bringt den Sachverhalt schlicht und treffend zum Ausdruck.

13) Die Konversion (Metataxe) von Substantiv:Attribut ist eine beim Übersetzen immer wieder zu beobachtende Erscheinung. In der Musterübersetzung rückt hierbei „Euthanasie“ in die Subjektfunktion, während *legitimidad* zum attributiven Adjektiv wird.

14) *Garantizar* mit „gewährleisten“ oder „garantieren“ übersetzen hieße eine falsche Perspektive vertexten. Es geht nicht darum, daß gewissermaßen von außen ein Entschluß festgeschrieben würde, vielmehr wird aufgezeigt, daß der Patient in einem komplexen und nicht von heute auf morgen ablaufenden Verfahren möglicherweise seine Haltung ändern könnte, so daß Euthanasie zum Mord würde. Die Übersetzung mit „wie kann man sicher sein“ wird daher dem auszudrückenden Sachverhalt in jedem Falle eher gerecht.

Idiomatische Wendungen

Charakterisierung individueller Zuständlichkeit II

Al ver por primera vez las tropas del enemigo, al joven recluta se le encogió el ombligo.
Als er zum erstenmal die feindlichen Truppen sah, rutschte dem jungen Rekruten das Herz in die Hose.

a alguien se le encoge el ombligo
≈ jdm. rutscht das Herz in die Hose

Al principio andábamos un poco moscas, pero como todos se mostraban absolutamente leales, en pocos días nos tranquilizamos.
Anfangs waren wir etwas mißtrauisch, aber da sich alle völlig loyal verhielten, beruhigten wir uns in wenigen Tagen.

estar mosca
≈ mißtrauisch sein

Me puse a caminar y a las diez zancadas no podía con mi alma y resollaba como un perro en agosto.
Ich begann zu marschieren, doch schon nach zehn Schritten war ich fix und fertig und hechelte wie ein Hund im August.

no poder con su alma
≈ fix und fertig sein

Ayer le dije imbecil a mi jefe. Sé que me jugué el empleo, pero me salió del alma.
Gestern habe ich zu meinem Chef „Idiot" gesagt. Ich weiß, daß ich dadurch meine Stelle aufs Spiel gesetzt habe, aber es drang mir aus tiefster Seele hervor.

algo sale a alguien del alma
≈ etw. drängt tief aus jemandes Innern hervor

Él dijo blanco, ella negro y nosotros no sabíamos a qué carta quedarnos.
Er sagte so, sie das Gegenteil, und so wußten wir nicht, woran wir uns halten sollten.

no saber a qué carta quedarse
≈ nicht wissen, woran man ist

Le expliqué que se había equivocado en todo lo expuesto y se largó más corrido que una mona.
Ich erklärte ihm, daß er sich in seinen ganzen Ausführungen geirrt hatte, und er rückte zu Tode beschämt ab.

más corrido que una mona
≈ zu Tode beschämt

Cuando el tren entró en la estación me puse como el rabo de una lagartija. ¡Qué emoción!
Als der Zug in den Bahnhof einlief, wurde ich ganz kribbelig. Mensch, war ich bewegt!

ponerse como el rabo de una lagartija
≈ ganz kribbelig werden

Todos andaban muy preocupados, sólo Dolores reía y estaba como unas castañuelas.
Alle waren sehr besorgt, nur Dolores lachte und war quietschvergnügt.

estar como unas castañuelas
≈ quietschvergnügt sein

No había dormido la noche y así, durante la ponencia, perdió varias veces el hilo por falta de concentración.
Er hatte die ganze Nacht nicht geschlafen, und so verlor er während seines Vortrags aus Konzentrationsmangel mehrfach den Faden.

perder el hilo
≈ den Faden verlieren

Masculinidad

Uno de los signos más **reveladores** de la masculinidad es la **capacidad de acción** y la acción sin reflexión, es decir, **sin espejo**. De todos los **donjuanes**[1] que registra la **historia de las letras** el menos **genuino** es el de Marañón. Un Don Juan **feminoide**. Nada menos cierto[2]. **Confundía** Marañón los **síntomas** con los **síndromes** – cosa rara **en un médico** – es decir, las **consecuencias con los motivos**. Es seguro que **a fuerza de** ser mimados y amados por las mujeres, los hombres pueden llegar[3] a adquirir una cierta **dulzura** equívoca. Puede Don Juan adquirir una **suavidad** equívoca y ése es el riesgo de ser **adorado**. Los que nos adoran nos **desnaturalizan**. Los dioses eran, con frecuencia, **andróginos, al menos en apariencia**. El secreto de Don Juan **consiste en** que no tiene espejo, es decir, en que es incapaz de reflexión moral, física, estética. No sabe lo que es eso. No tiene nada de **Narciso** Don Juan, y si quiere verse hermoso, busca a la mujer y confirma su propio poder de seducción en la seducción misma.

Se podría decir[4] que el hombre que sabe que es hombre ya no es hombre. Por eso algunos países, con la **obsesión** permanente de la **hombría**, son los que dan un más alto **índice** de homosexualidad. El león que quiere ser león, es decir, que lo **aparenta** conscientemente, ha dejado de ser león. La reflexión (la vuelta sobre el hecho del simple existir) destruye la gran parte del existir. Don Juan, sin espejo y sin reflexión y sin **regreso** sobre la acción (eso es la reflexión) es el hombre más vivo que se puede imaginar. Todo en él es acción y, sin embargo, Don Juan tiene una estética y sus instintos saben lo que les gusta a las mujeres. **Como suele suceder** en la vida, los instintos, con su saber **innato** e **inconsciente**, **aciertan** y triunfan. Don Juan es, pues, un **esteta** instintivo del amor. Si alguien se lo dijera, preguntaría quizá[5] lo que quiere decir la palabra y cuando se lo explicaran, se reiría con **inocencia**. Porque en don Juan, como en todos los sabios instintivos (y eso son los hombres de acción triunfantes), hay una gran inocencia natural. Esa inocencia les lleva a realizar una tarea **meritísima**: la **rectificación** de lo real en la dirección de la naturaleza. Destruye[6] Don Juan la **hipocresía** y la moralidad y el idealismo retórico del amor y recuerda a todo el mundo que el amor es una función **glandular** y un **placer carnal** y que éste es **legítimo**, y que la legitimidad es **sagrada**. Ese **fue y sigue siendo** el secreto de su éxito como **arquetipo** y como **mito**.

Don Juan triunfa porque debe triunfar. No hay mujer en el mundo que no sienta[7] por él una **reservada** o manifiesta **amistad** y no hay hombre que no lo **respete**[7] o **envidie**. El triunfo de Don Juan es, pues, universal, **límpido** y sin sombras. Y eso es posible porque representa los derechos de nuestra carne a un placer **desnudo de** retórica y de falso idealismo.

Wortschatz

la masculinidad	– die Männlichkeit
masculino, –a	– männlich
la masculinización	– die Vermännlichung
la feminidad	– die Weiblichkeit
femenino, –a	– weiblich
femenil, –il	– weiblich, weibisch
el feminismo	– die Frauenbewegung
revelador, –a	– aufschlußreich
revelar algo	– etw. aufdecken, enthüllen
la revelación	– die Enthüllung, Offenbarung
el revelado	– die Entwicklung (einer Photographie)
revelarse	– sich herausstellen
rebelarse	– sich auflehnen
la rebelión	– der Aufstand
la capacidad de acción	– die Handlungsbereitschaft
la capacidad	– das Fassungsvermögen, die Leistungsfähigkeit, die Kompetenz, die Fähigkeit, das Talent ...
la capacitación	– die Befähigung
capacitar a alguien para algo	– jdn. zu etw. befähigen
capacitarse para algo	– sich die Kenntnisse über etw. aneignen
sin espejo	– wörtl.: „ohne Spiegel“; hier: rückhaltlos
el espejo	– der Spiegel
el espejo deformante	– der Zerrspiegel
el espejo parabólico	– der Parabolspiegel
mirarse en uno como en un espejo	– jdn. als Vorbild verehren
el espejismo	– die Fata Morgana
el donjuan	– der Don Juan
la historia de las letras	– die Literaturgeschichte
genuino, –a	– unverfälscht, echt, naturgemäß, angeboren
feminoide, –e	– feminin, weibisch
confundir X con Y	– X mit Y verwechseln
el síntoma	– das Symptom, das Anzeichen, das äußere Merkmal

el síndrome	– das Syndrom, das Zusammentreten von Symptomen zu einem Krankheitsbild
en un médico	– *bei* einem Arzt
la confusión de la consecuencia con los motivos	– die Verwechslung von Ursache und Wirkung
a fuerza de hacer algo	– weil man zu sehr etw. tut, vor lauter ...
a/por la fuerza	– mit Gewalt, notgedrungen
a fuerza de entrenamiento	– durch vieles Üben
a fuerza de voluntad	– durch Willenskraft
a viva/con toda fuerza	– mit aller Kraft
con todas sus fuerzas	– unter Aufbietung aller seiner Kräfte
la fuerza atractiva	– die Anziehungskraft
la fuerza de la costumbre	– die Macht der Gewohnheit
el caso de fuerza mayor	– der Fall höherer Gewalt
recobrar (las) fuerzas	– wieder zu Kräften kommen
la fuerza de persuasión	– die Überzeugungskraft
hacer fuerza a alguien	– jdn. zwingen, jdm. Gewalt antun
por lo que esté en mis fuerzas	– soweit es in meinen Kräften steht
las fuerzas públicas	– die öffentlichen Sicherheitsorgane
sacar fuerzas de flaqueza	– aus der Not eine Tugend machen
la dulzura	– die Süße, Süßigkeit, die Sanftmut
dulzón, –a	– übersüß, süßlich, schmalzig (Musik)
dulce, –e	– süß
la suavidad	– die Weichheit, Sanftheit, Glätte
suave, –e	– weich, glatt, geschmeidig, mild
adorar a alguien	– jdn. anbeten, vergöttern
adorable, –ble	– anbetungswürdig
la adoración	– die Anbetung
desnaturalizar a alguien	– jdn. entstellen, die Natur von jdm. verändern; jdn. ausbürgern
la desnaturalización	– die Ausbürgerung; die Entartung
desnaturalizado, –a	– unnatürlich, entstellt, entartet
naturalizar a alguien	– jdn. einbürgern
andrógino, –a	– androgyn, zweigeschlechtlich, zwitterhaft

al menos	– zumindest
en apariencia	– scheinbar, dem äußeren Schein nach
la apariencia	– der Anschein, die Wahrscheinlichkeit
las apariencias engañan	– der Schein trügt
cubrir las apariencias	– den Schein wahren
según (todas) las apariencias	– allem Anschein nach
X consiste en Y	– X besteht in Y
Narciso	– Narziß (= Narcissus: Jüngling, der in der griech. Sage in sein eigenes Spiegelbild verliebt war)
el narcisismo	– der Narzißmus (krankhafte Verliebtheit in sich selbst)
la obsesión	– die Zwangsvorstellung
una idea que causa obsesión	– ein Gedanke, der einen ständig quält
obsesionante, –e / obsesivo, –a	– bohrend, quälend
obseso, –a	– besessen
obsesionar a alguien con algo	– jdn. ständig mit etw. quälen, beschäftigen
la hombría	– die Männlichkeit
la hombría de bien	– die Redlichkeit, die Rechtschaffenheit
el índice	– das Anzeichen, das Merkmal; die Tabelle, der Katalog; der Index, die Kennzahl
el índice alfabético	– das alphabetische Register
el índice de mercancías	– das Warenverzeichnis
poner un libro en el Indice	– ein Buch auf den Index setzen
el índice de acidez	– der Säuregrad
el índice de coste de vida	– der Lebenshaltungsindex
el índice de octano	– die Oktanzahl
el índice de precios	– der Preisindex
aparentar algo	– etw. vorspiegeln, vorgeben
aparentar hacer algo	– so tun, als täte man etw.
aparente, –e	– äußerlich, scheinbar
la muerte aparente	– der Scheintod
el argumento aparente	– der Scheingrund

no aparenta la edad que tiene	– er sieht nicht so alt aus, wie er ist
el regreso	– die Rückkehr
regresar	– zurückkehren
la regresión	– der Rückgang, die Rückbildung
regresivo, –a	– rückläufig
como suele suceder	– wie es zu geschehen pflegt, wie es üblich ist
innato	– angeboren, ursprünglich
inconsciente, –e	– unbewußt
consciente, –e	– bewußt
acertar	– das Ziel treffen, richtig handeln
acertado, –a	– geschickt, klug, treffend
acerté a pasar	– ich kam zufällig gerade vorbei
el acertijo	– das Rätsel
el esteta	– der Ästhet
la inocencia	– die Unschuld, die Arglosigkeit
inocente, –e	– unschuldig, harmlos, naiv
inocente de algo	– schuldlos an etw.
la inocentada	– die naive Aussage; Scherz am 28. Dez. (= 1. April in Deutschland)
el inocentón	– der Einfaltspinsel
meritísimo, –a	– hochverdient
el mérito	– der Verdienst
de mérito	– verdienstvoll, großartig
hacer méritos	– sich als diensteifrig erweisen (um ein Ziel zu erreichen)
meritorio, –a	– verdienstvoll
la rectificación	– die Rechtfertigung, die Berichtigung, Verbesserung
rectificador, –a	– berichtigend, begradigend
el rectificador	– der Gleichrichter (E-Technik)
la rectificadora	– die Schleifmaschine
rectificar algo	– etw. berichtigen, verbessern; etw. (fein)schleifen; etw. begradigen, entzerren
rectificativo, –a	– richtigstellend, Berichtigungs-, Verbesserungs-
la hipocresía	– die Heuchelei
glandular, –ar	– Drüsen-, drüsenartig

la glándula	– die Drüse
la glándula lagrimal	– die Tränendrüse
la glándula mamaria	– die Brustdrüse
la glándula salival	– die Speicheldrüse
la glándula sudorípara	– die Schweißdrüse
la glándula genital/ germinativa	– die Keimdrüse
el páncreas	– die Bauchspeicheldrüse
el placer carnal	– die Fleischeslust
legítimo, –a	– legitim, rechtmäßig
la legitimidad	– die Rechtmäßigkeit, Gesetzmäßigkeit
la legitimación	– die Berechtigung, der Rechtmäßigkeitsbeweis
sagrado, –a	– heilig
fue y sigue siendo X	– das war und wird X bleiben
el arquetipo	– der Archetypus, das Urbild
el mito	– der Mythos
la mitología	– die Mythologie
mítico, –a	– mythisch
reservado, –a	– taktvoll, zurückhaltend, vertraulich, geheim; reserviert, vorbehalten
quedan reservados todos los derechos	– alle Rechte vorbehalten
el reservado	– das Reservat
reservar algo	– etw. reservieren, zurückbehalten, zurücklegen
reservar una habitación	– ein Zimmer vorbestellen
la amistad	– die Freundschaft
respetar a alguien	– jdn. schätzen, respektieren
envidiar a alguien	– jdn. beneiden
límpido, –a	– rein, makellos
la limpidez	– die Klarheit, Reinheit, Lauterkeit
la limpieza	– die Sauberkeit
limpio, –a	– sauber, rein, klar
desnudo de X	– frei von X
desnudo, –a	– nackt, unbekleidet
poner al desnudo algo	– etw. bloßlegen
un cuadro al desnudo	– ein Akt(gemälde)
desnudar a alguien	– jdn. ausziehen, entkleiden
un hilo desnudo	– ein nicht isolierter Draht

Grammatische Anmerkungen

1) **LOS DONJUANES/UN DON JUAN**
Lebende Sprachen sind ein dynamisches System, das sich ständig neuen Benennungsbedürfnissen anpaßt. Dabei kommt es gelegentlich vor, daß auch Eigennamen lexikalisiert werden. Zunächst als metonymisches Stilistikum verwendet, werden gewisse Eigennamen schließlich zu geläufigen Normalwörtern der Sprache. (Vgl. Caesar > Zäsaren; Graf Zeppelin > Zeppeline.) Demselben Phänomen begegnen wir an der Textstelle, wo Kleinschreibung und Plural signalisieren, daß hier nicht die ursprüngliche literarische Gestalt, sondern eine Gattung mit den Merkmalen dieser fiktiven Figur gemeint ist. Insofern könnte man dem Autor Inkonsequenz vorwerfen, wenn er im Folgesatz zur Großschreibung zurückkehrt. Dieser könnte sich jedoch damit verteidigen, daß er ja nun ein Individuum, die konkrete Figur Marañóns zitiert. Da im Deutschen „Don Juan" in diesem Sinne noch nicht lexikalisiert ist, wird empfohlen, in der Übersetzung bei der Getrenntschreibung zu bleiben.

2) **UN DON JUAN FEMINOIDE/NADA MENOS CIERTO**
Der Übersetzer wird immer wieder auf syntaktische Konstruktionen treffen, in denen einer der von der Schulgrammatik als unverzichtbar deklarierten Satzteile *Subjekt* oder *Prädikat* ausgefallen ist, ohne daß man solchen Gebilden den Status eines Satzes absprechen könnte. In der Regel handelt es sich hierbei um ein verstärkendes Stilistikum, mit dessen Hilfe der Autor eine Aussage besonders plakativ hervortreten lassen möchte. Diese psychologische Wirkung greift im Deutschen ähnlich wie im Spanischen, so daß im allgemeinen nicht empfohlen werden kann, den Satz zu vervollständigen.

3) **ES SEGURO QUE ... LOS HOMBRES PUEDEN LLEGAR**
Nach allgemeinen Wendungen, die das Maß einer Gewißheit angeben, steht nur dann kein Subjuntivo, wenn die Gewißheit absolut ist und die Aussage dadurch einer Feststellung gleichkommt.
Also:

es seguro que pasa algo	– es ist gewiß, daß etw. geschieht

aber:

es muy probable que pase algo	– es ist hochwahrscheinlich, daß etw. geschieht

4) **SE PODRÍA DECIR**
Das spanische Konditional ist ursprünglich ein Futur der Vergangenheit, das ja auch als solches immer noch verwendet wird. Es wird heute in folgenden Fällen gebraucht:

a) *zum Ausdruck der Nachzeitigkeit in der Zeitstufe der Vergangenheit;*
Bsp.:
Nos informó que saldría al día siguiente.
(Er teilte uns mit, daß er am folgenden Tag abreisen würde.)

b) *zum Ausdruck einer Annahme oder Möglichkeit;*
Bsp.:
Se podría decir que el hombre que sabe que es hombre ya no es hombre.
(Man könnte sagen, daß der Mann, der sich bewußt ist, Mann zu sein, aufhört, Mann zu sein.)

c) *zum Ausdruck einer Wahrscheinlichkeit in der Zeitstufe der Vergangenheit;*
Bsp.:
En esta ciudad, mi vida habría sido muy distinta.
(In dieser Stadt wäre mein Leben wahrscheinlich ganz anders verlaufen.)

d) *zum Ausdruck einer förmlichen Höflichkeit;*
Bsp.:
¿Sería Vd. tan amable de prestarme el dictáfono?
(Wären Sie so nett, mir das Diktiergerät zu leihen?)

e) *als Tempus des Hauptsatzes im irrealen Bedingungssatz;*
Bsp.:
Si hubiera tenido la oportunidad, habría hablado contigo.
(Wenn er die Möglichkeit gehabt hätte, hätte er mit dir gesprochen.)

Si alguien se lo dijera, preguntaría quizá lo que quiere decir eso.
(Wenn es ihm jemand sagte, fragte er vielleicht, was das bedeuten soll.)

5) **SI ALGUIEN SE LO DIJERA, PREGUNTARÍA QUIZÁ**

Zu unterscheiden ist zwischen realen Bedingungssätzen – die Bedingung wird als erfüllbar erachtet – und irrealen Bedingungssätzen – die Bedingung gilt als unerfüllbar. Im realen Bedingungssatz steht in der Prótasis (wenn-Satz) der Indikativ Präsens, in der Apódosis (Hauptsatz) Futur oder Präsens Indikativ:

Si quieres te acompaño/acompañaré hasta Benavente.

(Wenn du willst, begleite ich dich bis Benavente.)

Dagegen ist im irrealen Bedingungssatz der Gegenwart in der Prótasis der Subjuntivo de Imperfecto, in der Apódosis das Potencial zu verwenden. Handelt es sich um einen irrealen Bedingungssatz der Vergangenheit, so stehen die entsprechenden zusammengesetzten Zeiten:

- *irrealer Bedingungssatz der Gegenwart*

  Si tuviera tiempo, te acompañaría hasta Benavente.

  (Wenn ich Zeit hätte, begleitete ich dich bis Benavente.)
- *irrealer Bedingungssatz der Vergangenheit*

  Si hubiera tenido tiempo, te habría acompañado hasta Benavente.

  (Wenn ich Zeit gehabt hätte, hätte ich dich bis Benavente begleitet.)

Im Textbeispiel gerät der Modus der Apódosis (**preguntaría**) in einen gewissen Konflikt, da das Adverb **quizá** eine Affinität zum Subjuntivo hat. Insbesondere wenn **quizá** dem Verb nachgestellt ist, wird sein modaler Einfluß jedoch neutralisiert. Man vergleiche

Quizá venga – **Viene quizá**

(Vielleicht kommt er.)

Hierdurch bleibt an der Textstelle auch das **Potencial** der Apódosis unangetastet.

6) **DESTRUYE**

Die Verben auf **-uir** weisen die Unregelmäßigkeit auf, daß im Indikativ Präsens in allen Formen, deren Endung nicht mit **i** beginnt, ein **y** eingeschoben wird. Da die erste Pers. Sing. des Präsens zugleich Stammform für den Subjuntivo des Präsens ist, dehnt sich diese Irregularität auf all dessen Formen aus:

Präs.	***Ind.Präs. Subj.***
destruyo	**destruya**
destruyes	destruyas
destruye	destruya
destruimos	destruyamos
destruís	destruyáis
destruyen	destruyan

Die Verben dieser Gruppe sind:

argüir algo	– etw. schließen, folgern, auf etw. hindeuten
arguyo	– ich folgere
redargüir algo	– etw. widerlegen, zurückweisen
redarguyo	– ich weise zurück
concluir algo	– etw. folgern, etw. abschließen
concluyo	– ich folgere
excluir algo	– etw. ausschließen
excluyo	– ich schließe aus
recluir algo	– etw. einsperren, einschließen
recluyo	– ich sperre ein
constituir algo	– etw. bilden, ausmachen
constituyo	– ich bilde
destituir a alguien	– jdn. seines Amtes entheben
destituyo	– ich entlasse

estatuir algo	– etw. verordnen, dekretieren
estatuyo	– ich bestimme
instituir algo (a alg.)	– etw. gründen, stiften, einrichten (jdn. einsetzen)
instituyo	– ich setze ein
prostituir a alguien	– jdn. schänden, entehren
prostituyo	– ich schände
restituir a alguien	– jdn. wieder einsetzen
restituyo	– ich setze wieder ein
sustituir algo	– etw. ersetzen, austauschen
sustituyo	– ich tausche aus
construir algo	– etw. konstruieren, erbauen
construyo	– ich erbaue
destruir algo	– etw. zerstören
destruyo	– ich zerstöre
incluir algo	– etw. einschließen, beinhalten
incluyo	– ich schließe ein
distribuir algo	– etw. verteilen
distribuyo	– ich verteile
retribuir algo	– etw. vergüten
retribuyo	– ich vergüte
instruir a alguien	– jdn. unterrichten, unterweisen
instruyo	– ich unterweise
obstruir algo	– etw. verstopfen, verhindern
obstruyo	– ich blockiere
reconstruir algo	– etw. wiederherstellen
reconstruyo	– ich rekonstruiere
derruir algo	– etw. niederreißen
derruyo	– ich reiße nieder
diluir algo	– etw. verdünnen, vermischen
diluyo	– ich verdünne
disminuir algo	– etw. verringern
disminuyo	– ich verringere
fluir	– fließen, rinnen
fluye	– es fließt
afluir	– herbeiströmen
afluye	– es strömt herbei
confluir	– zusammenströmen
confluye	– es strömt zusammen
influir en algo	– auf etw. Einfluß nehmen
influyo	– ich nehme Einfluß
refluir	– zurückfließen
refluye	– es fließt zurück

gruir	– schreien (Kranich)
gruye	– er schreit (Kranich)
huir	– fliehen
huyo	– ich fliehe
rehuir algo	– etw. ablehnen, verschmähen
rehuyo	– ich verschmähe
imbuir a alguien en algo	– jdm. etw. beibringen
imbuyo	– ich bringe bei
inmiscuirse en algo	– sich in etw. einmischen
me inmiscuyo	– ich mische mich ein
intuir algo	– etw. intuitiv erkennen
intuyo	– ich erahne etw.
atribuir algo a X	– X etw. zuschreiben
atribuyo	– ich schreibe zu
contribuir algo a X	– etw. zu X beitragen
contribuyo	– ich trage bei

Die Formen von
- 3. Pers. Sing. und Plural des Indefinido (z.B. **destruyó**, **destruyeron**)
- Subjuntivo de Imperfecto (z.B. **destruyera**, **destruyese**)
- Gerundio (z.B. **destruyendo**)

sind nicht unregelmäßig, sondern folgen der allgemeinen phonotaktischen Norm, daß unbetontes **i** zwischen Vokalen zu **y** wird.

7) **NO HAY MUJER QUE NO SIENTA/NO HAY HOMBRE QUE NO RESPETE**
Im spanischen Relativsatz (Attributsatz, Adjektivsatz) steht immer dann der Subjuntivo, wenn dem Sprecher der Gegenstand oder die Person, die vom Beziehungswort bezeichnet wird, nicht unmittelbar bekannt ist. Ist dies dagegen der Fall, so steht der Modus Indikativ.
Also:
Busco un coche que haga 200 kilómetros por hora.
(Ich suche einen Wagen, der 200 km in der Stunde fährt.)
aber:
Busco el coche que utilizó ayer mi mujer.
(Ich suche den Wagen, den meine Frau gestern benutzte.)
Der Subjuntivo der Textstelle ist also dadurch bedingt, daß **mujer** und **hombre** nicht als konkrete Individuen ins Bewußtsein treten.

Übersetzungsvorschlag

Männlichkeit

Eines der aufschlußreichsten Merkmale der Männlichkeit ist die Befähigung zum Handeln[1] und zum Handeln ohne Reflexion, d.h. ohne Vorbehalt. Von allen Don Juans, welche die Literaturgeschichte kennt, ist der am wenigsten authentische der von Marañón. Ein feminoider[2] Don Juan. Es gibt nichts, was unbestimmter wäre. Marañón hatte – merkwürdig bei einem Mediziner – die Symptome mit den Syndromen, das heißt die Ursache mit der Wirkung verwechselt[3]. Es ist schon so, daß Männer, so sie von Frauen geliebt und verhätschelt werden, schließlich in eine gewisse unbestimmte Weichheit abgleiten können. Don Juan kann eine ambige Zartheit annehmen, und das ist die Gefahr, die darin liegt[4], vergöttert zu werden. Wer uns anbetet, verdirbt uns. Die Götter waren, zumindest dem Anschein nach, nicht selten[5] androgyn. Das Geheimnis Don Juans liegt darin, keine Vorbehalte zu haben, ihm geht, anders gewendet, die Fähigkeit ab zu moralischer, physischer und ästhetischer Reflexion. Er weiß nicht einmal, was das ist. Von Narziß trägt Don Juan keinerlei Züge an sich, und wenn er sich schön sehen will[6], sucht er die Frau und erprobt seine Verführungskunst an der Verführung selber.

Man ist geneigt zu sagen[7], daß der Mann, der weiß, daß er Mann ist, aufhört, Mann[8] zu sein. Das ist auch der Grund dafür, daß gewisse Länder mit einem notorischen Männlichkeitswahn einen so hohen Anteil Homosexueller[9] aufweisen. Der Löwe, der Löwe sein will, der dem Löwen mit anderen Worten bewußt nacheifert, hat aufgehört, Löwe zu sein. Die Reflexion, d.h. die Spiegelung der schlichten Tatsache zu sein, zerstört den größten Teil ebendieses Seins[10]. Ohne Hinterfragen, ohne Vorbehalt, ohne Rückbesinnung auf die Aktion – das nämlich ist Reflexion – ist Don Juan der Inbegriff männlicher Vitalität. Alles in ihm ist Tat. Zeit zur Selbstanalyse bleibt hier nicht; andererseits hat Don Juan durchaus ästhetisches Gespür[11]; seine Instinkte sagen ihm, was den Frauen gefällt. Wie auch im Leben treffen die Instinkte mit ihrem genuinen unbewußten Wissen das Rechte, um so zu obsiegen. Don Juan ist also ein intuitiver Ästhet der Liebe. Würde ihm dies jemand sagen, so würde er möglicherweise fragen, was das Wort überhaupt bedeute, und wenn man es ihm erklärte, würde er in aller Unschuld darüber lachen. Wie alle von der Intuition geleiteten Weisen – und dies sind ja die siegreichen Männer der Tat – ist Don Juan nämlich gekennzeichnet durch ein gerüttelt Maß natürlicher Naivität. Diese Naivität erlaubt ihnen, eine höchst verdienstvolle Aufgabe zu erfüllen: die Realität hin zum Natürlichen zu korrigieren. Don Juan vernichtet die Heuchelei, das Moralisierende[12] und den verbalen Idealismus der Liebe und bringt aller Welt in Erinnerung, daß die Liebe eine Drüsenfunktion und eine Fleischeslust ist und daß dies rechtens und diese Rechtmäßigkeit unantastbar ist. Das war und wird das Geheimnis seines Erfolgs als Archetypus und Mythos bleiben.

Don Juan bleibt siegreich, weil er siegreich bleiben muß. Es gibt auf Erden keine Frau, die nicht eine verborgene oder offen bekannte Sympathie für ihn hegte, und es gibt keinen Mann, der ihn nicht respektierte oder beneidete. Don Juans Triumph ist somit vollkommen, rein und ohne Makel. Und dies ist nur möglich, weil er die Rechte unseres Fleisches verkörpert auf eine Lust, die frei ist von Rhetorik und geheucheltem Idealismus.

Übersetzungskommentare

1) Es empfiehlt sich, in der deutschen Übersetzung die Präposition „zum“ einzufügen. Dadurch wird zwar der syntaktische Bezug etwas abgeändert, doch stünde bei wörtlicher Übersetzung „Handeln“ mit „Befähigung“ auf einer Stufe, wodurch zwei semantisch nicht vergleichbare Substantive miteinander verknüpft würden. Das Deutsche meidet solche Unverträglichkeiten, während das Spanische hier – es handelt sich wohl um eine Frage des Usage, d.h. des Sprachgebrauchs – erhebliche Toleranzen zeigt.

2) In aller Regel ist es nicht günstig, Fremdwörter in die Übersetzung zu übernehmen. Das hat, wenn es um das Sprachenpaar Spanisch-Deutsch geht, zunächst seinen Grund darin, daß Fremdwörter, z.B. Appendizitis oder Devaluation, im Deutschen schon aufgrund ihrer äußeren Form Fachlichkeit anzeigen und damit etwas konnotieren, was im Spanischen oft so nicht vorhanden ist, wo eben keine Wörter wie „Blinddarmentzündung“ oder „Abwertung“ als allgemeinsprachliche Einheiten neben den eigentlichen Fachtermini vorhanden sind. Ein zweiter Grund liegt darin, daß Fremdwörter aufgrund der formalen Ähnlichkeit suggerieren, dahinter müsse auch die gleiche Bedeutung stehen. Hier gibt es jedoch häufig Abweichungen oder wenigstens extensionale Verschiedenheiten (vgl. Demonstration *demostración*). Im vorliegenden Falle jedoch signalisiert das Suffix *-oide* auch schon im Spanischen das Merkmal „Wissenschaftlichkeit“, und es bietet sich geradezu an, diesen international üblichen Terminus auch in der Übersetzung zu verwenden.

3) Die Frage, ob der Übersetzer „nachbessern“ soll oder nicht, ist nur in bezug auf den Einzelfall zu beantworten. Da die Verwechslung ihrem Ergebnis – dem von Marañón gezeichneten Don Juan – vorausgehen muß, sollte eigentlich als Tempus das Plusquamperfekt stehen. Im spanischen Original steht allerdings das Imperfekt. Die leichte Korrektur im zielsprachlichen Text ist in diesem Falle sicherlich erlaubt, weil sie weder Inhalt noch Geist des Originals verzerrt.

4) Der unvermittelte Anschluß „die Gefahr, vergöttert zu werden" wirkt im Deutschen logisch nicht recht einsichtig. Durch das erläuternde Zwischenstück „die darin liegt" wurde die zielsprachliche Version geglättet.

5) Ein Inhalt kann gelegentlich durch den negierten Gegenbegriff wiedergegeben werden. Ein solches Spiel mit den Formen folgt in aller Regel stilistischen Notwendigkeiten. Im vorliegenden Falle ist zum einen „nicht selten" bezogen auf das Sprachregister höherwertig, zum anderen wirkt es im Vergleich zum durchaus möglichen „oft" oder „häufig" durch die Mehrsilbe(n) rhythmisch bestimmter.

6) Dem spanischen *querer verse hermoso* entspricht im Deutschen wohl eher der Ausdruck „sich schön wollen" ohne das Verb „sehen". Der Kontext aber – es ist von Narzißmus die Rede, also der bewundernden Betrachtung des eigenen Spiegelbildes – erzwingt im vorliegenden Falle, dieses Verb eben doch einzufügen.

7) Für *se podría decir* gibt es im Deutschen eine ganze Reihe von Äquivalenten, etwa „man könnte sagen", „es ließe sich behaupten", „es wäre nicht abwegig zu sagen " u.a.m. Wiederum zur Hebung des durchschnittlichen Textniveaus wurde in der Musterübersetzung der Wendung „man ist geneigt zu sagen" der Vorzug gegeben.

8) Die dreifache Verwendung der Vokabel *hombre* im Ausgangstext ist reines Stilistikum. Die Figur läßt sich ohne Schaden in der deutschen Version reproduzieren. Eine pronominale Wiederaufnahme, wie sie sonst angezeigt wäre, sollte hier unterbleiben.

9) Die abstraktive Form „hoher Grad an Homosexualität" für *alto índice de homosexualidad* wäre sicherlich ebenfalls verwendbar. Etwas harmonischer fügt sich jedoch der individuierende Ausdruck „hoher Anteil Homosexueller" in den Kontext ein, da hier stets vom Mann als solchem und nicht von statistischer Verallgemeinerung die Rede ist.

10) Der an sich einfache Satz stellt nicht unerhebliche Anforderungen an das Formulierungsgeschick des Übersetzers. Zunächst bietet es sich an, den erläuternden Klammerausdruck syntaktisch in den Rahmensatz einzubauen, was am sinnvollsten mit einem explizitierenden „d.h." geschieht. Nicht einfach ist es, einen stimmigen Ausdruck für die Vokabel *vuelta* zu finden. Der Autor etymologisiert hier semantisch das Substantiv *reflexión*, das ursprünglich so viel wie „zurückbiegen" bedeutet. In einem Spiegel wird also ein Lichtstrahl „umgebogen", reflektiert. Eine wörtliche Übersetzung mit „Rückkehr" läßt diesen bildlichen Zusammenhang nicht erkennen, weshalb in der Übersetzung „Spiegelung" gesetzt wurde.

Auch *el hecho del simple existir* widersetzt sich einer 1:1- Übersetzung. Hier dürfte es sinnvoll sein, das Semem von *simple* in ein Attribut zu „Tatsache" (*hecho*) zu verwandeln, so daß das Adjektiv „schlicht“ in der zielsprachlichen Version gewissermaßen am „falschen“ Substantiv hängt. Dennoch wird man nicht den Eindruck haben, daß damit die Semantik des Ausgangstextes verraten wurde.

11) Auch „Ästhetik“ wirkt im Kontext etwas zu abstrakt. Der Don Juan, wie er geschildert wird, ist eher instinktgeleitet, und eine rational gefaßte Ästhetik, wie sie die Vokabel andeutet, wird einem solchen Charakter nicht gerecht. Durch „Degradierung“ zum Adjektiv und Unterordnung unter das „animalischere“ Substantiv „Gespür“ wird eine bessere semantische Passung erzielt.

12) Die grundsätzlich positive Konnotation von *moralidad* wird durch die kontextuelle Einbettung ins Negative gewendet. Dies kann im deutschen Text dadurch sinnfällig gemacht werden, daß man statt mit „Moral“ oder „Moralität“ mit dem substantivierten Partizip „das Moralisierende“ übersetzt.

Idiomatische Wendungen

Verhaltensdirektiven

Tu no tienes término medio: o no bebes nada o te emborrachas completamente. ¡Hombre! Ni tanto ni tan calvo.
Du findest einfach nicht das richtige Maß. Entweder trinkst du gar nichts, oder du besäufst dich gleich! Mensch, laß doch die Kirche im Dorf.

ni tanto ni tan calvo
≈ die Kirche im Dorf lassen

Si quieres prosperar en esta empresa, tienes que trabajar duro. No puedes tumbarte a la bartola.
Wenn du in diesem Unternehmen Karriere machen willst, mußt du hart arbeiten. Da kannst du die Hände nicht in den Schoß legen.

tumbarse a la bartola
≈ die Hände in den Schoß legen

La rebelión de las masas (Ortega y Gasset)

Hay un hecho que, **para bien o para mal**, es el más importante en la vida pública europea de la hora presente. Este hecho es el **advenimiento** de las masas al **pleno poderío** social. ... Las ciudades están llenas de gente. Las casas, llenas de **inquilinos**. Los hoteles, llenos de huéspedes. Los trenes, llenos de viajeros. Los cafés, llenos de **consumidores**. Los **paseos**, llenos de transeúntes. Las salas de los médicos famosos, llenas de enfermos. Los espectáculos, **como no sean** muy **extemporáneos**[1], llenos de espectadores. Las playas, llenas de **bañistas**. Lo que antes no **solía ser** problema, empieza a serlo casi **de continuo**: encontrar sitio.

Vemos la **muchedumbre**[2], como tal, **posesionada de** los locales[3] y utensilios creados por la civilización. **Pues qué**, ¿no es el ideal? El teatro tiene sus **localidades** para que **se ocupen**[4]; **por tanto, para que** la **sala** esté llena[4]. Y lo mismo los asientos el ferrocarril y sus **cuartos** el hotel. Sí; **no tiene duda**. Pero el hecho es que antes ninguno de estos establecimientos y vehículos solía estar lleno, y ahora **rebosan**, queda fuera gente **afanosa de usufructuarlos**.

Los individuos que **integran** estas muchedumbres **preexistían**, pero no como muchedumbre. **Repartidos** por el mundo en pequeños grupos, o **solitarios**, **llevaban una vida por lo visto divergente**, disociada, **distante**. ... Ahora, **de pronto**, aparecen **bajo la especie de aglomeración**, y nuestros ojos ven dondequiera muchedumbres. ¿Dondequiera? No, no; precisamente en los lugares mejores, creación relativamente refinada de la cultura humana, reservados antes a grupos menores, **en definitiva**, a minorías.

En los grupos que se caracterizan por no ser muchedumbre y masa, la **coincidencia efectiva** de sus miembros **consiste en** algún deseo, idea o ideal, que **por sí solo** excluye el gran número[5]. ... Cuando se habla de „minorías **selectas**", la habitual **bellaquería** suele **tergiversar** el sentido de esta expresión, **fingiendo** ignorar[6] que el hombre selecto no es el **petulante** que se cree superior a los demás, sino el que se exige más que los demás, **aunque no logre** cumplir en su persona esas exigencias superiores. Y es indudable que la división más radical que **cabe** hacer en la humanidad es esta en dos clases de **criaturas**: las que se exigen mucho y **acumulan** sobre **sí mismas** dificultades y deberes, y las que no se exigen nada especial, sino que para ellas vivir es ser en cada instante lo que ya son, sin esfuerzo de perfección sobre sí mismas, **boyas** que **van a la deriva**.

En la vida intelectual, que por su misma esencia[7] requiere y supone la cualificación, se **advierte** el progresivo triunfo de los seudointelectuales **incualificados**, incalificables y descalificados por su **propia contextura**[7].

Nadie, creo yo, **deplorará**[8] que las gentes **gocen**[9] hoy en mayor medida y número que antes, ya que tienen para ello el **apetito** y los medios. **Lo malo es que** esta **decisión tomada** por las masas de **asumir** las actividades propias de las minorías no se manifiesta, ni puede manifestarse, sólo en el orden de los placeres, sino que es una manera general del tiempo. Así, creo que las innovaciones políticas de **los más recientes años no significan otra cosa que** el imperio político de las masas. ... Ahora cree la masa que **tiene derecho** a imponer y **dar vigor de ley a** sus **tópicos** de café... El escritor, al tomar la pluma[10] para escribir sobre un tema que ha **estudiado largamente**, debe **pensar** que el lector medio, que nunca se ha ocupado del asunto, si le lee, no es **con el fin de aprender algo de** él, sino, **al revés**, para **sentenciar** sobre él cuando no coincide con las vulgaridades que este lector tiene en la cabeza. Lo característico[11] del momento es que el alma vulgar, sabiéndose vulgar, tiene el denuedo de afirmar el derecho de la vulgaridad y lo impone dondequiera. ... La masa arrolla todo lo diferente, **egregio**, individual, calificado y **selecto**.

Wortschatz

para bien o para mal	– zum Guten oder zum Schlechten
¡está bien!	– in Ordnung
¡bien hecho!	– gut so!, richtig!
bien mirado, esto no está bien	– eigentlich, bei genauem Hinsehen kann man das nicht gutheißen
hacer bien haciendo algo/ hacer bien en hacer algo	– gut daran tun, etw. zu tun
tener a bien hacer algo	– es für richtig halten, etw. zu tun
el advenimiento	– die Ankunft, die Thronbesteigung
el advenimiento al poder	– die Machtergreifung
pleno, –a (eher abstrakt)	– voll, völlig, uneingeschränkt
lleno, –a (eher konkret)	– voll, gefüllt
a pleno sol	– in der prallen Sonne
en pleno día	– am hellichten Tage
un coche lleno	– ein vollbesetztes Auto
lleno de errores	– voller Irrtümer
lleno de envidia	– neidvoll
el poderío	– die Kraft, der Besitz, die Macht, die Gewalt
el pleno poderío	– die uneingeschränkte Macht
el poder	– die Kraft, das Können, die Macht
subir al poder	– an die Macht gelangen

el inquilino	– der Mieter (i. Chile: der Pachtbauer)
el alquiler	– die Miete
ser inquilino	– zur Miete wohnen
dar en alquiler algo	– etw. vermieten
alquilar una vivienda	– eine Wohnung mieten/vermieten
el alquiler vencido	– die fällige Miete
el alquiler atrasado	– die rückständige Miete
el consumidor	– der Verbraucher, der Gast (Restaurant etc.)
la consumición	– der Verzehr, die Zeche
la consumación	– die Vollendung, Erfüllung
consumir algo	– etw. verzehren, verbrauchen
consumar algo	– etw. vollenden
consumirse	– sich aufreiben, sich verzehren
el paseo	– die Promenade, der Spaziergang
el paseo marítimo	– die Strandpromenade
dar un paseo, pasearse	– einen Spaziergang machen
como no pase algo	– falls etw. nicht geschieht
extemporáneo, -a	– unzeitgemäß
el bañista	– der Badegast
el bañador	– der Badeanzug
el baño	– das Bad
los baños	– die Badeanstalt
la bañera	– die Badewanne
el bañero	– der Bademeister
algo suele ser algo	– etw. pflegt etw. zu sein
de continuo	– ständig, fortwährend
la muchedumbre	– die Masse, die Volksmenge
posesionado, –a de algo	– im Besitz von etw.
el poseedor	– der Besitzer
poseer algo	– etw. besitzen
poseído, –a	– besessen
la posesión	– der Besitz, die Besitzung
tomar posesión de un cargo	– ein Amt antreten
posesionarse de algo	– von etw. Besitz ergreifen
¡pues qué!	– na also!, nun ja!, na und?
la localidad	– der Theaterplatz, die Eintrittskarte
la entrada	– die Eintrittskarte, der Eingang
ocupar algo	– etw. besetzen
¡ocupado!	– besetzt!
por tanto, para que pase algo	– deshalb, damit etw. geschieht

la sala (de espera)	– das Wartezimmer
el cuarto	– das Zimmer
algo no tiene duda	– an etw. besteht kein Zweifel
sin duda	– sicher, freilich
sin duda alguna	– zweifelsohne
albergar dudas	– Zweifel hegen
no admitir dudas	– keinem Zweifel unterliegen
no hay (cabe) duda que pasa algo	– es besteht kein Zweifel, daß etw. geschieht
estar fuera de duda	– außer Zweifel stehen
poner en duda algo	– etw. in Zweifel ziehen
sacar de dudas a alguien	– jdm. Gewißheit geben
dudar en hacer algo	– unschlüssig sein, etw. zu tun
rebosar	– überlaufen, überquellen
el afán	– das Trachten, das Streben
el afán de lucro	– die Gewinnsucht
el afán de notoriedad	– das Geltungsbedürfnis
el afán de viajar	– die Reiselust
afanarse por hacer algo	– sich abmühen, etw. zu tun
estar afanoso, –a de hacer algo	– bestrebt sein, etw. zu tun
afanoso, –a	– mühsam, arbeitsam
usufructuar algo	– von etw. Nutzen haben
el usufructo	– der Nießbrauch
el usufructuario	– der Nutznießer
integrar algo	– etw. bilden (Gruppe etc.), integrieren
una parte integrante de algo	– ein wesentlicher Bestandteil von etw.
la integridad	– die Unversehrtheit, die Redlichkeit
integrar algo en algo	– etw. in etw. integrieren
preexistir	– bereits vorher existieren
repartir algo	– etw. verteilen
repartidos,-as por algún sitio	– über einen Ort verteilt
solitario, –a	– einsam, allein
llevar una vida	– ein Leben führen
por lo visto	– augenscheinlich, offenbar

divergente, –te	– unterschiedlich, abweichend
la divergencia	– die Abweichung
divergir	– abweichen, auseinanderstreben, verschiedener Meinung sein
disociar algo	– etw. trennen, aufspalten
distante, –te	– entfernt, abgelegen
distanciar algo de algo	– etw. von etw. trennen, entfernen
distanciado, –a	– entfernt
la distanciación	– die Distanzierung
el efecto de distanciamiento	– der Verfremdungseffekt (Theater)
distanciarse	– sich distanzieren
la prontitud	– die Schnelligkeit, die rasche Auffassungsgabe
de pronto	– plötzlich
pronto, –a	– schnell, behend
pronto	– bald, schnell, prompt, früh
tan pronto como pase algo	– sobald etw. geschieht
bajo la especie de algo	– unter der Erscheinungsform von etw.
la aglomeración	– die Ansammlung, Anhäufung; die Siedlung
en definitiva	– schließlich und endlich
la coincidencia	– die Übereinstimmung
coincidente, -te	– gleichzeitig, zusammenfallend
coincidir	– übereinstimmen, gleichzeitig geschehen
efectivo, –a	– wirklich, tatsächlich, wirksam
hacer efectivo algo	– etw. in die Tat umsetzen
el efectivo	– der Bestand
el efectivo (en caja)	– der Barbestand (kfm.)
los efectivos	– die Truppenstärke
el efectivo real	– der Istbestand
el efectivo teórico	– der Sollbestand
consistir en algo	– in etw. bestehen
por sí solo	– schon wegen ihrer/seiner selbst
selecto, –a	– ausgewählt, erwählt
seleccionar algo	– etw. aussortieren
seleccionado, –a	– ausgewählt
el seleccionado	– der Auswahlspieler
la selección	– die Auswahl, die Aussortierung
la bellaquería	– die Schurkerei
bellaquear	– Schurkenstreiche verüben

tergiversar un hecho	– eine Tatsache verdrehen
tergiversar	– Winkelzüge machen, lavieren
fingir algo	– etw. vortäuschen, heucheln, fingieren
el fingidor	– der Heuchler, der Simulant
fingirse enfermo	– sich krank stellen
fingir hacer algo	– so tun, als täte man etw.
petulante, –te	– ungestüm, anmaßend, dreist
la petulancia	– das Ungestüm, die Anmaßung, die Dreistigkeit
aunque no pase algo	– selbst wenn etw. nicht geschehen sollte
aunque algo no pasa	– selbst wenn etw. nicht geschieht
lograr hacer algo	– es erreichen, etw. zu tun
caber en algo	– in etw. hineinpassen, Platz haben
en esta sala caben X personas	– dieser Saal faßt X Personen
cupe, cupiste, cupo, cupimos, cupisteis, cupieron	– Indefinido von **caber**
no caber en sí de alegría	– vor Freude außer sich sein
no me cabe en la cabeza	– das will mir nicht in den Kopf gehen
cabe decir que pasa algo	– es ist möglich, daß etw. geschieht
no cabe duda	– das steht fest
no cabe más	– es paßt nichts mehr hinein
si cabe	– wenn möglich
quepa, quepas, quepa, quepamos, quepáis, quepan	– Presente de Subjuntivo von **caber**
la criatura	– das Geschöpf, das Wesen, die Kreatur
acumular algo	– etw. an-, aufhäufen
la acumulación	– die Anhäufung, Speicherung
el acumulador	– der Akkumulator
acumular funciones	– mehrere Ämter ausüben, Ämter häufen
acumulativo, –a	– kummulativ
el X mismo	– der X selbst
el mismo X	– sogar X
la boya	– die Boje

ir a la deriva	– abtreiben, sich treiben lassen
la deriva	– die Abtrifft
derivar de algo	– aus etw. hervorgehen
derivarse de algo	– sich von etw. ableiten
el derivado	– das abgeleitete Wort
derivar algo	– etw. ableiten
la derivación	– die Ableitung
advertir algo	– etw. bemerken, wahrnehmen
advertir algo a alguien	– jdn. auf etw. aufmerksam machen, jdn. vor etw. warnen
incualificado, –a	– unqualifiziert
incalificable	– unqualifizierbar
descalificar a alguien	– jdn. disqualifizieren
el propio X	– der gleiche X
el X propio	– der eigene X
al propio tiempo que algo	– zur gleichen Zeit wie etw.
una casa propia	– ein eigenes Haus
la alabanza propia	– das Eigenlob
de/con (su) propia mano	– eigenhändig
entregar algo en propia mano	– etw. persönlich übergeben
en el sentido propio de la palabra	– im eigentlichen Sinn des Wortes
la contextura	– die Verbindung, das Gefüge, der Aufbau
el contexto	– der Kontext
la contextura del discurso	– der Aufbau der Rede
deplorar que pase algo	– darüber klagen, daß etw. geschieht
deplorar algo	– etw. bedauern, beklagen, bejammern
gozar	– sich einer Sache erfreuen
gozar de algo	– etw. besitzen, genießen
gozarse en hacer algo	– seine Freude daran haben, etw. zu tun
el apetito de algo	– der Appetit auf etw.
el apetito	– die Begierde, der Hunger
la falta de apetito	– die Appetitlosigkeit
apetitoso, –a	– appetitlich, einladend
lo malo es que pasa algo	– das Übel besteht darin, daß etw. geschieht
tomar una decisión	– einen Beschluß fassen
asumir algo	– etw. ergreifen, etw. auf sich nehmen

los más recientes años	– die allerletzten Jahre
algo no significa otra cosa que algo	– etw. bedeutet nichts anderes als etw.
tener derecho a hacer algo	– das Recht haben, etw. zu tun
dar vigor (fuerza) de ley a algo	– einer Sache Gesetzeskraft verleihen
adquirir fuerza de ley	– Gesetzeskraft erlangen
el tópico	– der Gemeinplatz
la tópica	– die Topik (Rhetorik)
tópico, –a	– örtlich wirkend (med.)
estudiar largamente algo	– etw. umfassend studieren, untersuchen
pensar algo	– etw. denken/bedenken
pensar en algo	– an etw. denken
con el fin de hacer algo	– mit der Zielsetzung, etw. zu tun
aprender algo de alguien	– von jdm. etw. lernen
el revés	– die Kehrseite, Rückseite; der Rückschlag
al revés	– umgekehrt
el mundo al revés	– die verkehrte Welt
los reveses de la fortuna	– die Schicksalsschläge
algo sale al revés	– etw. schlägt ins Gegenteil um
el revés	– der Rückhandschlag (Sport)
sentenciar sobre alguien	– über jdn. urteilen, jdn. verurteilen
la sentencia	– das (Gerichts)urteil
dictar una sentencia	– über etw. urteilen
sentenciar a muerte a alguien por algo	– jdn. wegen etw. zum Tode verurteilen
sentenciar un pleito	– einen Rechtsstreit entscheiden
sentencioso, –a	– sentenziös, schulmeisterlich
egregio, –a	– edel, erlaucht, hervorragend
selecto, –a	– ausgewählt, erwählt
lo más selecto	– das Erlesenste, die Elite
la selección	– die Auswahl, Auslese
la selección nacional	– die Nationalmannschaft
la selección natural	– die natürliche Auslese
hacer una selección	– eine Auswahl vornehmen
la selectividad	– die Trennschärfe; das Abitur
el disco (selector)	– die Ziffernscheibe (Tel.)

Grammatische Anmerkungen

1) **COMO NO SEAN MUY EXTEMPORÁNEOS**

In den sogenannten **oraciones condicionales** ist die Realisierung der Aussage im Hauptsatz (**apódosis**) abhängig gemacht von der Geltung der Aussage im Nebensatz (**prótasis**). Hierbei sind hypothetische und reale Bedingungssätze zu unterscheiden. Bei den *realen Bedingungssätzen* steht der Nebensatz im Indikativ Präsens oder Perfekt und deckt so auch den Futur-Aspekt ab. (Beispiel: **Si viene/ha venido, le recibiremos.** = Wenn er kommt/gekommen sein wird, werden wir ihn empfangen.)

Neben der für Konditionalsätze üblichen Konstruktion mit **si** kann auch die Konjunktion **como + *subjuntivo*** einen konditionalen Nebensatz einleiten. Dieser hat dann einen eventualen Nebensinn. Also:

Los espectáculos están llenos, como no sean extemporáneos.
(Die Theateraufführungen sind ausverkauft, wenn sie nicht (gerade) dem Zeitgeist zuwiderlaufen.)

Die Konstruktion **como** + ***subjuntivo presente*** enthält nicht selten die Androhung einer Sanktion.

Bsp.:

Como vuelvas a llegar tarde, verás lo que es bueno.
(Wenn du noch einmal zu spät kommst, wirst du was erleben!)

2) **VEMOS LA MUCHEDUMBRE**

Der persönliche Akkusativ mit **a** steht bei Kollektivbegriffen, die sich auf Personen beziehen, nur dann, wenn diese Personen als Individuen betrachtet werden. Gerade dem widerspricht jedoch die Intention des Textes. Ortega will ja insbesondere den Verlust an Individualität hervorheben. Das sprachliche Mittel, mit dem er dies hier erreicht, ist das Nichtsetzen der Präposition **a**. Ebenfalls in Verbindung mit **muchedumbre** zitiert die Academia Real das Beispiel **halagar a la muchedumbre** („der Menge schmeicheln") und präsentiert damit das Gegenstück, bei dem der einzelne in den Blickpunkt gerückt wird.

3) **POSESIONADA DE LOS LOCALES**

Zwar hat das Partizip der Vorzeitigkeit grundsätzlich passivischen Charakter, doch gilt dies nicht für intransitive und reflexive Verben. Dem an der Textstelle verwendeten Partizip **posesionada** liegt das Verb **posesionarse de algo** (= von etw. Besitz ergreifen) zugrunde, also eine reflexive Form. Es ist daher aktivisch („im Besitze der Örtlichkeiten") zu übersetzen. Aktivisch zu übersetzen ist auch das Partizip in dem folgenden Beispiel, weil ein intransitives Verb zugrunde liegt:

Carlos, profundamente dormido, no oyó el teléfono.
(Carlos schlief tief und fest und hörte so das Telefon nicht.).

4) **PARA QUE SE OCUPEN/PARA QUE LA SALA ESTÉ LLENA**

Die Präpositionen **a** und **para** zeigen u.a. eine Hinneigung, Zielsetzung, ein Begehren oder auch eine Tendenz an:

aspira a capitán	– er will Kapitän werden
estudia para médico	– er studiert Medizin (wörtlich:um Arzt zu werden)
se inclina a la benevolencia	– er neigt zur Gutmütigkeit

Wenn nun eine dieser Präpositionen ein Verb regiert, so liegt eine sogenannte ***oración final*** vor. Das Verb steht im Infinitiv, wenn sein Subjekt mit dem des übergeordneten Verbs identisch ist:

vengo a pagar	– ich komme, um zu zahlen
estudia para aprender	– er studiert, um etw. zu lernen
salimos a comer	– wir gehen aus, um etw. zu essen

Regiert jedoch eine dieser Präpositionen ein konjugiertes Verb, so tritt sie mit **que** zu der konjunktionalen Wendung **a + que** bzw. **para + que** zusammen und leitet einen adverbialen Nebensatz (***subordinada circunstancial***) mit finalem Charakter ein. Diese Konstruktion ist zu verwenden, wenn das Subjekt des Hauptsatzes *nicht* mit dem der **oración final** identisch ist. Neben **a que** und **para que** kann auch **a fin de que** einen finalen Nebensatz einleiten.

Bsp.:

Te lo digo para que lo sepas.

(Ich sage es dir, damit du es weißt.)

Llevaba el documento consigo, a fin de que lo viese el juez.

(Er führte das Dokument mit sich, damit es der Richter sah.)

In der ***subordinada circunstancial*** mit finalem Gedankenverhältnis steht notwendigerweise der *Subjuntivo*, da dem angestrebten Sachverhalt stets der Aspekt des Nichtrealen anhaftet.

5) **QUE ... EXCLUYE EL GRAN NÚMERO**

Bei den Verben auf **-uir** wird das – unbetonte – **i** immer dann zu **y**, wenn es vor einem weiteren Vokal steht. Man schreibe also:

-ui + Konsonant; Bsp.: **excluir**,
-uy + Vokal; Bsp.: **excluye**.

Steht das **i** jedoch unter Akzent, so bleibt es auch vor Vokal erhalten. Also: **excluía**, **exluíamos** usw.

Merke folgende häufig gebrauchten Verben dieser Formengruppe:

incluir algo	– etw. einschließen
destruir algo	– etw. zerstören
disminuir	– abnehmen, weniger werden
fluir	– fließen
huir	– fliehen, flüchten

construir algo	– etw. errichten, konstruieren
distribuir algo	– etw. verteilen

Die Infinitivendung **-uir** wird nicht als Diphthong (Doppellaut), sondern als Einzellaut mit Betonung auf dem **i** gesprochen. Dies müßte eigentlich in der Schrift durch Akzent markiert werden, doch ist für diesen speziellen Fall des Infinitivs die übliche Akzentregel aufgehoben. Das gleiche gilt für das Partizip.

6) **FINGIENDO IGNORAR ...**

Das ***gerundio*** ist eine Konstruktion, die einerseits die Möglichkeit textueller Verknüpfung eröffnet (illative Funktion), andererseits aber auch als Ersatz für einen adverbialen Nebensatz verwendet werden kann. Im ersten Falle ersetzt das ***gerundio*** einen Hauptsatz, im zweiten einen kausalen, modalen, temporalen, konditionalen oder konzessiven Nebensatz. Im Textbeispiel überwiegt der modale Charakter des ***gerundio***. Man könnte also hier übersetzen mit „... indem man so tut, als wisse man nicht ...".

7) **MISMA ESENCIA/PROPIA CONTEXTURA**

• ***mismo, –a***

Mismo, –a hat unterschiedliche Bedeutung, je nachdem, ob es dem Beziehungswort voran- oder nachgestellt ist. In Vorderstellung hat es die Bedeutung „selbst" oder „derselbe", in Nachstellung die Bedeutung „selbst", „sogar".

Bsp.:

- **Esto el mismo Antonio ni lo sabe.**
  (Das weiß nicht einmal Antonio selbst.)
- **Esto te lo puede decir Antonio mismo.**
  (Das kann dir sogar Antonio sagen.)

Merke darüber hinaus die folgenden Ausdrücke:

sogar X	– **hasta X**
und man sagt sogar	– **y hasta dicen**
etw. selbst machen	– **hacer algo por sí mismo**
von sich aus, an sich	– **de por sí**
dasselbe, dieselbe Sache	– **lo mismo**

• ***propio, –a***

Vorangestellt vermittelt **propio, –a** („selbst", „eigen") den Aspekt von Eigentum im Sinne von Besitz oder Wesen, nachgestellt den des individuellen Eigentums.

Also:

Es mi propia casa.
(Das ist mein eigenes Haus.)
Quisiera una casa propia.
(Ich hätte gern ein Haus für mich.)

In bestimmten Wendungen kann **propio, –a** jedoch auch mit „gleich" übersetzt werden:
al propio tiempo — zur gleichen Zeit.

Auch bei einer Reihe anderer Adjektive ändert sich die Bedeutung in Abhängigkeit von der Voran- bzw. Nachstellung. *Merke*:

un hombre pobre	– ein armer Mann
un pobre hombre	– ein bedauernswerter Mann
un coche nuevo	– ein (fabrik)neues Auto
un nuevo coche	– ein neues (= anderes) Auto
un simle empleado	– ein einfacher Angestellter
un empleado simple	– ein einfältiger Angestellter
la presente carta	– der vorliegende Brief
la situación presente	– die gegenwärtige Lage
un edificio antiguo	– ein altes Gebäude
una antigua fábrica	– eine frühere Fabrik

8) **NADIE DEPLORARÁ ...**

Im Spanischen erfüllt das Futur eine vierfache Funktion:

- ***das futuro im engeren Sinne***

Das Futur im engeren Sinne drückt eine in der Zukunft liegende Handlung aus:
El tren llegará a las tres y media.
(Der Zug wird um halb vier eintreffen.)

- ***das futuro de mandato***

Das **futuro de mandato** wird insbesondere für die 2. Person und allgemein zum Ausdruck von Befehlen verwendet, denen praktisch nicht widersprochen werden kann:
Saldrás a su encuentro y le entregarás la llave.
(Du gehst ihm nun entgegen und übergibst ihm den Schlüssel!)
Die Zehn Gebote oder auch allgemein religiöse Vorschriften werden im Spanischen ebenfalls durch das **futuro de mandato** gefaßt:
No matarás.
(Du sollst nicht töten.)
No jurarás en vano.
(Du sollst nicht leichtfertig die Schwurhand heben.)

- ***das futuro de probabilidad***

Das **futuro de probabilidad** bringt eine Annahme oder Wertung zum Ausdruck, die der Sprecher gegenwärtig empfindet.
Serán las ocho.
(Es ist vermutlich acht Uhr.)

- *das futuro de sorpresa*

  Das **futuro de sorpresa** wird in Frage- und Ausrufsätzen zum Ausdruck der Überraschung verwendet:
  ¡No pondrá Vd. esto en duda!
  (Sie werden das doch nicht bezweifeln wollen!)
  ¿Se atreverá Vd. a negarlo?
  (Wollen Sie das etwa abstreiten?)

9) **NADIE DEPLORARÁ QUE LAS GENTES GOCEN**
Im **que**-Satz (Objektsatz) steht der Modus ***subjuntivo***

- ***nach Verben und Ausdrücken der Willensäußerung***
  Cesar mandó que dejasen los caballos. (Wunsch, Befehl)
  (Caesar befahl, daß sie die Pferde zurücklassen sollten.)
  El jefe permitió que se fuesen antes de las cuatro. (Erlaubnis)
  (Der Chef gestattete, daß sie vor vier Uhr weggingen.)
  Nos advirtió que no compráramos esta máquina. (Warnung, Rat)
  (Er warnte uns davor, diese Maschine zu kaufen.)
  Tenemos que evitar que se pare el motor. (Ziel, Absicht)
  (Wir müssen vermeiden, daß der Motor stehen bleibt.)
  Le obligaremos a que nos preste este servicio. (Zwang, Notwendigkeit)
  (Wir werden ihn verpflichten, uns diese Gefälligkeit zu erweisen.)
- ***nach Verben und Ausdrücken, die ein Gefühl beinhalten***
  Me siento honrado de que Vd. haya venido a verme. (Genugtuung, Freude)
  (Ich fühle mich geehrt, daß Sie gekommen sind, mich zu besuchen.)
  Me extraña que Vd. no haya saldado todavía la cuenta. (Erstaunen, Ärger)
  (Es befremdet mich, daß Sie die Rechnung noch nicht beglichen haben.)
  Temo que no venga. (Angst, Furcht)
  (Ich fürchte, daß er nicht kommt.)
  Espero que el negocio marche bien. (Hoffnung)
  (Ich hoffe, daß die Geschäfte gut gehen.)
  Siento que no haya podido venir a la reunión. (Bedauern)
  (Ich bedauere, daß er nicht hat zur Versammlung kommen können.)
  Entiendo que no quiera trasladarse a esta ciudad. (Verständnis, Mitgefühl)
  (Ich habe Verständnis dafür, daß er nicht in diese Stadt ziehen will.)
  Anmerkung: Man kläre stets ab, ob das übergeordnete Verb – häufig nur aufgrund des Kontextes entscheidbar – neben dem rationalen Kern eine fühlbare emotionale Komponente enthält. Fehlt diese, so steht der Modus Indikativ. Also:
  Entiendo que esta máquina debe de ser muy cara.
  (Ich begreife, daß diese Maschine sehr teuer sein muß.)
- ***nach Ausdrücken der Nichtwirklichkeit***
  No creo que venga hoy. (verneinte Verben des Sagens und Denkens)
  (Ich glaube nicht, daß er heute kommt.)
  No existe garantía de que nos entreguen las mercancías hasta la fecha prevista.

(Zweifel)
(Es ist nicht sicher, daß sie uns die Waren bis zum vereinbarten Termin ausliefern werden.)

Anmerkung: Nach **el hecho de que** steht **subjuntivo**, wenn der besprochene Sachverhalt in seiner Bedeutung abgeschwächt werden soll. Unterscheide also:
El hecho de que ha arreglado el asunto merece reconocimiento.
(Die Tatsache, daß er die Sache erledigt hat, verdient Anerkennung.) (Die Tatsache als solche wird voll gewürdigt.)
aber:
El hecho de que haya arreglado el asunto no significa mucho.
(Die Tatsache, daß er die Angelegenheit in Ordnung gebracht hat, bedeutet nicht eben viel.) (Die Tatsache wird abgewertet.)

- ***Ähnlich wie beim Objektsatz steht auch im Subjektsatz der subjuntivo nach unpersönlichen Ausdrücken, wenn diese eine subjektive Bewertung, Unsicherheit oder Notwendigkeit enthalten***
  Es curioso que Carmen defienda esta opinión. (Bewertung)
  (Es ist eigenartig, daß Carmen diese Auffassung unterstützt.)
  Es muy importante que echemos hoy mismo la carta al buzón. (Notwendigkeit)
  (Es ist sehr wichtig, daß wir den Brief heute noch zum Briefkasten bringen.)
  Es muy probable que lo haya hecho él. (Unsicherheit)
  (Mit großer Wahrscheinlichkeit hat er es getan.)
  aber:
  Es seguro/indudable que lo ha hecho él.
  (Es ist sicher/steht fest, daß er es getan hat.)

10) **AL TOMAR LA PLUMA**

Die Verbindung des Infinitivs mit einer Präposition ersetzt im Spanischen häufig einen Nebensatz. Hier die wichtigsten Konstruktionen dieser Art:

- ***a + el** + Infinitiv*
  (Ersatz eines Kausal- oder Temporalsatzes)
  al tomar la pluma = cuando/ya que toma la pluma
  (wenn/da er die Feder ergreift)
- ***a/de** + Infinitiv*
  (Ersatz eines irrealen Konditionalsatzes)
  a no ser así = si no fuera así
  (wenn das nicht so wäre)
  de haberlo sabido = si lo hubiéramos sabido
  (wenn wir es gewußt hätten)

- ***con*** + *Infinitiv*
  (Ersatz eines Konzessivsatzes)
  con ser el jefe del instituto = aunque es el jefe del instituto
  (obgleich er der Chef des Instituts ist)

- ***a/para*** + *Infinitiv*
  (Ersatz eines Finalsatzes)
  salímos a/para hacer la compra
  (wir gehen einkaufen)

11) **LO CARACTERÍSTICO**

Das Spanische besitzt mit dem Artikel **lo** ein formales Instrument, Adjektive (unter Einschluß von Possessivpronomen und Ordungszahlen, die ja ebenfalls adjektivischen Charakter haben) als abstrakte Substantive zu verwenden:

terreno, –a (irdisch)	>	**lo terreno** (das Irdische)
terrible, –e (schrecklich)	>	**lo terrible** (das Schreckliche)

etc.

Gelegentlich stehen diese Formen in Konkurrenz mit abstrakten Substantiven, die auf Grund anderer Bildungsweisen entstanden sind. Der Gebrauch der einen oder anderen Form dient dann meist stilistischen Absichten des Schreibers/Sprechers:

lo bueno/la bondad
lo bello/la belleza
lo útil/la utilidad
lo oscuro/la oscuridad
etc.

Bei manchen Wörtern ist die Verwendung des Artikels **el** oder **lo** mit einer Bedeutungsdifferenzierung verbunden:

el bajo	– das Erdgeschoß
lo bajo	– das Niedrige
el ridículo	– die Lächerlichkeit
lo ridículo	– das Lächerliche

Nicht selten zeigt die Verwendung des abstraktiven bzw. geschlechtsbezogenen Artikels den Unterschied zwischen abstrakter Inhaltskategorie und konkretem Einzelträger der beschriebenen Eigenschaft an. Unterscheide also:

		aber:	
el suyo	– der seine	**lo suyo**	– das Seine
el castellano	– der Kastilier	**lo castellano**	– das Kastilische
la primera	– die erste	**lo primero**	– das erste

Merke hierzu auch die folgenden Ausdrücke:

lo suficientemente ancho – weit genug
lo más rápidamente posible – so schnell wie möglich
más de lo habitual – mehr als gewöhnlich

In der Wendung **¡lo delicado que es!** steht **lo** emphatisch und bleibt unabhängig von Geschlecht und Zahl des Adjektivs, vor dem es steht, unverändert:

¡lo delicado que es! wie taktvoll er (doch) ist!
¡lo delicados que son! wie taktvoll sie (doch) sind!
¡lo delicadas que son! wie taktvoll sie (doch) sind!

Übersetzungsvorschlag

Der Aufstand der Massen[1]

Eine Erscheinung gibt es, die – wie immer man es wendet – derzeit im öffentlichen Leben Europas von entscheidender Bedeutung[2] ist. Es handelt sich hierbei um die Tatsache[3], daß die Massen die gesamte gesellschaftliche Macht an sich gerissen haben. Die Städte sind voller Menschen; die Häuser voller Mieter. Die Hotels voller Gäste. Die Züge voller Reisender. Die Cafés voller Besucher. Die Alleen voller Spaziergänger. Die Wartezimmer bekannter Ärzte voller Patienten. Die Schauspiele, sofern sie nicht dem Zeitgeist zuwiderlaufen, voller Zuschauer. Die Strände voller Badegäste.[4] Was zuvor kein Problem darzustellen pflegte, fängt an, es fast ununterbrochen zu sein: Platz zu finden.

Wir sehen, daß die Masse als solche sich der von der Zivilisation geschaffenen Örtlichkeiten und Einrichtungen bemächtigt hat. Nun, ist das nicht wunderbar? Das Theater hat seine Plätze, damit sie besetzt werden; dazu, daß sich der Saal füllt.[5] Und zu demselben Zweck[6] hat die Eisenbahn ihre Sitze und das Hotel seine Zimmer. Gewiß;[7] Tatsache aber ist, daß zuvor keine dieser Einrichtungen und Transportmittel voll zu sein pflegte, während sie heute überquillen und Leute draußen bleiben, die sie gern benutzen möchten.

Die Individuen, aus denen sich diese Massen zusammensetzen, gab es auch vorher schon, jedoch nicht als Menge. In kleinen Gruppen oder als einzelne über die Welt verstreut, führten sie ein augenscheinlich isoliertes, vereinzeltes und abgesondertes Leben ... Nun aber erscheinen sie plötzlich als Zusammenballungen, und wohin wir auch den Blick[8] wenden, überall sehen wir Menschenmengen. Überall? Nein, mitnichten[9], sondern nur an den besten Plätzen, dort, wo die besonderen Errungenschaften der menschlichen Kultur anzutreffen sind, und die zuvor kleineren Gruppen vorbehalten waren: Minderheiten eben.

Die entscheidende Gemeinsamkeit der Angehörigen jener Gruppierungen, die sich dadurch auszeichnen, nicht zur Menge und Masse zu gehören, besteht in einem inneren Drang, einer Idee oder Idealvorstellung,[10] die an sich schon die große Zahl ausschließt. ... Wenn von „Eliten" die Rede ist, besteht der übliche Taschenspielertrick darin, die Bedeutung dieses Ausdrucks umzukehren und so zu tun, als wisse man nicht, daß der Ausnahmemensch durchaus nicht der überhebliche Dreistling ist, der sich über andere erhaben dünkt, sondern derjenige, der sich mehr abverlangt als andere, auch wenn er jenen gesteigerten Anforderungen in seiner Person nicht immer genügen kann.[11] Die Unterscheidung, die man hinsichtlich der Menschheit treffen muß, daran[12] besteht kein Zweifel, ist die in zwei Klassen von Individuen: diejenigen, die sich viel abverlangen und Aufgaben und Pflichten auf sich nehmen, und jene, die keine besonderen Ansprüche an sich selbst stellen, da Leben für sie bedeutet, zu jedem Zeitpunkt das zu sein, was sie bereits sind, ohne Vervollkommnungsstreben hinsichtlich ihrer selbst; Bojen, die im Wasser treiben[13].

Im geistigen Leben, das schon von seinem Wesen her nach Qualifikation verlangt und diese voraussetzt, entdeckt sich immer mehr der Triumph von unqualifizierten, unqualifizierbaren und aufgrund ihrer persönlichen Beschaffenheit disqualifizierten[14] Pseudointellektuellen.

Niemand, so meine ich, wird wohl darüber klagen, daß die Menschen heute in größerem Maße und größerer Zahl als früher das Leben genießen können, haben sie doch[15] hierzu nicht nur das Bedürfnis, sondern auch die Mittel. Das Schlimme ist nur, daß dieser Entschluß der Massen, Aktivitäten aufzunehmen, die eigentlich Minderheiten vorbehalten sind, sich nicht auf Vergnügungen beschränkt und beschränken kann, sondern, daß es sich hierbei um einen allgemeinen Zug der Zeit handelt. Ich glaube daher, daß die politischen Neuerungen der allerletzten Jahre nichts anderes bedeuten als die politische Herrschaft der Massen ... Die Masse glaubt nunmehr, daß sie das Recht hat, ihre Kaffeehaus-Weisheiten durchzusetzen und ihnen Gesetzeskraft zu verschaffen ... Der Schriftsteller muß, wenn er die Feder ergreift, um sich über ein gründlich reflektiertes Thema zu verbreiten, bedenken, daß der durchschnittliche Leser, der sich niemals mit der Sache beschäftigt hat, wenn er ihn liest, dies nicht in der Absicht tut, etwas von ihm zu lernen, sondern, im Gegenteil, um ihn zu verurteilen, wenn er sich die Banalitäten, die dieser Leser mit sich herumträgt, nicht zu eigen macht[16]. Bezeichnend ist gegenwärtig, daß die Volksseele im vollen Bewußtsein ihrer Vulgarität[17] die Stirn hat, das Recht auf Vulgarität einzuklagen und es wo immer durchzusetzen. Die Masse tritt alles Besondere, Herausragende, Individuelle, Anspruchsvolle und Erlesene mit Füßen.

Übersetzungskommentare

1) Die Freiheit in der Auswahl „richtiger“ Übersetzungen hat eine Grenze dann, wenn eine Äquivalenz vorliegt, die im kulturellen Bereich der Zielsprache fest etabliert ist. Da das Werk Ortegas im deutschsprachigen Raum unter dem Titel „Der Aufstand der Massen“ publiziert wurde, ist diese Überschrift kanonisiert. Es ist daher nicht ins Belieben des Übersetzers gestellt, hier beispielsweise mit „Der Aufruhr der Massen“ zu übersetzen.

2) Der Übersetzer vermeide es, sklavisch der ausgangssprachlichen Vorlage folgend, die vorgegebenen Wortkategorien zu reproduzieren. Je nach Einzelfall wird sich nicht selten der Wechsel vom Substantiv zum Verb, vom Adjektiv zum Substantiv usw. als sinnvoll erweisen. Im vorliegenden Fall z.B. taucht das Lexem *importante* (Adjektiv) in der Übersetzung als Substantiv wieder auf („Bedeutung“).

3) Der hinweisende Charakter von *este* ist im Übersetzungsvorschlag in dem Ausdruck „es handelt sich... um die Tatsache, daß“ aufgefangen; ein Beispiel dafür, daß beim Übersetzen nicht nur zwischen den Wortklassen zu wechseln ist, sondern daß lexikalisch-morphologische Ausdrucksmittel durch syntaktische ersetzt werden können und umgekehrt. Im vorliegenden Fall wird hierdurch zugleich der ursprüngliche Haupt- zum Nebensatz.

4) Im Ausgangstext sind die überfüllten Orte jeweils durch Komma getrennt. Kommata zeigen im Spanischen in erster Linie eine Sprechpause an. Dadurch werden die einzelnen Aussagen in der Passage plakativ hervorgehoben. Im Deutschen erfüllt das Komma demgegenüber vor allem eine syntaktische Funktion und verweist daher nicht automatisch auf eine Pause. Um den stilistischen Effekt der Vorlage zu erzielen, wurden in der Übersetzung daher statt der Kommata Punkte gesetzt.

5) Die Übersetzung „daß sich der Saal füllt“ spiegelt nicht ganz das resultative Moment in „esté llena“, doch wird dies zum Teil dadurch aufgefangen, daß im Verb „füllen“ als Endstadium das „Vollsein“ eingeschlossen ist. Andererseits wiederum schwingt im finalen Konjunktiv des spanischen Ausdrucks eine prozessuale Nebenbedeutung mit, wodurch sich die leichte Abweichung von der Vorlage auch inhaltlich rechtfertigt.

6) Zur Vereindeutigung der Aussage empfiehlt es sich, die Zielsetzung vor den weiteren Beispielen zu wiederholen, auch wenn dies im Spanischen Original nicht in dieser Deutlichkeit erfolgt.

7) Das deutsche „gewiß“ fängt sowohl die Bestätigung (sí) als auch die Ausräumung von Zweifel „no tiene duda“ auf und vermag daher beides zugleich zum Ausdruck zu bringen. Zwei wichtige Typen der Strukturänderung beim Übersetzen sind die

Reduktion und die Expansion. Im ersten Falle kommt der zielsprachige Text mit einer geringeren Zahl von Formen aus, im zweiten Fall vermehrt sich die Zahl der erforderlichen Einheiten. Hier wurde demnach reduktiv übersetzt.

8) Die Personifikation von *ojos* im spanischen Text ist in der Übersetzung zugunsten des sprachüblicheren „wohin *wir* den Blick auch wenden" aufgehoben. Die wörtliche Übersetzung „wohin sich unsere Augen auch wenden" wäre ein Musterbeispiel für die Unzulänglichkeit des Festklebens an der ausgangssprachlichen Vorlage. Befriedigend wäre hingegen auch die Wendung „wohin sich unser *Blick* auch wendet."

9) Ortega y Gasset verwendet in dem Text relativ häufig rhythmisch-rhetorische Mittel, um Hervorhebungen, Gegensätze usw. zu unterstreichen. Hinzu kommt das hohe stilistische Niveau des ausgangssprachlichen Textes. Beidem wird im Übersetzungsvorschlag entsprochen. Würde der Text mündlich vorgetragen, so wäre das zweite **no** mit fallender Intonation zu sprechen, was der Aussage eine gewisse Endgültigkeit verleiht. Im Deutschen wirkt jedoch ein doppeltes „nein" weniger endgültig. Dadurch aber, daß statt des zweiten „nein" ein „mitnichten" gesetzt ist, wird das Moment der Absolutheit verstärkt. Außerdem ist diese Vokabel „erlesener" als „nein" und trägt so dazu bei, ein gehobenes Register zu signalisieren. Die Fortsetzung mit „sondern gerade" verstärkt den vom Autor dargestellten Gegensatz und schafft einen harmonischen syntaktischen Übergang zum Nachfolgenden.

10) Die Konstruktion des ausgangssprachlichen Textes wirft für die Übertragung einige Probleme auf. Die von Ortega aktualisierten Substantive *deseo, idea* und *ideal* sind offenkundig nicht summativ gemeint. Vielmehr ist – so ist die Kommasetzung zu interpretieren – *deseo* als eine Art Oberbegriff aufgefaßt, der durch *idea* und *ideal* spezifiziert wird. Damit erklärt sich auch, wieso im nachfolgenden Relativsatz das Verb im Singular steht: *excluye* kann sich alternativ auf *idea* und *ideal* beziehen, sind doch beide durch das distributive *o* miteinander verbunden. Sind diese morpho-syntaktischen Zusammenhänge einmal erkannt, stellt sich bald heraus, daß das eigentliche Problem das Genus der Substantive darstellt: da das Relativpronomen im Deutschen – anders als das spanische *que* – das Genus des Substantivs, auf das es sich bezieht, anzeigt, kann nicht einfach *idea* mit „Idee"(f.) und *ideal* mit „Ideal"(n.) übersetzt werden! Die beiden mit „oder" verbundenen Substantive müssen gleiches grammatisches Geschlecht haben. Das wird im Übersetzungsvorschlag dadurch erreicht, daß *ideal* mit „Idealvorstellung" wiedergegeben ist.

11) Scheinbar enthält der Ausgangstext keine formale Entsprechung für das im Übersetzungsvorschlag auftauchende „nicht immer". Jedoch liegt hier ein typischer Fall vor für die Verlagerung eines semantischen Details von der Grammatik in die Lexik. Der Subjuntivo des Konzessivsatzes nämlich (aunque no logre...) zeigt hier an, daß eine Eventualität vorliegt, die im Deutschen so nicht wiedergegeben werden kann, wo man daher auf nicht-grammatische Sprachmittel zurückgreifen muß.

12) Zwischen spanisch *y* und deutsch „und" besteht durchaus keine Eins-zu-eins-Beziehung. Während „und" im Deutschen fast ausschließlich die Funktion einer logischen Junktion (entsprechend dem mathematischen Zeichen +) erfüllt, ist *y* im Spanischen potentieller Träger einer ganzen Reihe logischer und textueller Bezüge. Im vorliegenden Fall markiert die Konjunktion den textuellen Übergang zu einem neuen Gedanken innerhalb der Darstellung. Da es im Deutschen keine Entsprechung für dieses Phänomen gibt, bleibt *y* unübersetzt. Das verursacht keinerlei Störung, weil der inhaltliche Gesamtrahmen (Isotopie) die Textkohärenz sicherstellt.

13) Statt der wörtlichen Übersetzung könnte auch eine andere Bildlichkeit das Gemeinte zum Ausdruck bringen, z.B. „Sand, der in der Strömung treibt", „Wolken, die der Wind hinwegtreibt" etc.

14) Der Übersetzer steht hier vor einem Dilemma. Zwei textuelle Qualitäten überlagern sich, und es ist schwer, zu entscheiden, welche überwiegt. Einerseits handelt es sich um einen philosophischen Text mit eindeutigen Sachaussagen (inhaltsbetonter Texttyp), andererseits ist der Autor bestrebt, seine Botschaft in ein literarisches Gewand zu kleiden (formbetonter Texttyp). Der literarische Anspruch manifestiert sich in dem Wortspiel *incualificados, incalificables, descalificado*, das im Deutschen durch Verwendung der Vokabeln „unqualifiziert", „unqualifizierbar" und „disqualifiziert" scheinbar leicht imitiert werden kann. Dagegen spricht allerdings, daß „disqualifiziert" einen etwas anders gelagerten inhaltlichen Akzent aufweist als *descalificado*, womit im gegebenen Kontext eher „ungeeignet" gemeint ist. Würde man diesen Ausdruck in die Reihe einbauen, so wäre dem inhaltlichen Moment zwar Genüge getan, das Wortspiel aber wäre zerstört. Der Übersetzungsvorschlag geht davon aus, daß die Formbetontheit des Textes an dieser Stelle besonders ausgeprägt ist und privilegiert daher die Übertragung des Wortspiels.

15) Im Gegensatz zum unter Punkt 10 behandelten Fall ist hier ein im Ausgangstext lexikalisch-morphologisch transportierter Inhalt (*ya que*) in der Übersetzung auf syntaktischem Wege vermittelt (Inversion: „haben sie doch").

16) Wenn auch grundsätzlich den syntaktischen Vorgaben des Ausgangstextes keine allzu große Beachtung geschenkt werden sollte, so gibt es doch Fälle, in denen es sinnvoll ist, diese zu imitieren. Da offenkundig hier auf der Ebene der Form eine verschachtelte Satzperiode das Gesagte unterstreichen soll – ein solch komplexes syntaktisches Gebilde vermöchte der Massenmensch ja sicher nicht zu durchschauen –, wurde das subtile System von Haupt- und Nebensätzen so originalgetreu wie möglich in den Zieltext übernommen.

17) Das Gerundio *sabiéndose vulgar* bringt hier ein konzessives Gedankenverhältnis zum Ausdruck („obwohl sie um ihre Vulgarität weiß"). Um eine überflüssige Komplexität der zielsprachigen Syntax durch einen Nebensatz zu verhindern, wurde

einem präpositionalen Ausdruck der Vorzug gegeben („im vollen Bewußtsein ihrer Vulgarität“). Eigenartigerweise erhält dieser Ausdruck erst durch die Hinzufügung des Adjektivs „vollen“ einen konzessiven Sinn!

ALPHABETISCHES WORTVERZEICHNIS (DEUTSCH)

C

D

F

G

H

I

J

K

L

O

P

Q

R

S

T

U

V

W

Z

ALPHABETISCHES WORTVERZEICHNIS (Spanisch)

A

B

C

D

E

H

I

N

O

P

S

T

U

V

W

Z

STICHWORTVERZEICHNIS DER BEHANDELTEN GRAMMATIK-THEMEN

(Die erste Zahl verweist auf die Seite, die Zahl in Klammern auf die entsprechende Anmerkung.)